AF551585

Heinz Lenkat

„Im Dienste der Staatsjagd“

Forst- und Jagdgeschichte des Reviers Klepelshagen in Mecklenburg-Vorpommern

herausgegeben von

Norbert Raulin
Bürgermeister der Stadt Strasburg (Uckermark)

SCHIBRI VERLAG • MILOW

Die Deutsche Bibliothek – CIP-Einheitsaufnahme

Heinz Lenkat:
„Im Dienste der Staatsjagd"
Forst- und Jagdgeschichte des Reviers Klepelshagen in Mecklenburg-Vorpommern / Heinz Lenkat - Milow: Schibri-Verlag, 1999
ISBN 3-928878-92-1

Bestellungen über den Buchhandel
oder direkt beim Verlag

1. Auflage 1999
2. Auflage 2000
3. Auflage 2001
4. Auflage 2004

Dorfstr. 60
17337 Milow

ISBN 3-928878-92-1

Inhaltsverzeichnis

Vorwort des Herausgebers 7

Einleitung 9

Der U-Bahnhof Gesundbrunnen 11

Die Feuertaufe 14

Die sieben Freikugeln 15

Das neue Jagdgesetz 17

Die Forst-Fachschule in Rabensteinfeld 18

Revierassistent 25

Das Hochzeitsfest 29

Die Entstehung dieser Welt 32

Die Standortserkundung 34

Die Forsteinrichtung 44

Zur Arbeitsorganisation im Revier 53

Zum alten und neuen waldbaulichen Konzept 55

Waldspaziergang 60

Rund um den „Einsberg“ 66

Die Vogelwelt 73

Vom Nieder- und Raubwild im Revier 78

Weitere Tiere des Waldes 80

Der Wald im Wandel der Zeit 83

Zu den Anfängen unseres Weidwerks 94

Einrichtung des Wildforschungsgebietes Rothemühl 98

Zur Öffentlichkeitsarbeit 101

Die Inspektion Staatsjagd und das neue Jagdgesetz von 1984 103

Die Sache mit dem Wetterhahn 113

Das Rehwild des Reviers Klepelshagen 117

Zum Schwarzwild 133

Unser Hirsch-Paradies 146

Das Jahr „Null“ 147

Trophäenwirtschaft 153

Mein erster alter Hirsch 160

Von Nachsuchen und dem Muffelwild 165

Trophäenwirtschaft zweiter Teil 169

Jagdgäste und Jagdherr 183

Die Feisthirschjagd 187

Epilog 192

Literaturverzeichnis 196

Zum Autor 198

Vorwort des Herausgebers

Als ich in den Jahren 1976 bis 1979 Heinz Lenkat auf unzähligen Veranstaltungen des damaligen Kreises Strasburg kennenlernte, präsentierte sich ein Mann im "grünen Rock", der dafür bekannt war, kritische Worte deutlich auszusprechen, Schuldige und Täter beim Namen zu nennen und auch öffentlich, für mich zum damaligen Zeitpunkt völlig neu, ökologisches Handeln und Arbeiten einzufordern. Er wollte die Öffentlichkeit beteiligen, an den Reichtümern des Naturschutzes in und um Klepelshagen, in Georgenthal, in Gehren und Neuensund. Er kämpfte öffentlich gegen unkontrollierte Güllegaben in die Natur, er räumte auf mit umherfliegenden Plastiktüten aus Düngergaben, die zu DDR-Zeiten reichlich auch in Naturschutzgebiete eingetragen wurden. Er forderte öffentlich "gebietet Einhalt bei der Ausbringung mineralischer Dünger" und vieles mehr. Heinz Lenkat, ein Förster der Region, ein Mann, der wußte, was er wollte, der deutlich sagte, was er meinte und sich dabei nicht immer nur gute Freunde schaffte. Als Herr Lenkat zu mir kam und den Inhalt seines Buches vorstellte „Im Dienste der Staatsjagd", sollte weiteres Licht in das Dunkel um die „geheimnisumwobenen Landschaft" in und um Klepelshagen, Neuensund und Gehren sowie Rothemühl gebracht werden. Schon immer waren uns Bürgern aus Strasburg und Umgebung die Heimlichtuereien um Georgenthal, Neuensund und Gehren, die Heimlichtuereien um Jagd, im Kampf um Trophäen gerade in dieser Region schleierhaft. Die Bevölkerung wurde nicht einbezogen, sondern nur „Auserwählte" durften sich daran beteiligen und die reiche „Ernte" der Natur einfahren. Kapitale Hirsche, starke Keiler, Damwild in unzähligen Stückzahlen, Eulen und Adler und vieles mehr beherbergte dieses Gebiet.

Mit seinem Buch will Heinz Lenkat das sicherlich letzte Geheimnis dieser Region lüften, und ich habe ihm zu seinem Projekt Mut gemacht. Das, was er schreibt, ist auch tatsächlich so gewesen, den, den er zitiert, der hat es auch so gesagt und der, der heute den Kopf schüttelt, ist wahrscheinlich sehr alt geworden.

Wir möchten mit dem Buch ein Stück ökologische Geschichte der DDR der Nachwelt erhalten und tatsächlich sagen, wie es mit der Staatsjagd, mit dem ökologischen Verständnis, mit dem Naturschutz und mit dem Kampf um die Erhaltung einer grünen Umwelt tatsächlich bestellt war.

Als Herausgeber dieses Buches bin ich mir eigentlich sicher, daß Heinz Lenkat bei vielen ein Schmunzeln, bei einigen ein Stirnrunzeln und bei wieder anderen ein Zähneknirschen hervorruft. So war aber sein ganzes Leben. Davon ist sein Erfolg geprägt. Das macht den Menschen, das Urgestein Heinz Lenkat aus.

Die Wendezeit veränderte die Besitz- und Verantwortungsstrukturen auch im Forstbereich. Heute sind die neuen Eigentümer, Nutzer, Pächter und Verwalter ebenso auf seine Erfahrungen, auf seine Praxis, auf sein Wissen und Können angewiesen wie die Vorgänger. Sie streiten heute gerne mit ihm über jagdliche Praxis, über das Leben der Wildtiere in unserer Region und über Vergangenes und Kommendes.

Ich wünsche mir weitere Personen wie Heinz Lenkat, die bereit und in der Lage sind, über unsere Vergangenheit zu berichten, es der Nachwelt in Wort und Schrift zu erhalten, wie es dieses Buch auch tun soll.

Dieses Buch ist auch möglich geworden, weil viele Sympathiesanten des Naturschutzes und der Jagd mit Geld- und Sachspenden mit dazu beitrugen, daß dieses Werk entstehen konnte. Ihnen allen sei heute nochmal an dieser Stelle ein herzliches Dankeschön gesagt.

Menschen, wie Heinz Lenkat, leben und lebten in dieser Region. Sie trugen mit dazu bei, Wertvolles der Nachwelt zu erhalten. Sie trugen mit dazu bei, die Verständigung unter uns Menschen weiter zu verbessern, und sie lebten und arbeiteten für ein Ideal, für das Ideal der Natur, damit unsere Kinder weiterhin in der Natur, im klaren Wasser die Hände waschen können, sich gefahrlos an der Flora und Fauna der Natur erfreuen können, so wie es unsere Väter und Urgroßväter ebenfalls taten.

Ich wünsche dem Buch einen interessierten Leserkreis und viele Anregungen zur Aufarbeitung der Geschichte.

Strasburg (Um.) im Sommer 1999

Norbert Raulin
Bürgermeister der Stadt Strasburg (Uckermark)

Einleitung

In dieser Einleitung möchte ich sagen, warum ich dieses Buch geschrieben habe. Ein Grund war der, daß es nicht sein kann, das Außenstehende über das jagdliche Leben in den Wildforschungsgebieten/Staatsjagdgebieten der Deutschen Demokratischen Republik nach deren Auflösung 1990 etwas zu berichten wußten, was sie selbst nur vom „hören – sagen" erfahren haben. In diesen Gebieten wurde nicht nur für die Jagdleidenschaft der Obrigkeiten aus Partei und Regierung gesorgt, sondern es wurde vorwiegend jagdwissenschaftlich gearbeitet.

So wie sie nun einmal war, ist die DDR mein Heimatland gewesen. Hier habe ich gelebt, gearbeitet, Erfolge und Niederlagen erfahren. Mit diesem Band etwas beizutragen zur Einsicht in die Gestaltung unseres Lebens war meine Absicht. Der hier in langjähriger Arbeit gewonnene Zuwachs an Erkenntnissen zu Fragen der Jagdwirtschaft darf nicht verloren gehen . Denn auch dieses gesellschaftliche Experiment „Sozialistische Jagdwirtschaft der Deutschen Demokratischen Republik" ist ein Teil der deutschen Jagdgeschichte.

Nachdem ich angefangen habe, einiges aufzuschreiben, ist es nicht ausgeblieben, daß auch die forstlichen Belange von mir berücksichtigt werden mußten und darüber hinaus auch die gesellschaftlichen Verhältnisse nicht ausgeklammert werden konnten und durften. Selbst die Darstellung der Vergangenheit vor der Gründung des Wildforschungsgebietes ist zum allgemeinen Verständnis sicherlich sehr nützlich. So ist es dann zum Schluß auch der Versuch geworden, die Geschichte einer Landschaft aus der Sicht eines Försters und Jägers aufzuschreiben. Die Geschichte der Jagd und des Waldes von **Klepelshagen**, das im heutigen Mecklenburg-Vorpommern liegt.

Natürlich muß ich mich bei vielen bedanken, die zum Gelingen des Buches beigetragen haben. Zu allererst bei meiner Frau, die unendliche Geduld mit mir gehabt hat und auch Nachsicht übte, wenn es notwendiger gewesen wäre, häusliche Arbeiten zu verrichten und nicht am Computer zu sitzen, um alte Geschichten aufzuschreiben. Ich muß mich auch bei denen bedanken, die aktiv bei der sachlichen Durchsicht geholfen haben, oder gute Ratschläge gaben. So bei allen Weidgenossen und Kollegen der Oberförsterei und des Wildforschungsgebietes Rothemühl, sowie Herrn Dieter Gladitz, Herrn Bernd Hartkopf, Herrn Dr. Heidemann, Herrn Erich Hobusch, Herrn Georg Lenuweit, Herrn Peter Neumann, Herrn Walter

Portius, Herrn Peter Rabe, Frau Alice Rethwisch und Herrn Ditmar Schrott. Aber auch bei denen, die durch ihr Verhalten es mir leichter machten, die wesentlichen Dinge hervorzuheben.

Rothemühl, im Herbst 1998 *Heinz Lenkat*

Einleitung zur 2. Auflage

In so kurzer Zeit eine Nachauflage für mein Buch macht mich schon etwas stolz. Viele werden sich mit einem ähnlichen Lebenslauf in meinen Schilderungen wiedergefunden haben, und daher rührt das Interesse. Aber auch meine Forderung der Anwendung biologischer Erkenntnisse, zur Führung einer nachhaltigen Forst- und Jagdwirtschaft, fand erfreuliche Beachtung und Zustimmung.

Rothemühl, November 1999 *Heinz Lenkat*

Einleitung zur 3. Auflage

Wenn es auch kein richtiges Kind ist, sondern nur „geklont“ wurde, so freue ich mich trotzdem über die dritte Auflage meines kleinen Buches. Den Deutschen sagt man eine enge Beziehung zum Wald und dem Wild nach, sonst wäre auch solch erstaunlicher Wissensdurst an Forst und Jagd kaum zu erklären.

Ich wünsche allen, die diesen Bericht lesen, daß nicht nur ihr Interesse an fachlichen Dingen befriedigt wird, sondern daß sie auch Vergnügen an den Anekdoten finden.

Rothemühl, März 2001 *Heinz Lenkat*

Der U-Bahnhof Gesundbrunnen

Jagdliche Erinnerungen beginnen immer damit, daß man über die Erlegung des ersten Bockes, des ersten Hasen oder über eine andere erlegte Kreatur berichtet. Meine ersten jadlichen Erlebnisse waren aber ganz anderer Natur. Ich hatte im Jahre 1952 im Revier Brüsenwalde des Staatlichen Forstwirtschaftsbetriebes Lychen in der Uckermark meine Lehre zum Forstfacharbeiter begonnen. Eines Tages wollte mein Lehrchef Oberförster Hans Jürgen David die Holzschläger aufsuchen, und ich durfte mit. Die sonst recht fidele Truppe saß am Feuer und machte trübe Gesichter. Sie hatten für ihre Motorsäge keine Kette, die Sägezähne hatten sich abgeschliffen. Im siebten Jahr nach dem 2.Weltkrieg lag die Wirtschaft des DDR noch am Boden und Ersatzteile waren kaum zu beschaffen. In der Regel hatten die Holzschläger zu dieser Zeit noch keine Motorsägen, da es so etwas nicht zu kaufen gab. Diese Säge stammte aus der Vorkriegsproduktion und ihr Besitz war eine Sensation und außerordentlich wertvoll für die Holzschläger zur Erleichterung ihrer harten Arbeit.

Unter den schweren Geräten hatte sich diese Motorsäge befunden, die eine Pioniereinheit der deutschen Wehrmacht im April 1945 auf ihrem weniger geordneten Rückzug in den tiefen Wäldern der Uckermark weggeworfen hatte, da sie diese nicht mehr benötigte, denn der Krieg war aus. Um sie von einem Baum zum nächsten zu tragen, benötigte man zwei, besser drei Männer, so ein großes Gewicht hatte die Säge. Trotzdem trug der Holzschläger Alex sie vorsorglich in seinen Schuppen, um den Wald vom Unrat zu befreien. Gute Dienste hatte sie bisher geleistet. Es ist eine sehr schwere Arbeit, Bäume mit Axt und Schrotsäge zu fällen. Um die vorgesehene Arbeitszeit von 8 Stunden auszunutzen, mußte in den Herbst- und Wintermonaten noch in dunkler Nacht beim Licht einer Karbidlampe der Fallkerb mit der Axt angelegt werden, damit die Fällung des Baumes mit der Schrotsäge erfolgen konnte. Erst nach der Anlage des Fallkerbes gab es Frühstück, das in dieser Zeit nur aus Brot und Rübensirup bestand. So kann man erst richtig begreifen, was für ein Verlust der Ausfall der Motorsäge bedeutete.

Die letzte Kette hatte sich also verbraucht und eine Armee auf dem Rückzug, die noch etwas wegwerfen konnte, war nicht in Sicht. Aber eine Möglichkeit gab es, zu einer Motorsägenkette zu kommen. Diese war nur aus politischen Gründen nicht erwünscht, denn wir lebten in der Zeit des sogenannten kalten Krieges. In seiner Wirkung für Leben und Freiheit aber beinahe eben so gefährlich wie ein richtiger Krieg mit Mord und Totschlag.

In Westberlin gab es in der Nähe des U-Bahnhofes Gesundbrunnen einen „schwarzen Markt" und hier gab es einfach alles, nur leider nicht umsonst. Man benötigte zum Kauf auf dem Markt entweder Westgeld oder Tauschware, denn unser Ostgeld war hier nicht viel wert. Es wurde in den sogenannten „Wechselstuben" in Westberlin zu einem wucherischen Kurs von 1 : 6 bis 1 : 10 gehandelt und viel Geld hatte keiner. Ein Revierförster verdiente 480 Mark, ein tüchtiger Holzschläger 550 Mark im Monat und eine neue Sägenkette kostete über 100 West-Mark.

Das erste Problem bestand darum in der Beschaffung von Tauschware. Da mein Lehrchef in und mit der Landschaft lebte und sich mit den heimischen Menschen verbunden fühlte, teilte er nicht nur die Sorgen und Freuden mit ihnen. Er hatte ein paar Baummarder gefangen, und für diese haarige Valuta beschloß er, sollten zwei Motorsägenketten eingetauscht werden. Groß in Mode waren bei den mondänen Damen Pelze. Jeder, der es konnte, zeigte seinen gesellschaftlichen Status mit einem Pelzmantel an. So kostete ein Baummarderbalg 60 bis 80 und ein Steinmarderbalg 80 bis 120 Mark, sogenanntes Westgeld. Und haargenau für dieses Westgeld konnte man fast alles auf dem Bahnhof Gesundbrunnen kaufen.

Die Gesichter der Holzschläger wurden heller, aber gleich wieder dunkler, denn dazu mußte ja einer hinfahren zu diesem Markt und heil wieder zurückkommen. Und dazu führte der Weg an dem großen weißen Schild mit der schwarzen Schrift vorbei, auf dem in deutscher, englischer, russischer und französischer Sprache geschrieben stand, daß man nun den Demokratischen Sektor Berlins verläßt und die Westsektoren betritt. Das mit der Demokratie und die Schrift in den fremden Sprachen konnte einem ja egal sein, wichtig war nur, an den dort regelmäßig stehenden Polizisten vorbei zu kommen, ohne angehalten zu werden, denn die beschlagnahmten alles, was einen Wert hatte und Wert hatte alles. Je nach Größe der Sache bestand auch noch die Gefahr, eingelocht zu werden. Dazu bekam auf jeden Fall der Betrieb, bei dem man arbeitete, eine Mitteilung über die schwarze Tat. Dann gab es ein Verfahren, bei dem von der Betriebs-, Partei- und Gewerkschaftsleitung Rede und Antwort verlangt wurde. Dazu erfolgte eine Eintragung in die Kaderakte und solch ein Vermerk konnte bei der Zuteilungen von Sach- und Geldleistungen negativ wirken. (Viele Dinge des täglichen Bedarfs wurden auf Grund des bestehenden Mangels, noch zugeteilt). Alles dies konnte sich ein Familienvater nicht leisten und ein Oberförster schon gar nicht. Mit meinen sechzehn Jahren glaubte ich, der Sache voll gewachsen zu sein, denn mein erstes Geschrei auf dieser schönen Welt ließ ich als zwölfeinhalbpfündiges süßes Baby in der Berliner Charité erschallen und außerdem lebten meine Eltern mit mir sieben Jahre in dieser Stadt. Ich kannte die U-Bahn und den Bahnhof Gesundbrunnen. Meine Stunde hielt ich für gekommen, als Lehrling konnte ich mich diesen alten Kollegen auch einmal als Held präsentieren und Mannesmut beweisen. Nach anfänglichem Kopfschütteln haben sie sich sicherlich gedacht, was soll schon geschehen, wenn sie ihn ein paar Tage einsperren, sammelt er Lebenserfahrungen und sonst hat er sowieso nichts, was ihm weggenommen werden kann. Beim Betrieb werden wir ihn schon wieder rausboxen.

Am Hosenbund, zwischen Ober- und kurzer Unterhose – ich trug nur solche – wurden vier Marderbälge, also in jedem Hosenbein zwei, befestigt. Mit wenigen gutgemeinten Ratschlägen der Kollegen versehen – was für welche sollten sie mir auch geben, denn Erfahrungen im Schmuggeln hatte keiner – bestieg ich in Templin /Uckermark die Eisenbahn.

In meiner Erinnerung weiß ich noch von den hebenden Gefühlen, die diese zwischen meinen Beinen baumelnden weichen und warmen Felle erzeugten. Nur eins war von Zeit zu Zeit sehr unangenehm, dann bohrten sich die scharfen Krallen der Pranken tief in meine Haut und ich mußte eine Lageveränderung vornehmen. Jedesmal war mir die Sache höchst peinlich, denn im vollbesetzten Zug waren auch zwei ältere Damen von hoch in die zwanzig, die es nicht lassen konnten zu tuscheln und zu kichern. Ich glaube, ich bin damals noch sehr rot geworden.

Alles andere lief ohne besondere Vorkommnisse ab. Die Fellhändler waren am Ort und hatten mich eher angesprochen als ich sie. Ich bekam mein Geld und die sehr erfreuten Holzschläger ihre Motorsägenketten.

Nach geraumer Zeit meisterte ich die gleiche Aktion nochmals und jetzt schon mit Routine und weniger Herzklopfen. Diesmal bekam ich auch eine Belohnung, ich durfte mir für das restliche Geld einen halben Meter Manschesterstoff kaufen, in grün natürlich. Daraus nähte mir ein Schneider in Lychen eine kurze Hose, die ich stolz viele Jahre getragen habe.

Die Feuertaufe

1953 hatten die örtlichen Jäger noch nicht wieder die Jagdhoheit erlangt und hatten auch keine Waffen. Auf der Grundlage eines Befehls der Besatzungsmacht waren alle Waffen eingezogen worden. Die Jagd wurde als sogenannte „Polizeijagd“ durchgeführt, das heißt, daß morgens Polizeikommandos im Dorf erschienen und an die bestellten Personen ihres Vertrauens Flinten austeilten. Durch den SMAD-Befehl Nr. 98 vom 01.Juni 1948 war „die Bildung von Abschuß-Sonderkommandos für die Bekämpfung von Wildschweinen“ in den Ländern gestattet. Es heiß dort wörtlich: „ Die Kommandos müssen aus geprüften und zuverlässigen deutschen Förstern bestehen und dürfen die Zahl von 20 Mann nicht übersteigen“. Nach diesem Befehl wurden damals die Jagden organisiert, um besonders das Schwarzwild zu reduzieren, das für die Bauern eine rechte Plage darstellte. Natürlich ging es auch um die Beschaffung von Fleisch. Nach der Jagd wurden die Waffen wieder im Polizeiamt eingeschlossen. Da mein Revierförster keinen Gefallen an diesen Veranstaltungen fand, hatte ich als sein Lehrling dort auch nichts zu suchen.

Diesmal sollte es nun aber etwas anderes sein. Ein hoher Offizier der Kasernierten Volkspolizei, dem Vorläufer der 1956 aufgestellten Nationalen Volksarmee, Oberst Riedel, wollte für seine sowjetischen Armeegäste eine Hasenjagd nach deutscher Tradition organisieren und bestellte meinen Oberförster H.J.David als seinen „Stabschef“. Die Organisation wurde grandios. Die Treiberwehr bestand aus mehreren Einheiten Soldaten, als Transportmittel wurden geländegängige Lastkraftwagen verwendet und die Signale wurden mit Leuchtpistolen gegeben. Alle Planungen erfolgten nach Karte und mit Kompaß . – Würde man alle militärischen Operationen so planen und durchführen, gebe es nur noch „erste Sieger“.- Als ortskundiger Führer einer Treiber- und Schützenkette bestand meine äußerst wichtige Aufgabe nun darin, so zu laufen, damit nicht eventuelle Fehler in den Generalstabskarten dazu führten, daß die ganze Operation scheitert, weil sich die Kessel nicht schließen konnten.

Nachdem das rote Magnesiumlicht der Leuchtraketen über den Feldmarken von Hardenbeck, Rosenow, Thomsdorf und Funkenhagen erloschen war, setzte ich mich in Marsch. Die Unteroffiziere gaben ihre Befehle und die Schützen begannen auf die Hasen zu schießen.

Gleich im zweiten Treiben schlug einem sowjetischen Offizier ein Schrotkorn glatt durch die Hand. Er fluchte darüber ganz fürchterlich.

Nun glaubte auch ich, meinem Lehrchef meine Joppe zeigen zu müssen. Sie hatte ein paar Löcher und nach gründlichem Suchen fanden sich auch einige Schrotkugeln. Ganz bis auf die Haut sind die Schrote nicht gelangt, in der selbstgefertigten Patrone ist wohl nicht genug Pulver gewesen. Erst habe ich nämlich gedacht, dies gehört nun einmal zu einer Hasenjagd, daß man ein paar Schrotkugeln abbekommt. Nur zu gut wußte ich aus dem erst unlängst beendeten Krieg, wo geschossen wird, gibt es auch Verluste.

Nach einer knappen Stunde nahm der verwundete sowjetische Offizier wieder an der Jagd teil, er hatte sich die Hand beim Doktor in Boitzenburg verbinden lassen. Nun schoß er eben einarmig auf die Hasen.

Die Jagd fand ihren Höhepunkt, als nach einem wilden Geschieße auf einen Fuchs, hinter der Schwarzdornhecke bei Hardenbeck nicht der erlegte Fuchs, sondern drei wildernde sowjetische Soldaten von den johlenden Treibern hervorgezogen wurden.

An dem abendlichen „Prasdnick“ habe ich als Lehrling natürlich nicht teilgenommen, mein Revierförster allerdings auch nicht. Ihm reichte die deutsch-sowjetischen Hasenjagd, ich aber hatte meine Feuertaufe bestanden.

Der gastgebende Oberst Riedel muß Gefallen an uns und unserer Landschaft gefunden haben, denn Anfang Mai war er wieder da. Diesmal wollte er einen Rehbock schießen. Aber dies ist eine neue Geschichte.

Die sieben Freikugeln

Mein Lehrchef gab mir einige Tage vor dem Besuchstermin des Oberst Riedel den Auftrag, daß ich in den Wiesen bei Karows-Mühle nach einem Rehbock Ausschau halten sollte. Dies war natürlich ein sehr schöner Auftrag, zumal ich Erfolg hatte und ein Rehbock mit großer Regelmäßigkeit die Wiese aufsuchte.

Der Genosse Oberst Riedel kam und ich sollte ihm nun den Rehbock zeigen. Mein seelisches Eigengewicht war gar nicht zu beschreiben, es wog vor Stolz mindestens fünf Zentner.

An diesem Tag herrschte eine schwüle warme Gewitterstimmung, etwas ganz seltenes für diesen Landstrich im Monat Mitte-Mai. Es war recht einfach, gedeckt hinter den Randfichten auf Schrotschußentfernung an den Rehbock heran zukommen, denn er stand schon in der Wiese. Dicht genug mußte es sein, denn auch der Oberst hatte nur eine Flinte und demzufolge auch nur Flintenlaufgeschosse vom Meister Brenneke, die i.d.R. nur etwa 30 Meter hinreichend genau geradeaus flogen.

Mit dem heraufziehendem Gewitterdonner fiel der erste Schuß. Der Rehbock machte drei Sprünge nach links und äugte umher, was dies wohl gewesen ist. Nachdem er wieder äste, fiel der zweite Schuß, wiederum machte er ein paar Sätze und blieb stehen. Nun wurde mit Hast nach geladen und das Feuer wieder eröffnet. Beim dritten und vierten Schuß warf der Bock noch auf und äugte umher, blieb aber stehen. Bei dem fünften und sechsten Schuß hatte er sich an das Donnern vom Gewitter und der Flinte gewöhnt und ließ sich nun beim Äsen nicht mehr stören. Der siebte und letzte Bleibrocken verschwand auch noch wirkungslos in der Wiese und nun erklärte mir dieser „beinahe" General, ich solle mit meinem Fahrrad nach Mahlendorf fahren und Munition nachholen. Wie stellte er sich dies aber vor ? Mein Glaube an die siegreiche und immer ihr Ziel treffende Armee wurde zutiefst erschüttert, ich war geradezu gelähmt. Nachdem ich pitschnaß – inzwischen ging der Gewitterregen nieder – meinen Bericht beim Oberförster abgegeben hatte, war es Nacht geworden und ich fuhr mit meinem Fahrrad zu meiner Oma nach Warthe und ging ohne Abendbrot ins Bett.

Der Oberst Riedel kam nach einiger Zeit, jetzt mit dem militärischen Rang eines Generals wieder, um einen Rehbock zu erlegen. Diesmal hatte er einen Militärkarabiner 98 K mit Scharfschützenvisiereinrichtung und präparierter Infanteriemunition mit. Mit einer Kombizange hatte der Waffenwart von der Kugel die Patronenspitze abgekniffen, damit nicht etwa auch beim Rehbock entsprechend der Genfer-Konvention nur ein Durchschuß entsteht und er noch wegläuft, sondern er sollte ja als willkommener Braten dienen.

Auf der Wiese im Hinterfeld stand ein Rehbock und äste an den Butter-Blumen, aber sehr weit, jedenfalls für mich, der ich ja nur immer die Wirkung einer Flinte erlebt hatte. Auch kamen mir die Vorbereitungen höchst verdächtig vor, denn der Fahrer mußte seinen Mantel ausziehen und ihn zusammengerollt als Unterlage auf den Boden legen, dazu kam noch eine Decke aus dem Auto und der General mit Generalsuniform legte sich auf den Bauch. An einen Erfolg glaubte ich ohnehin nicht und so beguckte ich mir mit dem Armeefeldstecher des Generals die Landschaft. Nach dem Knall war jedenfalls der Rehbock weg und weil ich es so gelernt habe, ging ich zum Anschuß und wollte es nicht glauben, dort lag der Rehbock mit einem guten Kammerschuß.

Ganz ist mein Mißtrauen an der „Unfehlbarkeit“ der Armee bis zum heutigen Tag trotzdem nicht gewichen.

Das neue Jagdgesetz

Am 21. November 1953 bekam die DDR ein demokratisches Jagdgesetz und wer nun diese Kollektivjagd ausüben wollte, benötigte dazu einen Nachweis über eine bestandene Jägerprüfung. Ich legte 1955 meine Prüfung vor der gestrengen Prüfungskommission im „Fährkrug“ bei Templin ab und hatte dabei ein Erlebnis von prägender Bedeutung für mein späteres Jäger- und Hundeführerleben.

Wir Jungjäger, daß waren auch die, die schon vor 1945 einen Jagdschein besaßen, mußten sich dieser Prozedur unterziehen, da ihre Jagdscheine und auch die aus anderen Ländern nicht zählten. Voller Spannung saßen wir in gehörigem Abstand vom Stammtisch in der Gastwirtschaft und warteten auf das Ergebnis der Prüfung.

Am Stammtisch hatte die Prüfungskommission unter dem Vorsitz des Forstmeisters Klaus Rolfs (1) Platz genommen. – Zu dieser Zeit hatte er noch nicht die Dienststellung eines Forstmeisters, aber er war Prüfungsvorsitzender der Abnahmekommission und das wog für uns viel mehr.- Sie rauchten furchtbar, tranken Bier und schrieben mit Tinte auf weißem Papier. Alles kam mir gewaltig respektabel vor.

Links neben dem runden Stammtisch befand sich die Tür zur Küche und unter dem Tisch saß, sich langweilend, die Drahthaarhündin vom Prüfungsvorsitzenden Klaus Rolfs.

Die Gastwirtsfrau hatte mächtig viel zu tun, denn vor Aufregung haben alle wie unklug gegessen und getrunken. Dabei hat sie die Tür zur Küche aufgelassen und hier setzte plötzlich solch ein Höllenlärm ein, wie ich ihn noch nie in einer Küche gehört hatte.

Lange allerdings dauerte dieser nicht, da kam die Hündin mit einer toten Katze im Fang heraus, setzte sich vorschriftsmäßig vor ihren Herrn und lieferte sie ab, was sollte sie auch sonst damit.

(1) Forstmeister Rolfs züchtete in seinem Zwinger „von der Diamantenen Aue“ Jagdhunde der Rasse Deutsch Drahthaar. Er hat sehr viel für das Jagdhundewesen in der DDR geleistet und neben vielen Artikeln in der Zeitschrift „Unsere Jagd“, auch ein gutes Buch f+r die Jagdhundeführung geschrieben.

Natürlich war es der Lieblingskater der Wirtin, und damit fand die Veranstaltung ein jähes Ende in der Gastwirtschaft. Zur Verkündung der Prüfungsergebnisse zogen wir vor die Haustüre an den nahen Bahndamm. Etwas Bleibendes hatte die Geschichte, ich kaufte mir drei Jahre später von dieser Hündin einen Welpen.

Die Forst-Fachschule in Rabensteinfeld

Nach der Beendigung meiner Lehre zum Forstfacharbeiter durfte ich in der durch sehr gute Arbeitsleistungen bekannten und hochdekorierten Holzschlägerbrigade meines Lehrreviers Brüsenwalde arbeiten. Und diese Brigade suchte eines Tages der Direktor Warnicke unseres Staatlichen Forstwirtschaftsbetriebes Lychen/Uckermark auf.

Nach der allgemeinen Begrüßung und der Klärung sonstiger Probleme sah zu meinem Schreck mich der Direktor scharf an und sagte mir folgendes: „Er wäre vor zwei Tagen zum Besuch der Fachschüler des Betriebes Lychen auf der Forst-Fachschule in Rabensteinfeld gewesen und hätte dort u.a. erfahren, das einer der Schüler im Urlaub von einer Leiter gefallen ist und sich so den Rücken verstaucht hat, daß er für längere Zeit nicht sitzen könnte. Es sind zwar seit Schulanfang schon sechs Wochen vergangen, aber um den Studienplatz nicht unbesetzt zu lassen, hätte ich mich am Montag morgen beim Schuldirektor zu melden. Dies wäre zwar ein Jahr zu früh (denn man mußte zwei Jahre in der Produktion arbeiten, bis man hoffen konnte, zur Forst-Fachschule delegiert zu werden), und ich wäre auch nicht der Schönste aber eben der einzige Jungfacharbeiter, den er hätte“.

Das Packen meiner Reichtümer dauerte fünf Minuten und die Bahnfahrt fünf Stunden, dann stand ich vor der erstaunten Lehrerschaft im Direktorzimmer. Mein Betriebsleiter hatte nämlich mein Erscheinen nicht mit der Schule abgesprochen. Nun machten sie Miene, mich wieder nach Hause zu schicken, aber irgendwie muß ich doch solch eine gewaltige Ausstrahlung gehabt haben, daß ich bleiben durfte. Es kann auch so gewesen sein, daß sie sich sagten: nun ist er einmal hier, versuchen wir es.

Bisher habe ich immer die sechs Wochen, die ich zu wenig auf der Forst-Fachschule gewesen bin, verschwiegen. Niemandem ist bisher dieser Fehler in meinem Lebenslauf aufgefallen. Nun aber habe ich 1997 ein amtliches Schreiben von der Bundes-Versicherungs-Anstalt für Angestellte erhalten mit der dringenden Aufforderung, doch genau darüber Auskunft zu geben wie es möglich ist, daß auf meinem Zeugnis als Schulbeginn der 1.9.1955 steht und warum in meinem Versichertenausweis der ehemaligen DDR der 18.10.1955 eingetragen ist. Dieser Widerspruch wäre von mir glaubwürdig durch die Beifügung von bestätigten Ablichtungen meiner originalen Urkunden oder sonstigen Unterlagen von den dafür berechtigten staatlichen oder kirchlichen Ämtern einzusenden. Hilfsweise könnten auch Erklärungen eventuell noch lebender Mitschüler, auf einem dafür vorgesehenem Vordruck, für die Kontenklärung meines Rentenantrages anerkannt werden. (Ich werde der BfA ein Exemplar dieser Aufzeichnungen schicken.)

So begannen nun die drei Jahre Ausbildung auf der Forst-Fachschule, in denen unsere Lehrer die hellste Freude an uns hatten und wir ständig hungrig waren. Das Essen reichte weder morgens noch abends und Geld zum Kauf von Eßbarem hatten wir natürlich nicht. Aber in der freien Zeit konnten wir an die umliegenden Bauern unsere Arbeitskraft gegen die Lieferung von Naturalien verkaufen. Die Bauern sind auf jeden Fall reich geworden und wir zuweilen satt.

Ein Hausbesitzer in Zippendorf kannte unser Problem und wußte, für Essen unternehmen die Forstschüler alles. Zur Not hauen die ihr Leben in die Pfanne. Vor seinem Haus stand eine Pappel und diese drohte auf sein Bürgerhaus zu fallen und uns fragte er, ob wir diese Pappel nicht beseitigen könnten, wir wären doch die Spezialisten in solchen Dingen. Selbstverständlich waren wir bereit und haben es auch geschafft, den Baum durch Zufall so zu fällen, daß das Haus nicht eingestürzt ist.

Aus der Küche des Hauses hörten wir geschäftige Geräusche und gute Gerüche zogen in unsere Nasen, dies beflügelte enorm unsere Arbeit. Es gab als ersten Gang einen gewaltigen Berg Bratkartoffeln mit Buletten. Da die Hausfrau merkte, daß es nicht reichte, was sie vorbereitet hatte, bereitete sie sogleich noch mehrere Brote mit Butter und Rauchwurst zu. Auch hier sorgten wir bald für blanke Teller. Der Hausherr staunte über unseren gewaltigen Appetit und kam mit einer Flasche Schnaps und Gläsern und bat uns auf die Sitzbank hinters Haus. Wir folgten satt und ahnungslos. Hier hatte er eine Nutriafarm und wir kuckten mit wachsendem unguten Gefühl in der Magengegend in die Käfige und die Nutria mit ihren großen gelben Nagezähnen heraus. Als wir an der Wand ein paar frisch aufgespannte Felle und auf dem Hackklotz die Füße mit den Schwimmhäuten sahen, rief der Wirt schnell und gab uns einen großen Schnaps und gleich noch einen hinterher, so verhütete er das Schlimmste und die Buletten blieben, wo sie waren.

Das Essen bildete wirklich für uns fast Frauen und Männer oft das wichtigste Problem. Unser Hausmeister, der Vater von unserem Direktor Schult, konnte sich als einfacher Arbeiter in unsere knurrende Sorge versetzen. Es war zwar nicht erlaubt, er machte es trotzdem, für die Küche der Schule von der Notschlachtung Fleisch zu beschaffen. So holte er des öfteren mit dem Fahrrad in aller Frühe aus Schwerin für uns eine Extraration Fleisch.

Wenn unserer Köchin nichts anderes einfiel – und dies kam des öfteren vor – kochte sie“ Himmel und Erde“. Dies sind Falläpfel und Kartoffeln zu Mus gekocht. (Lieber Leser, versuche dieses Rezept nicht, sonst wirst du nie erfahren was noch weiter in diesem Buch steht). Diese kleine, dicke und garstige Person verkaufte unsere Zuckerration und sonstige nützliche Dinge und hatte sich kurz vorm Aufdecken der Schweinerei nach dem „Westen“ abgesetzt.

Der „schönste“ Jahrgang aller Zeiten an der Fachschule für Forstwirtschaft Rabensteinfeld von 1955-1958

Aber wir entwickelten uns trotz alledem prächtig und wurden auch zuweilen von unseren Lehrern gelobt. Unser Klassenlehrer, Kollege Ditrich, versuchte, uns zu allseitig versierten, naturverbundenen Forstleuten auszubilden. Von Zeit zu Zeit mußten wir in Prüfungen auch bei ihm beweisen, was wir schon gelernt hatten. Er liebte dabei die sogenannten Zaubergärten sehr – wir weniger. Bei diesen Zaubergärten ging man nach einem Kommando jeweils zu einem neuen ausgelegten Gegenstand und notierte sein Wissen oder auch nicht. Zuweilen legte er auch forstlich weniger wichtige Dinge aus, die er am Wegesrand gefunden hatte. So lag dort einmal ein eigentümliches Ding. Es mußte von einem Vogel sein, dies war uns klar. Hilfesuchend kuckten wir unseren Klassenkameraden Fritz Bugenings an, er ist ein großer Vogelfreund. Verstohlen machte er Bewegungen zu seiner Hose, nach dort, wo man sie zuknöpft. Alles klar – das Nest einer Beutelmeise. Nur einer hat geschrieben – Sackmeise.

Wir hatten auch eine Lehrerin, Anne Lindner. Sie vermittelte uns das für einen Forstmann so sehr wichtige biologische Wissen. Damals nervte sie uns mit der Vermehrung der Moose und Flechten. – Das Lernen der Vorgänge der eigenen Arterhaltung machte uns viel weniger Mühe. – Später war ich dankbar für das übermittelte Wissen, half es mir doch viele Zusammenhänge in der Lebensgemeinschaft-Wald besser beurteilen zu können. Neben ihrem Unterricht kümmerte sie sich auch sonst noch um uns. So tagte in Schwerin der Dendrologenverein und sie wollte uns etwas Gutes tun und bemühte sich um den Forstmeister F. aus dem Odenwald, damit dieser uns einen Vortrag über seine Arbeit hielt. Abends spät kam er tatsächlich, wurde von uns bestaunt und hielt eine Rede. Die eine Hälfte des Vortrages bestand darin, ausführlich über die Lebensweise der Schlagersängerin Katharina Valente zu informieren, die sich in seinem Forstamt ein schloßartiges Haus gebaut hatte und ihn offensichtlich mächtig beeindruckte. In der zweiten Hälfte erklärte er, daß man im Herbst die Roteiche an den rotgefärbten Blättern erkennen kann. Wir spendeten langanhaltenden Applaus.

Unsere Lehrerin versuchte auch, uns die schönen Künste näher zu bringen, damit wir nicht gar zu rauhe Burschen wurden. So organisierte sie in der Gastwirtschaft „Fähre" einen Lyrikabend mit Mitgliedern des Schweriner Staatstheaters. Aber weder den Ort, die „Fähre", eine unserer Stammkneipen, noch den Tag hatte sie richtig gewählt, denn es war Sonnabend, wo wir gewöhnlich um diese Tageszeit schon beim dritten Bier waren. Als die Künstler endlich ihr Programm vorgetragen hatten, ernteten sie reichlichen Beifall, dies natürlich nur deshalb, weil wir uns nun anderen Dingen zuwenden konnten. Schnell wurde unser „Atze“ Dreger gedrängt, noch ein paar Worte des Dankes zu sagen. Sonst fand er auch für solche Laudatio die passenden Worte, heute aber, weil er schon lange nicht mehr zugehört hatte, faßte er ein paar allgemeine Sätze mit den Worten für diesen Lyrikabend zusammen, in dem er feststellte, die Künstler hätten ihren Vortrag mit soviel Witz vorgetragen, wie ein Ziegeunerhund voll Flöhe sitzt.

Viel entscheidendes Rüstzeug für unseren späteren forstlichen Lebensweg gab uns unser Waldbaulehrer Forstmeister Regenstein. Tief hat er bei mir die Abneigung gegen graue Theorie und Papierstaub gepflanzt. Er hat mich gelehrt, die Augen weit aufzureißen um zu sehen was die Natur möchte, um nicht mehr als nötig dort reinzupfuschen, damit der Wald nachhaltig seine Leistung bei der Reduktion des CO_2 erfüllt, daß das forstliche Ökosystem gesund und vital, seine Nutzfunktion erhalten, seine Biodiversität gefördert wird, seine Schutzfunktion besonders für Wasser und Boden und seine sozio-ökonomische Funktionen und Bedingungen erhalten bleiben.

Besonders von uns herbeigesehnt, waren nach sechs Stunden Stillsitzen, die kleinen Exkursionen hinter dem Park von Rabensteinfeld. Hier herrschte dann auch immer tiefstes Einvernehmen zwischen Lehrer und Schüler darüber, daß Bier das beste Mittel ist, den Klassenzimmerstaub zu bekämpfen und um wieder neuen Mannesmut aufzubauen.

Bei einem dieser Ausflüge gab er dreien von uns den Auftrag, Wildschwein zu spielen und sich in einer Dickung im Revier einzuschieben. Mit dem Rest der Klasse übte er dann Drückjagd, d.h. jeder bekam einen Stand zugewiesen und hatte sich so zu verhalten, als wenn er wirklich eine Waffe hätte und nun eine Wildschweinjagd abhalten wollte. Es ist unglaublich, was man als Schütze alles falsch machen kann und was sich solch ein Wildschwein dabei überlegen kann, um seine Schwarte nicht beschädigen zu lassen. – Von weit her hört man die Korona anrücken. Sehr genau kann man das Beziehen des einzelnen Standes feststellen, besonders wenn noch zum Nachbarn gerufen wird, mit den Schuhen der Platz frei gescharrt wird, mit Stullenpapier geknistert oder Flaschen entkorkt werden. – Dies habe ich mir gemerkt und wenn möglich, bin ich später wie ein Indianer zu meinem Stand geschlichen und habe jedes unnötige Geräusch vermieden.

Hier wurde auch die Frage erörtert, wie es denn wohl möglich ist, daß sich das Schwarzwild schon in der zweiten Nacht auf dem frischgelegten Maisacker vollzählig versammelt. Uns verblüfften jagdlichen Anfängern erklärte er die Sache so: Wenn sich morgens alle Sauen in der Dickung treffen, bewinden sie sich am Gebrech und bei wem sie dann feststellen, daß es besonders gut riecht, merken sie sich das. Und abends rennen dann alle diese klugen mecklenburgischen- vorpommerschen Wildschweine hinter dem Pürzel her, der „so god am Mul rückt".

Man weiß die guten Seiten des Lebens oft nicht zu schätzen, wenn nicht ab und zu auch ein paar dunkle Wolken dazwischen sind. Für trübe Novemberstimmung sorgte mit Dummheit und primitivem Fanatismus einer unser Lehrer für Gesellschaftswissenschaften, sprich „Gewi", der Kollege Rehle. Wenn er hörte, daß unsere Klassenband auf Gitarre, Baß und Akordeon (Krüger, Henschel, Pieper) einen Schlager aus dem Westen spielte, hielt er uns am nächsten Tag eine Rede über amerikanische „Unkultur" und über unser mangelndes Klassenbewußtsein.

Im letzten Schuljahr hatten wir auch Unterricht in jagdlichen Dingen. Diese Wissenschaft wurde uns vom Lehrer Günter Millahn, mit Spitznamen „Backe", übermittelt und dies oft sehr plastisch mit entsprechenden Arm- und Beinbewegungen und mit starken Betonungen. Er erzählte uns, daß bei einer Treibjagd ein Hase von den Jägern deshalb nicht getroffen werden konnte, weil er sieben Meter weit gesprungen ist. Ein anderer wiederum, von einem Schrotkorn am Kopf getroffen, sei wahrhaftige vier Meter hoch gesprungen. Regelmäßig ertönte dann unser Chor „ drei vier: Hei lücht".

Von seinem Vater, dem Revierförster Millahn vom Lehrrevier Rabensteinfeld, von uns Schülern als ein hervorragender Forstmann, Hundeführer und Jäger verehrt, wurde er zuweilen im Unterricht vertreten. Dies waren für uns echte Höhepunkte. Auf unser Bitten begann er des öfteren den Unterricht mit einem Solo auf seiner Trompete. Er blies uns dann das Stück die „Post im Walde" vor. Für die vorkommenden Mißtöne gab er seinen abgeschliffenen Molaren und Prämolaren die Schuld. Seinen Vortrag an diesen Stellen unterbrechend, schimpfte er dann darüber in seinem wunderschönen Schweriner Plattdeutsch. Wir konnten nicht genug davon bekommen.

Er hörte von der Absicht, daß wir als krönenden Abschluß unserer Ausbildung, eine Exkursion zu forstlichen und sonstigen Sehenswürdigkeiten unseres Landes unternehmen wollten. Er hatte die Meinung, auch mit sechzig Jahren könnte man noch etwas dazu lernen und Reisen soll ja nun einmal bilden. Er wollte also mit. Natürlich hatten wir nichts dagegen.

Um diese Reise finanzieren zu können, hatten wir am Anfang unserer Schulzeit in einer demokratischen Abstimmung beschlossen, von unserem monatlichen Stipendium fünf Mark bei unserem Schatzmeister Klaus Hartmann einzuzahlen. Auch eventuelle gemeinsame Einkünfte aus Arbeitsleistungen oder sonstige Möglichkeiten von Geldeinnahmen haben wir hierfür bestimmt.

So reisten wir nun von einer Sehenswürdigkeit zur nächsten. Geschlafen wurde in den sehr preiswerten Jugendherbergen. Bei der dritten Herberge hatten wir etwas Pech. Trotz Anmeldung waren alle Betten belegt und es gab nur noch eine leere Scheune. Auch gut, sagten wir uns, hoben die Scheunentore aus den Angeln, legten sie auf Mauersteine, suchten uns zwei Arme voll Stroh und fertig war das Nachtlager. Wir zogen unsere Trainingsanzüge an, imitierten das Waschen und das Zähneputzen und waren zur Nachtruhe gerüstet.

Aber unser alter Herr hatte so seine sechzigjährigen Gewohnheiten und die Ermahnungen seiner Ehefrau. Er machte sich also zur Nacht fertig, zog sein blaubebortetes wadenlanges Nachthemd an und entschuldigte sich bei uns, daß er wegen häufiger kalter Füße die von seiner Frau selbstgestrickten schafwollenen Socken anziehen müßte.

Er wollte wissen, worüber wir uns so furchtbar freuten. „Atze“ Dreger erzählte schnell den uralten Witz vom Pferd, das zur Tür hereingekommen ist, an der Wand hochkletterte die Glühbirne aus der Decken-Fassung drehte und sie auffraß. Der über dies seltsame Verhalten des Pferdes befragte Besitzer gab zur Antwort, er würde sich auch wundern, sonst hätte es noch einen Schluck Wasser dazu getrunken. Der alte Herr schüttelte den Kopf über uns und konnte nicht verstehen, wie man über solch einen Unsinn so schlimm lachen konnte.

Wir haben ihn in unsere Mitte genommen und jedenfalls wir haben herrlich geschlafen.

So kam das Ende dieser schönen sorglosen Zeit heran. Wir verpflichteten uns, geschlossen unseren Wehrdienst an den Grenzen unseres Landes zu leisten, denn es gab ja noch keine Wehrpflicht. Wir hofften so, schon in der freien Natur sein zu können. Damit erregten wir Aufsehen und kamen in die Zeitung.

Bisher glaubte ich, noch nicht reif zu sein, ein Mitglied der SED werden zu dürfen, deshalb stellte ich jetzt erst den Antrag, Kandidat zu werden. Ich war zutiefst davon überzeugt, daß man gerade noch auf mich warten würde, um einen antifaschistisch – demokratischen Deutschen Staat aufbauen zu können. Mit dem Wehrdienst wurde es bei mir nichts, aber mit der Arbeit sehr wohl. Bei den unangenehmen Dingen des Lebens hieß es dann in Zukunft all zu oft, du mußt das doch einsehen als Genosse, oder hast du etwa noch Fragen?

Ich sagte es schon, nicht alle durften zur Armee. Eine ganze Reihe wurden als Revierassistenten zu solchen Orten geschickt, wo Partei und Regierung glaubte, daß wir dort von größtem Nutzen wären. So kam ich zum Staatlichen Forstwirtschaftsbetrieb Torgelow. Diese Gegend hatte nicht den besten Ruf. Viele kannten aus Erzählungen schon in der Armee Gedienter die riesigen, staubigen Truppenübungsplätze in der Mützelburger Heide. Am westlichen Teil der Heide angrenzend, lag also der als „rote Hochburg" und als ersten Sieger mit Abonnement im sozialistischen Wettbewerb bekannte Staatliche Forstwirtschaftsbetrieb Torgelow.

Revierassistent

Ich hatte noch Urlaub bis zum 1. September, dann sollte ich mich beim zugeteilten Staatlichen Forstwirtschaftsbetrieb Torgelow melden. Mit dieser freien Zeit konnte ich aber nichts anfangen, denn mir blieben nach Abzug der verbilligten Schülerbahnfahrt bis Jatznick noch ganze fünf Mark als Stammkapital für die Zukunft. In Jatznick hätte ich nach Torgelow umsteigen und nochmals eine Karte lösen müssen. Ich wollte meine Barschaft aber nicht noch weiter verkleinern und fuhr deshalb mit dem Fahrrad weiter nach Torgelow. Während ich in einer Abkürzung so neben den Bahngleisen dahinradelte, bestand meine größte Sorge darin, wie ich mich bei meinem zukünftigen Direktor vorzustellen hätte.

In den letzten Tagen auf der Forst-Fachschule bekamen wir noch eine grüne Jacke mit langer Hose, denn es wurden gerade wieder Forstuniformen eingeführt. Bis zu dieser Zeit bestand die Forstdienstkleidung aus alten Erbstücken oder eben dem, was man zur Verfügung hatte. Wir waren sehr stolz auf unsere neuen grünen Uniformen und ich bin es auch mein ganzes Leben geblieben. Ich wollte immer für jedermann der Ansprechpartner, als der Anwalt der Waldes, sichtbar sein. Nach 1990 mußten wir auch in dieser Sache eine andere Betrachtung und Auslegung erleben. Eine Uniform zu tragen ist nicht mehr zeitgemäß, heißt es. Ich bin da jedenfalls anderer Meinung: Es muß ja nicht die übernommene unpraktische Uniform unserer Väter und Großväter sein, es könnte eine mit modernen Materialien und Zuschnitten weiter entwickelte sein. – Jeder bessere

Dienstleistungsbetrieb hat eine Berufskleidung.- Wie zur Zeit die junge Forstgeneration in einer Verkleidung von abgelegten Sachen herumläuft, daß man glaubt, es wurde gerade wieder ein Krieg verloren, ist nicht der Bedeutung der Forstwirtschaft angemessen.

Ich hatte also diese grüne Jacke an, und meine gute neue lange Hose. Eine Mütze hatte ich nicht und wohin sollte ich nun meine Hand bei der Meldung legen? Aber auch dies Problem regte mich nicht zu lange auf, imitierst du eben mal wieder, dachte ich. So kam ich am 16.Juli 1959 neugierig und voller Spannung in den herrlichen Neubau der Verwaltung des Staatlichen Fortswirtschaftsbetriebes Torgelow.

Links vom ersten Stock kam eine nagelneue Forstuniform herunter, mit Schulterstücken , silberner Litze an Kragen und Mütze. Dies kann nur der Direktor sein dachte ich und machte Meldung:

„Revierassistent Lenkat meldet sich zum Dienstantritt“. Etwas erschrocken aber freundlich lächelnd klopfte der Uniformierte auf meine Schulter und sagte mir, „melde Dich mal beim Direktor Schaldach, oben rechts letzte Tür, ich bin der Betriebsgewerkschaftsvorsitzende.“

Mein Direktor wollte nicht viel von mir wissen, ich hatte ihn wohl in seiner nachmittaglichen Ruhe gestört. Er war mit mir schnell fertig. Das Einstellungsgespräch beschränkte sich in einem Fingerzeig auf mein Parteiabzeichen und der Frage: „Genosse?“. „Nein“, sagte ich, „Kandidat“. Damit trat ich im Staatlichen Forstwirtschaftsbetrieb Torgelow meine Revierassistentenzeit an.

Nun begann für einige Tage ein furchtbares Elend. In der Abteilung „Absatz“ mußte ich Aktendeckel beschriften. Bis heute habe ich eine fast köperliche Abneigung gegen diese schwarzen Ungeheuer und deshalb stehen bunte Ordner in meinem Büroschrank.

Jeden Revier- und Oberförster der diesen traurigen Ort aufsuchte, versuchte ich in ein Gespräch zu verwickeln, um eventuell zu erfahren, ob es nicht irgendwo in den Revieren für mich eine Verwendung gibt. Ein Oberförster im besonderen erregte meine Neugierde. Körperlich nicht sehr groß, aber sportlich, dazu hatte er eine eigene Art mit einem zu sprechen und furchtbar viel Schmisse im Gesicht. Sehr viel mehr, daß dies Oberförster Gottschlich war, konnte ich vorerst nicht herausbekommen. Aber ich brachte in Erfahrung, daß in seiner Oberförsterei Rothemühl der Revierförster Wilke im Revier Klepelshagen schwer erkrankt ist und eine Hilfe gebrauchen könnte. Natürlich habe ich ihn gefragt, ob ich die Hilfe nicht sein dürfte. Nach einigen langen Tagen wurde mir gesagt, ich solle mich am Nachmittag um halb drei Uhr in Waldeshöhe beim Oberförster Gottschlich melden.

Daß ich pünktlich vor der Haustür stand, versteht sich. Eine halbe Stunde habe ich am Waldrand erst noch gewartet, damit ich auch ja auf die Minute anklopfen konnte. Meine Überraschung konnte nicht größer sein, da saß mein Lehrer Forstmeister Regenstein aus Rabensteinfeld als Besuch und begrüßte mich freundlich. So wurden mir die Zusammenhänge klar, da er mir in den letzten Forstschultagen auftrug, wenn ich zum Forstbetrieb Torgelow käme, seinem Schwager Grüße auszurichten. Er hatte mir aber nicht gesagt, wer denn sein Schwager ist. Sicherlich auch mit seiner Fürsprache, befand ich mich nach einer Tasse Kaffee mit dem Fahrrad auf dem Weg nach Klepelshagen und war nun endlich ein richtiger Revierassistent. Konnte das Leben schön sein.

Dieses Forstrevier Klepelshagen liegt etwa sieben Kilometer von der Stadt Strasburg entfernt, im äußersten nördlichen Zipfel der Uckermark. Es ist der bewaldete Teil einer sich von West nach Ost erstreckenden sehr kuppigen Endmoräne. Seine Größe betrug etwa 660 Hektar und seine Hauptbaumart ist die Buche. Später wurden dem Revier noch Flächen angegliedert, so daß es dann 1300 Hektar umfaßte.

Neben dem täglichen Revierdienst schnüffelte ich in jede Ecke des Reviers, ausgelassen habe ich keine. Auf meinem eisernen Feldbett habe ich geschlafen wie ein Toter und jeden Tag aufs neue begann ein herrliches Abenteuer, wenn nur nicht das Problem mit dem Essen gewesen wäre. Für die mir von meinem letzten Stipendium verbliebenen fünf Mark hatte ich fünf Brote gekauft. Diese waren leider nicht für mich bestimmt, denn ich hatte doch nun schon meinen Drahthaar „Arko von der Diamantenen Aue“ vom Forstmeister Rolfs aus Templin auf Kredit gekauft, und der brauchte natürlich sein Futter. Fleisch bekam ich ohne Geld vom Abdecker Köster in Strasburg. Für mich blieb täglich eine Mahlzeit in der Werkküche des Volkseigenen Gutes Klepelshagen. Dort brauchte ich erst am Monatsende zu bezahlen. Die Küchenfrauen konnten sich nicht genug wundern, wie oft ich zum Nachschlag holen kam, sicher glaubten sie, ihr Essen wäre so gut, sie hatten aber bisher noch in keinem Kochbuch gelesen. – *Der beste Koch ist immer noch der Hunger.* -

Drei Tage nach dem ersten Zahltag – verschämt habe ich mich nicht eher getraut – holte ich mir einen Teil meines Gehaltes von 450,- Mark von der Sparkasse in Strasburg und als Festessen habe ich mir 10 Brötchen und ein Kilo Jagdwurst gekauft. Bevor ich mit dem Fahrrad in Klepelshagen ankam, hatte ich wahrhaftig alles im Fahren aufgegessen.

Karte: Lage des Reviers

Aber nur bis in den Herbst dauerte die herrliche Zeit, dann mußte ich in den Harz, zur Hilfe bei der Aufbereitung von Sturmholz. Danach bekam ich den Auftrag, ein riesiges, neu eingerichtetes Revier bei Löcknitz/Pommern zu verwalten. Es bestand aus vielen hunderten Einzelparzellen Bauernwald, die bei der Aufsiedlung des Ackerlandes auf der Grundlage der Bodenreform 1946/49 von je etwa einem Hektar den Neubauern-Siedlungen zugeteilt wurden.

An seiner schweren Krankheit verstarb zwischenzeitlich der Revierförster Karl Wilke und es bedarf weiter keiner Erklärung, daß ich mich um das Revier Klepelshagen beworben habe. Im September 1959 bekam ich auch tatsächlich das Revier Klepelshagen als Revierförster.

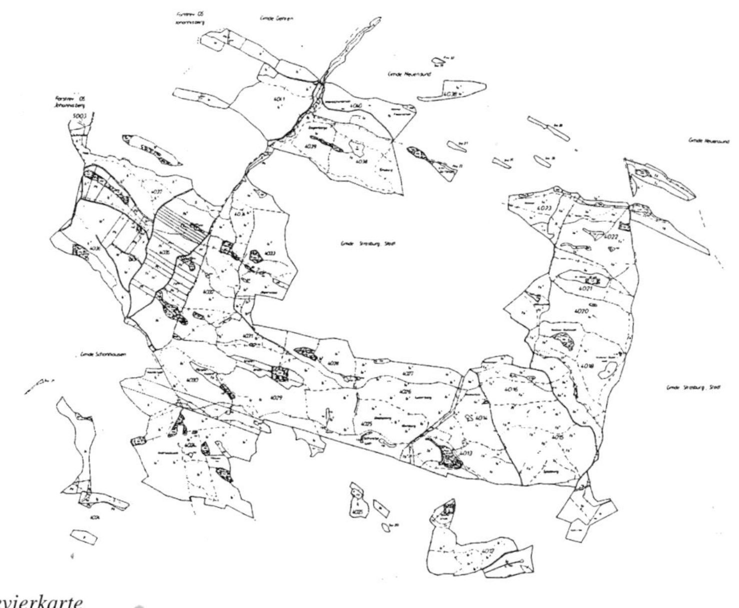

Revierkarte

Das Hochzeitsfest

Das Revier Klepelshagen ist das schönste auf dieser Welt, es wurde unsere Heimat. Gewaltige Bäume standen hier, zahlreiche Tiere lebten im Wald und seltene Pflanzen wuchsen . Hier wollten wir bleiben und haben es beinahe ein Leben lang geschafft. Aber vorerst galt es, ein kleines, gerade frei gewordenes Siedlungshäuschen im Ort Klepelshagen zu ergattern. Ich lebte und arbeitete nämlich im Büro der alten Försterei. Mit in diesem Haus wohnten noch zwei Umsiedlerfamilien aus dem Osten und aus diesem Grund konnte ich dort auf eine Bleibe nicht hoffen. Der Direktor des Volkseigenen Gutes hatte ja ein Einsehen mit meinem Problem, aber als Einzelperson daran zu denken, daß er bei der herrschenden Wohnungsnot mir dieses Häuschen mit einem Zimmer und Küche unten und zwei Stübchen oben hätte geben können, wäre gegen den entschiedenen Protest der Klepelshägener Einwohner sicherlich unmöglich gewesen.

Als ich die Information bekam, daß die Wohnungsvergabe am Montag erfolgen sollte, schrieben wir schon Freitag. Eile war also geboten, wenn ich hoffen wollte, als ernsthafter Bewerber in Frage zu kommen. Mit meinem Motorrad „ RT“ mit drei Gängen und 125 cm3 sauste ich also nach Feierabend zu meiner Freundin nach Boitzenburg/Uckermark und erklärte ihr in drei Worten, daß ich am Montag nachweisen muß, daß wir beide verheiratet sind. Wie noch oft in unserem Leben brauchte es auch in dieser wichtigen Frage, wie bei vielen anderen Entscheidungen, keiner großen Erklärung zu ihrem Einverständnis. Nun mußte ihre Mutter überzeugt werden, auch dies gelang recht kurzfristig. Nun kam noch die Klippe, das Standesamt. Das heißt die Standesbeamtin Frau Borchert aus Rosenow. Aber wie es so ist, Beziehungen haben noch nie geschadet. Frau Borchert ist eine sehr gute Bekannte von meinem Lehrmeister, die Mutter der Freundin meiner Freundin und ansonsten eine nette Frau.

Nachdem wir nun unser Anliegen vorgetragen hatten und vor allen Dingen, daß die Hochzeit nun gleich am nächsten Tag sein sollte, war sie einigermaßen sprachlos. Sie führte ins Feld, daß solch ein Gespräch in der Amtsstube zu erfolgen hätte und dann natürlich zu einer angemessenen Zeit und nicht gegen acht Uhr abends. So spät begann es bei den vielen Gesprächen und Fahrten zwischen den Dörfern zu werden. Wir haben die Sache aber so dringend gemacht, daß sie dann doch ihr Einverständnis gab. Sie wußte um das Problem, in dieser Zeit eine Wohnung zu bekommen. Die Trauung wurde für den nächsten Tag um 14.00 Uhr angesagt. Unerläßliche Bedingung wäre aber, daß wir mit unseren Geburtsurkunden unser Sein zu beweisen hätten. Meine lag natürlich in Klepelshagen. Sie am nächsten Tag pünktlich zu holen, sollte trotzdem zu schaffen sein.

Nun lief mir die Zeit aber doch davon, deshalb meine Freundin von Rosenow nach Brüsenwalde gebracht und ins nächste Dorf nach Warthe gesaust, denn es wurde langsam richtig spät und ich mußte ja noch meine Oma und sonstige Verwandtschaft etwas schonend auf das morgige Ereignis vorbereiten. Es gelang mir gerade noch so, sie zu erreichen, bevor sie zur Ruhe gingen. Sie schüttelten den Kopf, fügten sich aber – was sollten sie auch sonst tun.

Auf dem Rückweg am nächsten Tag, vom Holen der Geburtsurkunde, habe ich noch das schönste Sonntagskleid – sie hatte nur dies – meiner Freundin aus dem Zimmer ihres Arbeitsortes, beim Landambulatorium in Boitzenburg geholt. Rein durch Zufall ein wirklich sehr prächtiges weißes Kleid.

In Brüsenwalde bei ihrer Mutter fand ich meine Braut nicht vor, sie mußte mit dem Fahrrad zwanzig Kilometer nach Lychen zum Fleischer fahren, um die Wochenverpflegung zu holen und sich wie üblich in die gewaltige Warteschlange vor dem Laden einreihen. Also schnell, denn es wurde elf Uhr, mit dem Motorrad nach Lychen und ich traf sie auch durch Zufall auf dem Marktplatz. Das Fahrrad haben wir nicht mitgenommen, sondern es bei Bekannten untergestellt. Alles andere ging jetzt langsamer zu, unser Onkel Heinz Dobbert fuhr uns mit seinem neuen Auto Marke „Wartburg" zur Trauung und die Standesbeamtin Frau Borchert hielt eine sehr schöne Rede. Ich bekam meine liebe Frau, die wichtige Heiratsurkunde und am Montag die Wohnung.

Jetzt hatte ich also eine Wohnung, aber um sie bewohnen zu können, braucht man wenigstens ein paar Möbel. Den Inhalt meines Rucksackes legte ich in die Mitte der Küche. Wenn der Haufen auch nicht sehr groß aussah, so lag dort aber wenigsten etwas drin. Aus dem aufgelösten Haushalt vom Oberförster Wilke kaufte ich den Erben den Schreibtisch, den Schreibtischstuhl, einen Schrank und ein Bett für 150 Mark ab.

Den Schreibtisch hatten zwar die sowjetischen Soldaten als Werkbank bei der Reparatur von Kanonen und Panzern benutzt, dadurch hatte er Schrammen und nur noch eine Tür, sonst ging er noch. Nur mit dem Schrank hatte ich keine Freude, denn kurz danach schlug ich etwas heftig die Tür zu, und dies vertrug er nicht, außer einem Haufen Splitter und Bohrmehl der Holzkäfer blieb mir nichts.

Dies trübte aber unser Glück nicht, wir hatten uns, ein Bett und die Zukunft.

Bald zog meine Frau auch nach Klepelshagen. Nach der Endabrechnung der Energieversorgung wohnten wir hier 9 Jahre und 3 Monate bis 1995, dann zogen wir in die in Sichtweite liegende Försterei Georgenthal. Der Forstbetrieb hatte die ehemalige Schäferei zwischenzeitlich übernommen und ausgebaut.

Meine Frau arbeitete während dieser Zeit in Strasburg beim Rat des Kreises in der Abteilung Gesundheitswesen und ich hatte einen Oberförster, der mich bei der Arbeit im Wald gewähren ließ und mir höchstens so behutsam Hinweise gab, daß ich immer glaubte, es wären meine Gedanken.

Mit großem Eifer erledigte ich alle Tagesaufgaben im Revier. Wenn an Regentagen die Arbeit im Wald nicht möglich war, aber auch sonstige Möglichkeiten z.B. auf dem Hochsitz, nutzte ich, um zu lesen was andere Leute über diese Landschaft aufgeschrieben haben. So, dachte ich, wirst du die Gegenwart besser verstehen, wenn du die Geschichte kennst. Dies hat mir bis heute geholfen, denn manches in diesem Buch habe ich von anderen übernommen, da ich wußte, wo es geschrieben steht. Aber natürlich hat mich auch das angeeignete Wissen befähigt, meine Arbeit bewußter zu erfüllen.

Die Entstehung dieser Welt

Die paar Millionen Jahre der Menschheitsgeschichte vor der letzten Eiszeit habe ich forstlich und jagdlich nicht für so wichtig gehalten, daß sie mich ernsthaft interessiert hätten. Interessant wird die Sache erst mit der Eiszeit, als z.B. noch die Mammuts lebten.

In diesem erdgeschichtlichen Abschnitt wurde unsere Landschaft geschaffen. Diese Periode begann vor 120.000 Jahren und wurde vor 15.000 Jahren beendet. Man gab dieser Zeit den Namen: Weichselkaltzeit. Es müssen gewaltige Gletscher gewesen sein, die nun langsam zur Ruhe kamen und zu tauen begannen, weil das Klima wärmer wurde. Die Eismassen transportierten auch riesige Erdmassen aus dem Norden zu uns und diese setzten sich als Stauchmoränenkomplex der Rosenthaler Staffel ab. In der Klepelshagener Landschaft macht die Endmoräne die Form eines Bogens. Sie besteht aus einer Vielzahl von 5 bis 12 m aufragenden Stauchwällen mit einem mittleren Abstand von 200 m. Aus der übrigen Landschaft ragt die Moräne 80-130 m über NN heraus. Deshalb kann man von diesen Bergen weit in Richtung Süden in die wellige Grundmoräne der Uckermark kucken und nach Norden noch viel weiter in das pommersche Sandergebiet. Hier reicht der Blick bis dahin, wo die Welt zu Ende ist und die Erde sich krümmt. Bei gutem Wetter sind vom 130 m hohen Luderberg besonders gut die Wahrzeichen der Städte Greifswald, Stralsund, Friedland und Wolgast am Horizont zu sehen.

Die Bodensubstrate des Klepelshagener Bogens setzen sich aus pleistozänen Ablagerungen sowie tertiären Tonen und Kreiden zusammen. Schnell und kleinräumig wechseln durch die Stauchwirkung des Gletschereises Geschiebemergel, Schmelzwassersediment und Tertiärschollen, die mit unsortierten gewaltigen Steinen gemischt sind.

Ein großer Findling wurde mit vielen Mühen auf einem Tieflader von Pferden nach Strasburg gezogen und gegenüber der Post aufgestellt, als

Kriegerdenkmal für die gefallenen Söhne im Völkermorden der Jahre 1914-18. Beinahe alle an der Oberfläche im Revier herumliegenden Steine wurden von den Holzschlägern gesprengt und zu Straßenpflaster sowie für Hausfundamentsteine geschlagen. Dies geschah als willkommener Broterwerb nach dem Beenden des jährlichen Holzeinschlages über die Sommermonate. Die alten Holzschläger Bahr, Sehlke und Gurke erzählten mir, daß dies bis in die vierziger Jahre zu ihrer Arbeit gehörte. Ein Teil dieser Steine wurden im Revier am Goldgraben für die Straßenpflasterung in der Weltwirtschaftskrise der zwanziger und dreißiger Jahre durch Arbeitslose, als Arbeitsbeschaffungsmaßnahme, verbaut. Da aber Anfang der dreißiger Jahre die Arbeitslosen drastisch abnahmen, die Männer als Soldaten zur Eroberung großer Teile Europas benötigt wurden, konnte nicht weiter gebaut werden und es blieben noch viele Steine am Wegesrand liegen. So kamen sie gerade recht, als nach dem Ende des „großen Reiches 1945" sich vertriebene Deutsche aus Pommern, Ostpreußen und anderen deutschen Siedlungsräumen, aber auch ehemalige einheimische Landarbeiter Häuser bauten , nachdem sie durch die Bodenreform 1946/49 ein Stück Land für eine Bauernwirtschaft und Bauland erhalten hatten.

Ein großer Stein von der Endmoräne als Denkmal für die Gefallenen Soldaten des Ersten Weltkrieges in Strasburg

Die Steine sind nun von der Oberfläche weg, sie haben die Landschaft sicher sehr belebt. Nur die Landwirte haben mit den unter der Oberfläche verborgenen Steine ihren Ärger, wenn sie bei der Bodenbearbeitung ihre Ackergeräte zerbrechen.

Die Standortserkundung

So wie die Landwirte ihren Acker bewertet haben und jetzt wissen, daß bei der Ackerzahl 30 wenig wächst und bei der Ackerzahl 90 viel mehr, bestand auch bei den Forstleuten der Wunsch zu erfahren, welche Baumart auf welchem Boden den höchsten Holzertrag liefert. Die Nährkraft des Bodens hatte man bisher an der Vegetation in ihren vorhandenen Arten und deren Vergesellschaftung abgelesen . So kann es aber sein, das z.B. durch agrarische Tätigkeit die Weiserfähigkeit der aktuellen Vegetation verfälscht ist. Deshalb schuf sich die Forstwirtschaft Standortserkunder. Die Standortserkunder untersuchten im Revier 1960 und 1978 mit hunderten Bohrungen und Bodengruben, was unter der Bodenoberfläche verborgen ist und andere Dinge mehr. Dabei stellten sie u.a. fest, daß die gewaltigen Kräfte der Gletscher die Erde so wie einen Kuchenteig durcheinander gerührt haben. Die Ergebnisse ihrer Arbeit wurde in einem Erläuterungsband für den Staatlichen Forstwirtschaftsbetrieb Torgelow niedergelegt und auf Karten sichtbar gemacht.

Die Standortskartierung lieferte die Grundlagen für die folgenden Forsteinrichtungsarbeiten und damit für eine Waldbewirtschaftung auf standörtlicher Grundlage. Die Anforderungen an die Aussagen der Standorterkundung unterlagen dabei einem ständigen Wandel. In meiner Lehrzeit versuchte der Waldbau noch ohne Beachtung der Standorts- und Baumartenunterschiede eine „naturgemäße“ Wirtschaft zu betreiben. Dann kam eine Periode eines einseitig technikbestimmten Waldbaus und jetzt wieder naturgemäßere Verfahren. Sollen diese neuerlichen Bekenntnisse tatsächlich in die Praxis der Wald- und Landnutzung überführt werden, ist dies ohne eine Standorts- und Naturraumerkundung unmöglich. Ich bin mir sicher, zu keiner Zeit wurde der Standort so drastisch durch Fremdstoffeinträge überprägt, wie in den 40 Jahren meiner Reviertätigkeit. Im Streben nach einem Gleichgewichtszustand bei naturgerechten Verfahren im Waldbau ist die Kenntnis von Stamm- und Zustandseigenschaften des Standortes notwendig. Der für natürliche Prozesse recht rasante Zustandswandel im Oberboden und damit der Vegetation ist für waldbauliche Entscheidungsfindungen durch Wiederholungsaufnahmen und -kartierungen aufzuzeigen.

Die Unterschiede in Bodenart und Grundwasserführung gaben die erste Rahmengliederung für die Standortskartierung. Grundeinheiten waren die Standortformen. Sie wurde auf kolorierten Karten von einander abgegrenzt. Die Gliederung wurde im Laufe der Zeit vielfältig verfeinert, aber auch wieder vereinfacht. (Ich kann nur auf die entsprechenden Arbeiten der Standortserkundung hinweisen, sonst sprenge ich den Rahmen meines Buches.)

Das Revier gehört zum Wuchsgebiet (T-Tiefland) der Ostmecklenburg- Nordbrandenburger Jungmoränenlandschaft, mit der Klimastufe ....m (mäßig trockenes Klima).

Für das Revier will ich die Flächenanteile für die Standortsgruppen (Zusammenfassung von Standortformen) angeben:

Verteilung der Standortsgruppen des Reviers Klepelshagen

Nährkraft-Stufe		*Feuchte-Stufe*	
R (reich)	39 %	O (organische Naßstandorte)	2 %
K (kräftig)	54 %	N (mineralische Naßstandorte)	2 %
M (mittel)	1 %	W (wechselfeuchte Standorte)	2 %

Die Übersicht der Waldstandorte bildet eine Grundlage für die Baumartenwahl, für ökonomische und ökologische Entscheidungen und damit für eine Naturraumgestaltung, die über die Nutzung durch die Forstwirtschaft weit hinaus geht (z.B. durch den Naturschutz).

Erhebungen zu den Zustandsabweichungen von den Stamm-Standortsgruppen sowie zu den Humusformen der Zustands-Standortsgruppen, wurden für den von den Staatlichen Forstwirtschaftsbetrieben zur Bewirtschaftung übernommenen Privatwald 1978 getätigt. Für den 1960 standörtlich bearbeiteten Wald blieb diese Beurteilung weiterhin den Waldbauern überlassen. Die Beachtung des aktuellen Waldzustandes und Maßnahmen zur Verbesserung/Bremsung eines negativen Zustandswandels bestimmte mein praktisches Handeln und gehört zu meinem Selbstverständnis als Forstmann.

Diese wichtigen Ergebnisse mühevoller Kleinarbeit der Standortserkunder, die ihren Anfang schon 1950 hatten, als es noch sehr vielen Menschen nach dem großen Krieg nicht sehr gut ging, sind gesammelt und niedergeschrieben im Erläuterungsband des Staatlichen Forstwirtschaftsbetriebes Torgelow. Es ist sehr zu hoffen, daß dieser Fundus an wissenschaftlicher und praktischer Arbeit nicht verloren geht und durch ständige Aktualisierung den Forstleuten für die Arbeit im Wald zur Verfügung steht.

Das Klima

Viele Ängste sind mit einer zu erwartenden schnellen Klimaveränderung verbunden, und dies sicherlich zu Recht, denn bei solch großräumig wirkenden Kräften ist eine Reparatur von Schäden sehr schwer möglich. Klimaveränderungen hat es immer gegeben und wird es auch weiterhin geben. So brauchte allerdings die Veränderung seit der grimmigen Kälte der Eiszeit etwa fünfzehntausend Jahre bis zur Ausbildung unserer Makroklimaform Beta, dem Neubrandenburger Klima. In den letzten Tausend Jahren hat sich dabei kaum etwas verändert.

Es ist beängstigend, mit welcher Ignoranz von den politisch Verantwortlichen die Schäden behandelt wurden, deren Ursachen die rücksichtslose Vergiftung von Luft, Wasser und Boden durch nicht umweltschonend beseitigte Schadstoffe der Industrialisierung sind. Die Wirtschaft und die Politik benötigten sich wechselseitig, da blieb kein Platz für ein langfristiges Gemeinwohl. Jede Einmischung in die gesellschaftlichen Entscheidungen wurden als persönlicher Angriff und staatsschädigende Aktivität gewertet.

Nun sind die Probleme des Umweltschutzes nicht auf ein Land oder eine Gesellschaftsordnung begrenzt, sie finden sich weltweit, sie sind offensichtlich zur Zeit nicht beherrschbar. Die Suche nach Möglichkeiten auf diese Entwicklung zu reagieren, um durch die Beachtung der örtlichen Bedingungen die schädlichen Wirkungen wenigstens zu verringern, damit in einer Übergangszeit die Waldlebensgemeinschaft von Klepelshagen sich vielleicht etwas anpassen kann, war für mich ein wichtiges Anliegen, auch zum Schreiben dieses Buches.

Noch ist es so, daß die unterschiedlichen Niederschläge unsere Makroklimaformen gegeneinander abgrenzen. Unser Übergangsklima reicht vom maritimen Greifswald bis zum kontinentaleren Pasewalk.

Falsch verstandener Beitrag meiner Dachsbracke zur Erhöhung der geringen Niederschlagsmengen

Noch ist es auch so, daß man sich zwischen dem 5. und 10. April auf den Frühling freuen kann und daß man ab dem 5. November die kleidsamen langen Unterhosen anziehen muß, weil es dann kalt wird.

Da Extremtemperaturen besonders vom Relief beeinflußt sind, muß man z.B. beim Anbau der Eiche auf die Örtlichkeit achten. In den sogenannten Frostlöchern im Neuensunder Waldteil erfroren regelmäßig die Maitriebe. Auf den Kuppen der Moräne stellen Frühfröste kaum ein Problem dar, da die kalte Luft meist abfließen kann. Einmal erfroren bei einem Spätfrost die Buchen im ganzen Revier auf großer Fläche bis in Mannshöhe, überlebten aber.

Vom Wasser

Vom Wasser hängt das Leben ab. Ich meine nun nicht, daß man es deshalb gleich pur trinken sollte, nur zum Zähneputzen und zuweilen zum Füße waschen ist es im reinen Zustand brauchbar. Sonst sind Mischungen mit Wasseranteilen z.B. als Grog viel wärmer.

Für das Wachstum der Pflanzen ist es unerläßlich. Dabei ist die Verteilung der Niederschläge auf die Monate und ihre Menge überaus wichtig. Die Meteorologen haben für uns festgelegt, daß den Klepelshagener Bäumen etwa 550 mm im Jahr zustehen. Dies ist sicherlich nicht zuviel und die Pflanzen hätten gern noch etwas mehr. Dafür fällt aber ein Drittel recht günstig in den Monaten von Mai bis Juli, in der Zeit also, wo in den Blättern bei der Photosynthese aus Wasser, Nährstoffen und Luft Holz, Bucheckern, Eicheln und Kastanien entstehen.

Auch das Grundwasser beeinflußt das Wachsen der Kräuter, Gräser und Bäume sehr stark. Die lehmigen Standorte speichern den Niederschlag des Winters sehr gut und geben ihn im Sommer ab, so daß ein gewisser Ausgleich in regenarmen Zeiten gegeben ist.

Das Minimum der relativen Luftfeuchtigkeit liegt in den Monaten April bis Mai, da eben durch die sich erwärmende Luft mehr Wasserdampf aufgenommen wird, aber die entsprechenden Niederschläge fehlen. Da kann man sich oft die Haare raufen, wenn man bei der Frühjahrsaufforstung ist und den Waldarbeitern beim Pflanzen die zarten Wurzeln der Bäumchen in der Pflanzlade vertrocknen. Dann entscheiden Minuten über das Anwachsen.

Wind ist auch sehr wichtig, hat man ihn nicht, kneift es. Den eigenen meine ich aber nicht, sondern den, der meist im Winter durch ein Islandtief aus südlicher Richtung weht und im Sommer durch das Azorenhoch aus dem Westen kommt. Und hier habe ich den Verdacht, daß der Wind aus dem Westen nicht nur Gutes mitbringt, sondern das aus den Städten mit seinen Auto- und Menschenansammlungen große Mengen sogenannter Schadstoffe zu uns transportiert werden. Diese werden dann wie mit einem Kamm von den Bäumen auf unserem Höhenzug ausgekämmt und machen die Pflanzen, die Tiere und den Menschen krank. An der Südwestseite des Waldes stehen die meisten kranken oder schon tote Bäume, sicherlich auch, weil hier durch Dürre und Hitze die Wirkungen verstärkt werden.

Forstlich schrecklich sind die sehr starken Stürme, die mit Windwurf und – bruch den Wald verwüsten. Die sich häufenden Stürme der letzten Jahre haben hier noch keine verheerende Wirkung gehabt. So hat der Sturm „Wibke“ 1990, der in den westlichen Bundesländern viele tausend Festmeter Holz geworfen hatte, in den Abteilungen 35 – 33 eine Schneise gerissen, die nach einigen Jahren nicht mehr zu erkennen war. Lediglich im Ort Klepelshagen wurden die Dächer der Scheune und des Pferdestalls abgerissen. Dies war aber auch nicht so tragisch, denn die Gebäude wurden sowieso nicht mehr gebraucht.

Das Kleinklima und Geländeformen

Das Kleinklima ist nicht nur in der Familie und im Arbeitskollektiv wichtig, sondern in solch einem bewegten Gelände wie in diesem Revier hat es vielfältige Wirkungen und muß bei allen waldbaulichen Entscheidungsfindungen beachtet werden.

So sind die Bäume auf der selben Bodenform wachsend an den luftfeuchtebenachteiligten Kuppen und sonnseitigen Oberhängen viel geringer als in den Mulden und schattseitigen Unterhängen.

Die Vor- und Rückzugsgefechte des Gletschers haben das Relief neben seiner allgemeinen Höhe noch durch klein- und großbucklige Geländeformen geprägt, die beim Auszeichnen der Bäume und sonstigen Arbeiten in meinem zunehmendem Lebensalter immer steiler und beschwerlicher werden. Am Grunde dieser Geländefalten sind oft Wasserlöcher, die durch das Tieftauen verschütteter Toteisblöcke entstanden sein sollen.

An diesen oft kurzen und steilen Hängen mit ihren Lehmböden gibt es in einer Jahreszeit regelmäßig mehr Ärger als notwendig ist, damit das Mittag besser schmeckt und das Blut doch etwas zu stark in Wallung gebracht wird, nämlich dann, wenn, wie Fritz Reuter so treffend bemerkt, sich Mecklenburg im „ Andäu „ befindet (Beginn des Tauwetters im Frühling). Also die Zeit, wenn der Frost erst langsam aus der Erde geht und das Schmelzwasser noch nicht einsickern kann. Dann ist es ein schwerer Kampf, bis die Holzrücker und die Holzabfuhr einsehen, nun eine Pause einzulegen. Jedesmal sind es die gleichen Argumente die man sich anhören muß, jetzt und heute soll das Holz her, sonst geht der Betrieb pleite und die Welt unter. Die Schäden die bei diesen Arbeiten an den schweren Lehmböden, den Baumwurzeln, an der sonstigen Vegetation, den Wegen und damit zwangsweise auch an der Gesundheit des Revierförsters angerichtet werden, sind gewaltig groß.

Zu diesem Thema schrieb 1955 das Säge- und Furnierwerk in Ferdinandshof an den Staatlichen Forstwirtschaftsbetrieb Torgelow einen bitterbösen Brief: Ein Musterbeispiel der schlechtesten Wegeverhältnisse sei das Revier Klepelshagen. Das dort eingekaufte Holz könne nur bei starkem Frost oder im Sommer bei anhaltender Dürre abgefahren werden. Der Gipfel sei aber die Bemerkung des rückständigen Revierförsters Wilke, daß er die Ausbesserung der Wegelöcher ablehne mit der Bemerkung, dies sei nun schon dreißig Jahre bei ihm so und werde sicherlich auch weiter so sein. Das brachte ihm einen Rüffel durch den Produktionsleiter Kroh ein und er wurde aufgefordert, die Löcher „abzustellen“ sowie (natürlich als das wichtigste) eine Stellungnahme zu schreiben.

Dieser Zustand der Wegeverhältnisse änderte sich erst allmählich und ganz besonders nach einem Besuch durch eine Delegation aus der Verwaltung des Forstbetriebes. Bei diesem Waldgang gab es ein besonderes Vorkommnis, das in der Wirkung für das Wegenetz des Reviers von großer Bedeutung wurde. Die Abordnung der Verwaltung besuchte uns im Revierteil Rhämel, in der Abteilung 38. Hier wurde gerade das im Winter eingeschlagene Buchen-Stammholz gerückt. Eigentlich hätte es schon längst gerückt und abgefahren sein sollen, aber es hatte sich so ergeben, daß es erst jetzt im fortgeschrittenen Frühjahr geborgen werden konnte.

Bei der Delegation befand sich auch der allseits beliebte Kollege Hauptbuchhalter R. Mit ihm hatten wir Revierförster unsere liebe Not und noch eine Rechnung offen. Seine Schreiben an uns begannen etwa immer so: Betreff Schreiben vom so und sovielten, bezug Ergänzungen von dann und dann, zusätzliche Überarbeitung von Nummer eins bis tobak. Kein

Mensch hatte auch nur eine undeutlich Ahnung, was er eigentlich wollte. Dies hatte zum Ergebnis, daß jeder etwas anderes zum Betrieb meldete oder es auch unterließ. Dies wiederum ließ ihn zu der Bemerkung hinreißen, „ das dümmste was er kennen würde, sei ein Revierförster „. Na warte Jungchen, dachten wir.

Die schweren Buchenstämme wurden mit einer großen Raupe gerückt. Diese Raupe wurde ursprünglich gebraucht, um Kanonen und Raketen durch die sibirische Taiga zu ziehen. Geschäftstüchtige Kollegen aus dem Forstbetrieb hatten sie von einer sowjetischen militärischen Einheit gegen Wodka, ein altes Auto, Ersatzteile, Wildbret und sonstige nützliche Dinge eingetauscht – aber dies ist noch eine andere Geschichte.

Es hatte häufig geregnet und die Wege waren reine Schlammbahnen, so auch der Hangweg nach Neuensund, den wir als Rückeweg benutzen mußten. Unser Hauptbuchhalter war für einen Waldbegang so recht äusgerüstet. Er hatte Halbschuhe an, lange Hosen, eine Schirmmütze nach Gestütwärterart mit silberner Kordel, einen Gummimantel mit Schulterklappen, frei nach eigener Uniformtrageordnung und eine Brille, die er als kurzsichtiger Mensch tragen mußte.

Kurz vor dem Eintreffen der Delegation hatte es ein Gewitter gegeben und ein Regenschauer war niedergegangen. Die Luft war furchtbar warm und feucht. Dies ließ die Brille unseres Kollegen beschlagen und sein geschwächtes Sehvermögen mußte ihn glauben gemacht haben, die Schlammbahn sei ein sauberer Weg oder Asphalt oder so etwas. Jedenfalls machte er vom Bankett des Weges, auf dem wir entlang balancierten, einen großen Hopser und stand natürlich bis an die Knie im Schlamm. Der Schwerkraft folgend drehte er sich langsam von quer nach senkrecht im Modder, verlor das Übergewicht, steckte die Arme bis zu den Schultern auch noch in den Schlamm und rutschte den Hang abwärts.

Meine Verblüffung war gewaltig, und daß die Geschichte noch am gleichen Tag unter die Leute kam, versteht sich von selbst.

Wie so oft in der Weltgeschichte haben also kleine Ursachen eine große Wirkung. Ich habe diesen Kollegen zwar nie wieder im Revier gesehen, er hat aber in Zukunft sehr großzügig den Geldsack geöffnet auf dem er saß, wenn es um den Wegebau im Revier Klepelshagen ging. Viele Wege wurden in den folgenden Jahren befestigt und heute hat das Revier ein ausgezeichnetes Wegenetz.

Über die Trassenführung der Wege habe ich lange nachgedacht. Sie wurden dann so angelegt, daß keiner auf die Idee kommt, mit seiner sonntäglichen Blechlaube Rundfahrten zu veranstalten. Drei Wegesperren blockieren bzw. öffnen das ganze Revier.

Nach dieser Abschweifung vom Thema über das Kleinklima will ich aber wieder darauf zurückkommen. Die überall im Wald vorhandenen kleineren oder größeren Wasserlöcher haben sicherlich dafür eine wichtige Funktion zu erfüllen. Bei den nicht sehr hohen Niederschlägen von 550 mm ist in Trockenzeiten das dort verdunstende Wasser für das Wachstum der Bäume von großer Bedeutung.

Ein Gastjäger, mit dem ich an solch einem Wasserloch saß, weil es vom Rotwild als Suhle angenommen wurde und er sich langweilte, weil kein Wild erschien, fragte mich, wieviel ich von den Wasserlöchern im Revier hätte. Ich versuchte an den Fingern zu zählen, gab es aber auf und sagte ihm, es wären viele. Da fiel mir ein, das ich solch eine ähnliche Antwort auch schon einmal bekommen habe.

Mein Freund Heinz Kath gab sie mir. Aus Anlaß seines fünfzigsten Geburtstages sollte er einen alten Hirsch schießen. Die Brunft verlief 1983 sehr laut und wir wußten auch, welcher Hirsch es sein sollte, nämlich der

Mein Freund Heinz Kath mit seinem Jubiläumshirsch

„Gabelhirsch“. Dieser Hirsch und mit ihm noch ein paar andere schrien zwar wie toll, aber abends auf jeden Fall ganz wo anders als am Morgen. Wir hatten Brombeeren und Pilze wie selten. Nach den Sammlern zu urteilen hing die Volksernährung ganz entscheidend von den Brombeeren und den Pilzen ab. Und da die Pilze über Nacht besonders gut wachsen sollen, und „ wer zu spät kommt, den bestraft der Nachbar“, gingen deshalb die ersten schon mit einer Taschenlampe suchen. Dies hatte aber das Rotwild gar nicht gern. Saßen wir hier, schrien die Hirsche ganz woanders und so gestaltete es sich jeden Tag zur neuen Preisfrage, wo wir es denn versuchen sollten.

In diesem Landstrich wurde zwar die Jagd – wie wo anders auch – von den Jägern ausgeübt, der Rest der Bevölkerung nahm und hatte aber großen Anteil daran. In den Dörfern ist beinahe jeder mit jedem verwandt, so ist das Interesse groß. Für meinen Freund Heinz, als Schlossermeister in der Landwirtschaftlichen Produktionsgenossenschaft, wurde es nach zehn Tagen erfolgloser Pürsch schon eine wichtige Frage der Autorität und des Selbstbewußtseins, daß es nun gelingen sollte. Endlich fiel nach einem tollen Brunftmorgen der erlösende Schuß auf den Hirsch. Aber wie sah mein Freund Heinz aus, der nach dem Schuß aus seiner Bauchlage aufstand und erklärte, ich bin an den Stecher der Büchse aus Versehen gekommen, ich bin noch nicht zum Schießen bereit gewesen. Unter der Nase sah er grau aus, sicherlich ist ihm alles Blut nach unten oder noch etwas tiefer gerutscht und ich hielt es für dringend nötig, ihn abzulenken. Aus diesem Grund fragte ich ihn, wieviel Beihirsche es wären, die trotz des Schusses nicht flüchtig geworden sind. Er warf einen Blick in die Runde und erklärte eben – viele.

Er hatte den Hirsch sehr gut getroffen, das hatte ich gesehen. Dieser war schon längst verendet, als wir ihn nach einer Weile fanden. Da das Mitglied des Politbüros der SED, Werner Felfe, an diesem Tag auch im Revier weilte, ließ er es sich nicht nehmen, beim Einholen des Hirsches dabei zu sein. So wurde es mit der Teilnahme des obersten Jagdherren des Landes und unter Anteilnahme der Bevölkerung von Gehren und Neuensund zu einer echten Triumphfahrt für meinen Freund Heinz. Und Schnaps gab es auch.

Die Forsteinrichtung

Im Frühjahr ist es am schönsten, um zu botanisieren, wenn in unglaublicher Schnelle sich nach dem Winter der Wald begrünt, dies ist ein herrliches Erlebnis.

Bei einer Exkursion von Georgenthal der Mittagssonne entgegen kommt gleich am Waldrand ein Erlensumpf. In diesem wachsen die Erlen auf Stelzen und selten trocknet das Bruch im Hochsommer ganz aus. Gleich dahinter auf ganz kleiner Fläche, finden sich beinahe alle Baumarten und Sträucher, so wie sie nach der Eiszeit aus ihren meist südlich der Alpen gelegenen Rückzugsgebieten unseren Raum wieder besiedelt haben. Hier wachsen die Buche, Hainbuche, Eiche, Linde, Esche, Birke, Hasel, Weißdorn und der Holunder. Diese Baumartenmischung entspricht dem in Mitteleuropa am häufigsten vorkommenden natürlichen Waldtypus, der Buchenwaldgesellschaft (Fagion sylvaticae). Dieser Wald sieht aber nun nicht so aus wie vor etwa 1500 Jahren , als die Rückwanderungen der Baumarten im groben ihren Abschluß fanden. Auch hier hat der Mensch eingegriffen, im besonderen die Spezies der Förster. Der Mensch braucht Wiegen, Tische, Formulare und bei seinem Abgang von dieser schönen Welt, ein Papierhemd aus Holz. Um diesen nachwachsenden Rohstoff für immer zur Verfügung zu haben, hat er sich in die Waldentwicklung mit dem Betreiben einer Forstwirtschaft eingemischt.

Forstwirtschaft bedeutet auch Büroarbeit und das sind u.a. Inventuren, Pläne und Statistiken. Ich habe über die Papierarbeit nicht nur geschimpft, sondern sie zuweilen auch gern erledigt. Wenn ich sie allerdings forstlich oder jagdlich für unwichtig hielt, habe ich sie ablagern lassen, oft erledigte sich die Angelegenheit dann von selbst. Zu den von mir als notwendig eingeordneten Schreibarbeiten gehören die Unterlagen der Forsteinrichtung.

Für unser Land wurde 1956 ein Forsteinrichtungsverfahren bestimmt, das sich auf den Gegebenheiten des Standortes aufzubauen hatte. Das Revier Klepelshagen wurde ab 1960 standortskundlich bearbeitet und mit dem 1.1.1963 fand die danach durchgeführte Forsteinrichtung ihren vorläufigen Abschluß.

Die Forsteinrichtung erledigte unter anderem folgende für mich wichtige Arbeiten: Sie nahm eine neue Waldeinteilung nach den Ergebnissen der Standortserkundung vor. Auf mathematisch-statistischer Grundlage erfolgte eine Holzaufnahme. Es wurden langfristige Zielsetzungen auf der Grundlage des Standortes festgelegt.

Daß diese Arbeiten gerade mit meiner Revierübernahme erfolgten, war für mich ein Glücksfall. So fand ich in dem Standorterkunder Polz und in dem Forsteinrichter Pilz zwei geduldige Gesprächspartner. Sie ließen mich an ihre Arbeitsfortschritte teilhaben – ich lernte von ihnen sehr viel über die standörtlichen Verhältnisse und über die Holzvorräte.

Diese beiden hervorragenden Forstleute erledigten ihre Arbeit nach der 1961 in Kraft gesetzten Betriebsregelungsanweisung (BRA I). Die Betriebsregelungsanweisungen bildeten für meine Revierarbeit in der Folge eine wichtige Arbeitsgrundlage. Über die standörtlichen Arbeiten und Ergebnisse habe ich schon berichtet und in diesem Kapitel will ich mich mit der Regelung der forstlichen Produktion beschäftigen.

Für die praktische Arbeit erhielten wir zum Abschluß der Forsteinrichtungsarbeiten erste Revierkarten mit einer neuen Abteilungseinteilung und mit den auf standörtlichen Grundlagen gebildeten Unterabteilungen (Standortskarte). Dazu eine zweite Karte mit der Einzeichnung der Baumartenverteilung und langfristiger forstlicher Zielsetzungen (Wirtschaftskarte). Als drittes ein Wirtschaftsbuch mit den Ergebnissen der Holzvorrats- und Zuwachsinventur. Dies waren für mich wichtige Arbeitsinstrumente.

Das war Försterei und Heimat Georgenthal

Mit der ab 1965 gültigen BRA III bekam meine Vornutzungsplanung eine neue Qualität. Auf der Grundlage einiger neu ergangener Grundsätze zur Behandlung der Forsten der DDR erließ u.a. der Forstbetrieb eine Waldbaurichtlinie. In dieser wurde als eine wesentliche Festlegung auf eine optimale Grundflächenhaltung orientiert. Neben dem Reißhaken wurde jetzt oft der Bitterlich-Stab mein Arbeitsmittel bei den Auszeichnungsarbeiten.

Bisher hatte mein „Götterblick“ ausgereicht, um die Anzahl der Bäume anzuzeichnen, die bei der folgenden Durchforstung gefällt werden sollten. Jetzt habe ich erst auf von mir festgelegten repräsentativen Probeflächen eine Holzmassenschätzung mit der Winkelzählprobe zur Erhebung der Kreisfläche vorgenommen. Mit einem Visierstock und einer daran befestigten Kimme (Bitterlich-Stab) peilte ich die Bäume an, mich dabei im Kreis drehend. Wenn ein Baum die Kimme ausfüllte, habe ich ihn gezählt und erhielt aus der Summe eine Stammgrundfläche in m2 je Hektar. Im Vergleich mit den Werten der Ertragstafel konnte ich die Abweichung vom optimalen Wert ablesen.

Die BRA IV brachte uns Revierförstern 1969 eine tagelange Büroarbeit. Ich mußte auf den Stichtag 1.1.1970 die Forsteinrichtungsdaten des Wirtschaftsbuches und damit nicht genug, noch durch eine Reihe von Neutaxationen ergänzt, diese für eine Einspeicherung in einen Großrechner aufbereiten. Allerdings bekamen wir dafür den bis heute von mir benutzten Datenspeicher Waldfonds (DSWF) für die Informationsbereitstellung und zur Verbesserung meiner Planungstätigkeit. Ich möchte nicht auf diese Datensammlung verzichten. Gleichzeitig mit dem DSWF wurde ein Fortschreibungsmodell und ein Vollzugsnachweissystem entwickelt, mit dem eine jährliche Aktualisierung der Waldzustandsdaten und Abspeicherung möglichst ist. Damit können jederzeit Prognose-Modelle und vielfältigste Berechnungen durchgeführt werden.

Die Fortschreibungsverfahren erlaubten, aus den Primärdaten Grundfläche, Mittelhöhe und Mitteldurchmesser eine Berechnung von Sekundärdaten für die tägliche Arbeit zu liefern. Dies sind Volumenschlußgrad, Vorrat, Ertragsklasse, Nutzung und Bestockungszieltyp. Daraus wiederum konnte eine Nutzungsrangfolge und eine Baumartenwahl für die Festlegung langfristige Bestockungsziele optimiert werden.

In einem jährlichen Ausdruck mit den fortgeschriebenen Daten von Alter, Vorrat, Höhe, Durchmesser, Grundfläche, Volumenschlußgrad und aktualisierter Fläche hatte ich immer ein sehr brauchbares Arbeitsmittel, vorausgesetzt meine Eingaben zur Aktualisierung hatten hohe Qualität.

Darauf habe ich stets peinlich geachtet. Diese Zustandsdaten wurden ergänzt durch zustandsbeschreibende Plandaten wie Produktionsziel, Nutzungsgruppe, Verjüngungsperspektive und zustandsbeschreibende Vollzugsdaten wie Harzung, Astung, Düngung, Verjüngungsart und Jahr des letzten Pflegeeingriffs.

Meine jährlichen Dateneingaben kamen meist aus dem Wirtschaftsvollzug. Für jede Datenzeile mit getätigter Nutzungsmaßnahme erfolgten Angaben über Fläche und Menge, getrennt nach Pflegehieben, Kahlhieben und übriger Nutzung (dies waren in Klepelshagen oft Schirmhiebe). Eingaben, die nicht rechentechnisch aktualisierbar waren, erfolgten von mir durch Neutaxationen. Das waren u.a. neu entstandene Blößen, neu angelegte Kulturen oder gelungene Naturverjüngungen, Flächenzugänge oder fehlerhafte Daten.

Die BRA V (seit 1978) brachte den Forsteinrichtern für die körperlichen periodischen Waldzustandsinventuren durch die Nutzung des DSWF als Informations-, Taxations- und Datenträgerbeleg eine Verbesserung ihrer Arbeit. Als 1992 die Inventurdaten von den Forsteinrichtern überprüft wurden, wollte ich mit ihnen, nachdem sie erst drei Tage in Georgenthal Quartier bezogen hatten, wie in den Zeiten der ersten Einrichtung 1962, vorbereitende Absprachen treffen. Nachdem sie mich eine Weile haben reden lassen, sagte sie mir, sie wären mit der Aktualisierung des DSWF für das Revier Klepelshagen schon fertig.

Die erhobenen Inventurdaten bildeten die Grundlage für die Herleitung der Nutzungsplanung. Ziel der Nutzungsplanung war die Ermittlung eines Nachhaltshiebssatzes, der darauf orientierte, bei einer Verbesserung des Waldzustandes eine nachhaltige Holzproduktion zu realisieren. Die Datenerhebung erfolgte in der Teilfläche. So war es im praktischen Betriebsvollzug möglich, die geplante Maßnahme auch in dieser Teilfläche zu realisieren. (Bei meiner Betrachtung will ich mich nicht zu weit in die Arbeiten der Forsteinrichtung vertiefen, sondern nur die Auswirkungen auf meine Revierförstertätigkeit beschreiben.)

Da die Nutzungshöhe eine wirtschaftspolitische Entscheidung war, konnte die Nutzungsplanung auch nur ein Kompromiß zwischen dem Wunsch nach maximaler Steigerung der Holzvorräte und der Befriedigung des Holzbedarfes darstellen. Die Dienstbesprechung in der Oberförsterei, auf der die jährliche Verteilung des Holzeinschlages erfolgte, hatte auch regelmäßig den Charakter eines Ringkampfes, denn es waren die Nutzungsmengen zwar festgelegt aber nicht die Abarbeitungsreihenfolge im zehnjährigen Forsteinrichtungszeitraum. In diesem Fall wollte jeder Revierförster der letzte sein. Die Wünsche der am Holz hängenden Wirtschaft waren sehr hoch.

Neben gelben und roten Karten zur Verteilung an die streitenden Revierförster hatte der Oberförster aber noch eine Reihe von Graphiken und Tabellen zur Verfügung, die zumindest eine objektive Abgrenzung der hiebsreifen Bestände von Vornutzungsbeständen des schlagweisen Hochwaldes ermöglichte. Die Ertragsregelung der Naturverjüngungsbestände wurde vorrangig vom Verjüngungszeitraum bestimmt und hier konnten auf dem Wege der waldbaulichen Detailplanung vom Einrichter und Wirtschafter abweichende Hiebssatzvarianten festgelegt werden.

Für die entstandenen Kahlflächen erfolgte 1969 eine Walderneuerungsplanung in Form einer Baumartenoptimierung, damit solche Baumarten angebaut wurden, die den Standort voll ausnutzten und wirtschaftlich wertvollen Zuwachs leisten konnten. Als Bestockungszieltypen wurden meist mehrere Baumarten bzw. Baumartenkombinationen vorgeschlagen. Da die Walderneuerungsplanung forstbetriebsweise aus der Baumartenoptimierung zur Herstellung einer Zieltypenstruktur abgeleitet wurde, hatte dies bei der Baumartenwahl auch zur Folge, daß die sogenannten schnellwachsenden Baumarten z.B. Douglasie, in einer festgelegten Hektargröße angebaut werden mußten. So hat die Douglasie im Revier heute einen Flächenanteil von 3 %.

Die Pflegemaßnahmen der Durchforstungen, besonders in den Jungbeständen, hat im schlagweisen Hochwald eine herausragende Bedeutung. Bei Vernachlässigung dieser Arbeiten, kann es bei den Nadelbaumarten sehr leicht zu erheblichen Schäden (Windwurf) kommen. Deshalb unterlag deren Erledigung einer ständigen Kontrolle durch das Inspektionssystem der Forsteinrichtung.

An dieser Stelle muß ich auch etwas zur Bereitstellung der finanziellen Mittel für meine jährliche Revierplanung sagen. Zu keiner Zeit meiner Revierförstertätigkeit im Staatlichen Forstwirtschaftsbetrieb Torgelow ist mir etwas von meiner Planung der waldbaulichen Arbeiten gestrichen worden. Begrenzungen ergaben sich nur aus fehlenden Arbeitkräften oder Mangel an Material.

Der Nachhaltshiebssatz sollte, zuzüglich der Holzimporte , den Holzbedarf des Landes decken. Aber die Einwirkung von Naturgewalten (Windwurf, Schneebruch u.a.), Insektenkalamitäten, Schadstoffimmissionen, fehlende Importe und wirtschaftliche Zwänge brachten Abweichungen. Die Sicherung der Versorgung der Holzindustrie hatte Vorrang. Dabei fehlten i.d.R. die Stammhölzer. Die Folge war leider die waldbaulich nachteilige Absenkung der Umtriebszeit. Bei der Buche konnte oft nicht auf das Ankommen einer Naturverjüngung gewartet werden und es kam zu Kahlhieben. Eine Möglichkeit, ohne Kahlflächen und dann erzwungenem Baumartenwechsel auszukommen, war der Voranbau. So ist die Buchen-Pflanzung in den Abteilungen 25, 26 und 28 dafür ein Beispiel.

Die Erhebung des Waldzustandes zum 1.1.1993 soll für das Revier Klepelshagen , bei den zu erwartenden Veränderungen der Flächen- und Besitzverhältnisse, einen Überblick vermitteln:

Die Holzbodenfläche betrug:	1094,61 ha
davon Unterstand	221,83 ha
Die Nichtholzbodenfläche:	91,15 ha
insgesamt	1185,76 ha
Die Revierfläche	1185,76 ha
Vorrat aus Ober- und Unterstand:	276.510 Efm
Vorrat je Hektar:	257 Efm
Jährlich geplante Nutzung:	5.000 Efm

Fläche und Vorrat unterteilt nach Baumarten und Anteile in %:

Kiefer	108,26 ha	27480 Efm	10 %
Fichte	66,35	16657	6
Lärche	113,12	19252	11
sonst.Nadelhölzer	35,35	5978	3 (i.w.. Douglasie)
Eiche	151,25	33807	14
Buche	386,90	131879	36
sonst.Hartlaubh.	103,74	21208	10
Roterle	37,71	6097	4
Pappel	10,03	1489	1
sonst.Weichlaubh.	62,88	12663	5

Wie ich es schon erwähnt habe, hatte die Forsteinrichtung natürlich zur Inventur und Planung ein Inspektions- und Kontrollsystem. Bevor aber zu Anfang der siebziger Jahre die Kontrollgruppe der Forstprojektierung Potsdam ihre Arbeit aufnahm, kontrollierten sich die Revierförster gegenseitig. Diese Aktion nannte sich „Kulturüberprüfung“. Nach einem Plan fuhren die Revierförster zu einem zugeteilten Forstbetrieb und kontrollierten dort die Erfolge der Kollegen. Ich hatte dabei jedenfalls eine Reihe von Erlebnissen, von denen ich über einige berichten möchte, damit dieses Kapitel nicht gar zu „trocken“ wird.

So mußte ich einmal die Arbeit eines Revierförsters bei Rheinsberg begutachten. Dabei besuchten wir auch einen sehr alten Eichenwald am Stechlinsee mit seinem glasklaren Wasser, in Sichtweite des ersten Atomkraftwerkes der DDR. Unter diesen urwüchsigen Eichen stand ein Rudel Kahlwild mit einem Hirsch. Es war gerade Brunftzeit. Dieser Anblick hat mich sehr beeindruckt. Hätte ein Künstler den Augenblick festgehalten, hätte auch ich festgestellt, ach, was ein Kitsch. – Der zuständige Revierförster kam nicht aus dieser Gegend, er lebte bis 1945 in Jugoslawien. Von dort kam auch seine Ehefrau und sie hatte uns mit viel Öl und Paprika ein Abendbrot gekocht. Mein Kollege bestand darauf, daß wir dazu Slivowitz trinken müßten. Schlafen sollte ich in der Bodenkammer seiner Tochter – die z.Z. an einer Fachschule lernte. Zu dieser Bodenkammer führte eine Bodentreppe und diese wurde ich in vorgerückter Stunde hinaufgeschickt. Beim Betreten der fünften Stufe fand ich keinen Halt, denn sie war lose, und ich landete in den vorsorglich ausgebreiteten Armen meines lieben Kollegen, der sich über diesen Scherz sehr freute.

Bei einem anderen Revierförster in der Nähe von Kyritz wurde ich auch zum Abendbrot eingeladen. (Das man immer beim jeweiligen Kollegen für diesen Tag lebte, hatte sich als guter Brauch so entwickelt). Nach dem Essen schien seine Frau und er ein Problem zu haben. Erst nach längeren Andeutungen, mit Blick auf mein Parteiabzeichen, rückten sie mit der Sprache heraus. Im „Westfernsehen“ sollte es einen Revuefilm mit der Schauspielerin Marika Röck geben und den wollten sie sich ansehen. Natürlich wollte ich nun auch. Das Zimmer in dem der Fernsehapparat stand, war nur 3 x 3 m groß. Da der sehr schwerhörige alte Herr die Batterien seines Hörapparates schonen mußte , er aber auch nicht auf die Musik verzichten wollte, stellte er die Lautstärke so ein, daß auch ich tagelang an Gehörschäden gelitten habe.

In den Revieren um Fürstenberg hatte ich ein andermal meine Reviere schon abgearbeitet und wollte, weil es Sonnabend war, eine Pause einlegen, wurde aber vom Direktor des Forstbetriebes gebeten, das Revier vom Revierförster Gehrke noch zu überprüfen. Dieses Revier hatte er nicht planmäßig verteilt, sondern es zur besonderen Verwendung zurückgehalten. Mit auf den Weg gab er mir noch seine private Telefonnummer und die Erlaubnis, sollte ich Schwierigkeiten bekommen, zu allen Zeiten bei ihm anrufen zu dürfen. Dies machte mich neugierig. Bei der Vorfahrt mit meinem knatternden Moped an der Försterei kam ein sich giftig gebärden-

Der Buchenwald – Schirmschläge

Verjüngung

der Dackel angesaust. Nach einer Weile kam dann der Förster, der sich noch eine Zeit auf dem Hof mit einem erlegten Rehbock beschäftigt hatte. Mit dem Hinweis auf ein Schild an der Gartenpforte „Vorsicht bissige Hunde", daß der eine der Dackel wäre und der andere er, mußte ich mein Moped abstellen und in seinen Trabant steigen. Gleich bei der scharfen Rechtskurve an der Hofeinfahrt hätte ich beinahe schon den Angstgriff am Handschuhfach abgerissen. Selten habe ich solch einen schnellen geländegängigen Trabi erlebt. An einem Haus am Dorfrand bremse er scharf, stürzte aus dem Auto und beschimpfte laut eine ältere Frau, die mit einem Pantoffel einen kleinen Schäferhund versohlte. Die verdutzte Frau wiederholte nur immer wieder, „er hat mir doch ein Gössel aufgefressen". Als wir danach in rasender Fahrt eine Abteilungskreuzung passierten und das Auto gerade noch nach schneller Bremsung unter die Zopfenden eines mit Kiefern-Langrohholz beladenen LKW-Hängers zum stehen kam, mußte ich erst einmal tief durchatmen. Nicht so mein Revierförster, der hatte schon längst den LKW-Fahrer am Kragen, weil er mit dem Hinterrad zwei kleine Kiefern beschädigt hatte. Daß nicht nur die Kulturen sondern auch der ganze Wald in einem ausgezeichneten Zustand war, konnte ich trotz der Raserei allerorten sehen. – Wir verstanden uns prächtig. Zu Mittag gab es die Leber vom morgendlich erlegten Rehbock. Mit einer furchtbar langen Cuba-Zigarre (dem Abschiedsgeschenk des Revierförsters) gab ich vor dem am späten Nachmittag schon besorgt auf mich wartenden Direktor meinen Bericht.

So interessant wurden die Überprüfungen von den Kontrolleuren der Forsteinrichtung nicht, denn entsprechend des guten oder schlechten Waldzustandes fiel die Höhe der Jahresendprämie für die Arbeiter des Reviers und auch für mich aus. (Wenn Geld im Spiel ist, hört oft die Freude im Leben auf).

Ich will auch nur aufzählen, was der Oberförster und Revierförster dem Kontrolleur vorzuzeigen hatten, denn in einer betrieblichen Selbstkontrolle hatte sich erst noch der Oberförster von der Qualität und Richtigkeit des Angebotes vom Revierförster zu überzeugen:

- Ob alle Blößen innerhalb einer 18 monatigen Liegezeit aufgeforstet waren.
- Welche Qualitätsstufe die fünfjährige Kultur erreichte. Ist eine standortsgerechte Baumartenwahl getroffen worden, ist die festgelegte Pflanzenanzahl vorhanden, wurde der Reihen- und Pflanzenabstand eingehalten. Ist ein Zaun vorhanden, wenn nicht, wie hoch ist der Fege- und Wildverbißschaden.

- Sind die richtigen Pflegemaßnahmen in der Wirksamkeit und Ausführung bei den Jungwuchs- und Jungbeständen erfolgt.
- Bei der Bestandespflege wurde die richtige Auswahl und die Eingriffsstärke beurteilt.
- Ob die als minderproduzierend eingestuften Bestände beseitigt waren.
- Konnten „saubere Waldkomplexe" von mindestens 150 Hektar Größe abgerechnet werden (in ihnen durften u.a. nicht mehr als 0,95 Festmeter Bruch- und Dürrholz und keine Holzabfuhrreste vorhanden sein).
- Nutzungskontrolle, Holzaushaltung und -sortierung sowie exakte Vermessung.
- Kontrolle über jagdwirtschaftliche Verhältnisse: Wildbestandsermittlung, Abschußpläne, Wildäcker, etc.

Alle diese Festlegungen hatten nur der wichtigsten Aufgabe der Forstwirtschaft zu dienen, für eine maximale Holzerzeugung zu sorgen. Bis 1990 konnte die Lücke zwischen Bedarf und Erzeugung nicht geschlossen werden, trotzdem alle Reserven genutzt wurden. So auch die Straßenbäume, Parkanlagen, praktisch jeder Baum, wo immer er auch gewachsen war.

Der nicht abgedeckte Holzbedarf führte 1977 und 1986 zu dem Beschluß, die Verwertung von Dünnholz (Holz aus den ersten Pflegehieben bis zu einem Brusthöhendurchmesser von 10 cm) zur Ganzbaumhackung (Hackschnitzel mit Nadeln für die Holzplattenherstellung) vorzunehmen, trotz eines erheblichen Arbeitsaufwandes , der bis zu viermal so groß sein konnte, wie für stärkeres Holz. Der hohe Flächenanteil besonders an Nadel-Jungbeständen aus den Nachkriegsaufforstungen in vielen Forstrevieren ermöglichte dies. Allerdings wurde auch aus waldbaulicher Notwendigkeit die Pflege der Jungbestände erzwungen. Aus dieser Holznot wird der Auftrag, alles Holz (Bruch- und Dürrholz) bis zu einem Schwellenwert von 0,95 fm/ha für eine Verwertung aufzuarbeiten, verständlich.

Zur Arbeitsorganisation im Revier

Die Arbeitsorganisation in der Holznutzung bestand im Revier Klepelshagen auch 1958/59 noch in der Zweimann-Rotte, die mit Axt und Säge arbeitete. Die Kollegen Bahr und Sehlke waren die Dienstältesten. Mit der erzwungenen Unterbrechnung durch den Krieg, haben sie ihr ganzes Arbeitsleben in diesem Wald verbracht. Der Waldarbeiter Sehlke arbeitete bis zu seinem 75. Geburtstag im Revier.

Später bildete man Brigaden, die dann schon mit Motorsägen ausgerüstet wurden. So bestand die Holzeinschlagsbrigade Richard Neumann aus 6-10 Mitgliedern, die dann den Holzeinschlag auch anderer Reviere der Oberförsterei erledigten. Sie hatten für die Baumfällung Zweimann-Motorsägentypen Faun und Dolmar. Anfangs erfolgte die Aufarbeitung des Kronenholzes mit Axt und Bügelsäge, später gab es dafür Einmann-Motorsägen des Typs ES 35. Das waren tolle Dinger. Hatte man sie nach vielen Mühen zum Laufen bekommen und setzte sie noch einmal auf den Boden, sprangen sie bei jedem Zündfunken wie ein Frosch ein Stückchen weiter. Ende der sechziger Jahre gab es dann moderne Einmann-Motorkettensägen aus Importen, im wesentlichen aus Schweden, von der Firma Partner.

In den siebziger Jahren wurden industriemäßige Produktionsmethoden eingeführt. Als Modell diente die maschinelle Großproduktion in der Landwirtschaft. Die gebildeten Komplexbrigaden bestanden aus bis zu 18 Mann. Die Aufteilung der Arbeit in Gruppen (Fäll-, Entastungs-, Einschnitts-, Spalt-, Rücke-, Schäler- und Transportgruppe) führte zu einer einförmigen ungesunden Belastung der Arbeiter. Geleitet wurden diese Komplexe durch Nutzungsingenieure, die man aus den eingesparten Revierförstern bekam, weil jeweils zwei Reviere zu einem zusammengelegt wurden.

Von zwei solchen zusammengelegten Revieren wurde ich ein „Forstingenieur für Walderneuerung“, nämlich von Klepelshagen und Spielberg, mit insgesamt 2.600 Hektar Holzbodenfläche.

Damit diese Nutzungs-Komplexe auch genügend große Arbeitsfelder zur Verfügung hatten, wurde in den Grundsätzen für die Bewirtschaftung der Wälder von 1985 die zulässige Schlaggröße bei der Kiefer auf maximal 10 ha und bei der Fichte auf 5 ha festgelegt. Bei den anderen Baumarten hatte sich die Größe dem Verjüngungsverfahren, dem Standort und den baumspezifischen Anforderungen anzupassen. Endnutzungsflächen unter 1 ha waren nur in begründeten Sonderfällen zulässig. Dafür wurden aber Anträge meist genehmigt, wenn die festgelegten Flächengrößen überschritten werden sollten.

Meine Aufgabe war es u.a. in den Vornutzungsbeständen die Auszeichnungsarbeiten zu erledigen, die Flächen mit einer Bestandesbeschreibung (Baumart, Brusthöhendurchmesser, Höhe, Erntefestmeter, Sortimente und Behinderungen z.B. Hanglagen, Unterwuchs) dem Nutzungsingenieur zu übergeben und bei Endnutzungsflächen sie anschließend für eine Walderneuerung zu übernehmen.

Einschlag, Rückung und Abfuhr erfolgte in einem enormen Tempo. Wenn ich nach einigen Tagen diese Arbeitsfelder aufsuchte, hat mich jedenfalls der gebotene Anblick tief erschüttert. Wo vor wenigen Tagen noch Wald stand, herrschte Chaos.

Mit den reviereigenen Arbeitskräften konnte ich diese großen Wiederaufforstungen nicht bewältigen. Ich mußte dazu Hilfskräfte werben. Diese konnte ich nur aus den höheren Klassen der Schulen bekommen. Das gelang auch. Mit den Schulen in Strasburg und den umliegenden Dörfern habe ich dazu Vereinbarungen getroffen. Wenn ich auch die nutzbare Arbeitszeit selten länger als zwei Stunden ausdehnen konnte, so brachte die Menge der Schüler das Ergebnis. Zeitweilig hatte ich in der Pflanzzeit über viele Tage je 30-60 Schüler zum Räumen der Flächen, Verbrennen des Astreisigs und zum Pflanzen der Bäume. Neben Geld für die Klassenkasse bekamen die jungen Menschen auch noch einen Einblick in die Waldarbeit – die Pausen nutzte ich für Erklärungen und Informationen. Nach Jahren erlebte ich, daß die damaligen Schüler, jetzt als Eltern, mit ihren Kindern diese Flächen aufsuchten und stolz die von ihnen gepflanzten Bäume zeigten.

Die in den letzten 40 Jahren im Revier Klepelshagen angebauten Baumarten waren 5 ha Kiefern, 34 ha Lärche, 15 ha Fichte, 19 ha Douglasie, 25 ha Eiche, 28 ha Buche als Voranbau, 7 ha Esche und Ahorn, 15 ha Roterle, Birke und Pappel. An Naturverjüngung kommen dazu 21 ha Roterle und Birke, sowie 170 ha Buche. In Summe 340 ha. Von den Buchen-Naturverjüngungen sind noch 130 ha im Unterstand.

Zum alten und neuen waldbaulichen Konzept

Als waldbauliches System für die Hauptbaumart des Reviers, die Buche, war der Großschirmschlag vorgesehen, der zu großflächig gleichartigen, einschichtig strukturierten Beständen führen sollte. Ein Nebenbestand war damit nur bis zur halben Umtriebszeit vorhanden. Bis zur Einleitung einer Naturverjüngung hatten die Bestände einen hallenartigen Charakter mit hohem Schlußgrad, der kaum einen Lichtstrahl zur Erde dringen ließ.

Wo es sich bei vorhandenen kleinen Flächen angeboten hat, wurden von mir die anderen naturgegebenen Laubbaumarten möglichst gefördert. Leider wurden solche kleinen Verjüngungsflächen vom Wild oft durch

Verbeißen und Fegen für eine Holzproduktion stark geschädigt oder auch ganz beseitigt.

Die immer vorhandenen hohen Wildbestände von Rot- und Rehwild ließen neben den enormen Forderungen der Holzlieferung eine an natürliche Waldbewirtschaftungssysteme orientierte Forstwirtschaft nicht zu. Wollte ich keine Kahlflächen haben, war der Großschirmschlag eine Möglichkeit, wenigstens die Buche auf großer Fläche zu erhalten. Kahlschläge hätten unweigerlich zu Nadelholzbepflanzungen geführt.

In den Jungbeständen habe ich möglichst eine Bestandspflege nach der Auswahl von Ziel-Stämmen vornehmen lassen. Die Verfolgung der „Einzelstammnutzung" als eine Anwendung einer naturnahen Produktion sollte überhaupt das waldbauliche Konzept der Zukunft in Klepelshagen werden. Mit solch einer Waldpflege und -wirtschaft wird die Verbesserung des finanziellen Wertertrages durch wertvolles Starkholz, als auch der Schutz des Waldes (Strukturvielfalt, Totholzanteile) am kostengünstigsten erfüllt. Selbstverständlich behalten daneben auch einzelne Bestände eines Alterklassenwaldes z. B. Erlen- oder Lärchenbestände ihre Berechtigung.

In den 30 Hektar der über 100 Jahre alten Buchenbestände des Reviers kann es nicht sofort zu einer Einzelstammwirtschaft kommen, da der Nebenbestand fehlt. Sehr wohl sind Übergangslösungen und Varianten möglich, die bei vorhandener Naturverjüngung, zumindest einen zweischichtigen Wald entstehen lassen. So wie er in der Abteilung 28 schon zu sehen ist. Die Ernte des Oberbestandes soll teilweise hinausgezögert bzw. ganz unterbleiben. Etwa 10 Stämme pro Hektar sollten für 200-300 Jahre einem natürlichen Verfall überlassen bleiben. Sie werden bis dahin zur Bildung eines mehrschichtigen Waldes wesentlich beitragen.

Nach intensiv geführten Durchforstungen und wenn eine Verjüngung angekommen ist, kann eine „Einzelstammnutzung" erfolgen, die sich an dem größten Verkaufswert orientiert. Voraussetzung ist natürlich, daß keine Windwurf- oder Sonnenbrandgefahr besteht. Damit wird noch am wirtschaftlichsten vor einem weiteren Preisverfall durch die Kernbildung vorgebeugt.

Der Schlüssel um den Waldaufbau zu mehrschichtigen Bestandesstrukturen zu führen, ist die konsequente Zielstärkennutzung. Mit fortschreitender Anwendung wird dieses Bewirtschaftungsprinzip in natürliche Waldstrukturen übergehen. Die Einzelbaumwirtschaft führt zur Einzelbaumstabilität und damit zur Erhöhung der Betriebssicherheit. Individuelle Erntezeitpunkte der Bäume lassen kleinräumige Texturen entstehen und eine natürliche Verjüngung stellt sich nebenbei auch ein. Unter dem Schirm der Altbäume erfolgt die wesentliche Regelung des Artengefüges der folgenden Baumgeneration durch die zwischen- und innerartlichen Konkurrenz. Leider erlebe ich dieses waldbauliche Ziel auf der ganzen Revierfläche nicht, erst wenn der Nachfolger von meinem Nachfolger über die Verwendung seiner Rente nachdenkt, ob er sie in Burgunder- oder Bordeauxrotwein anlegt (ich trinke beide gern), könnte es so weit sein.

Das Gute am Revier Klepelshagen ist, daß bei allen hier vorkommenden Baumarten eine naturnahe Wirtschaft möglich ist, denn die Voraussetzung, daß sie sich natürlich verjüngen, ist gegeben. Was man von den Nadelbäumen in Einzelmischung behalten möchte, kann jeder Wirtschafter selbst bestimmen. Nur bei den Lärchen, die aus den Revieren um Brüsenwalde in Brandenburg stammen, sollte jede Gelegenheit zur Vermehrung genutzt werden. Die Lärchen sind nicht nur von guter Qualität, sondern haben hier Heimatrecht. Sie sind so etwas wie ein Markenzeichen.

Mit der Ausnahme Lärche, kann man über einen längeren Zeitraum wahrscheinlich so wie so nur mit den potentiell naturgegebenen Baumarten die höchste Wirtschaftlichkeit erreichen. Deshalb schlage ich vor, eine Baumartenmischung von 50 % Buche , 10 % Eiche und 20 % mit den anderen Laubbäumen anzustreben. Dazu sollte eben die „Klepelshägener" Lärche 20 % Flächenanteil bekommen.

Ich möchte nochmals hervorheben, daß eine Waldbehandlung nach dem Prinzip der Zielstärkennutzung für das Revier Klepelshagen eine sehr gute Lösung darstellt. Es ist ein freies Prinzip, das nicht voraussetzt, daß schon entsprechende Waldstrukturen vorhanden sind. Außerdem hat weder mein Vorgänger , Oberförster Wilke, noch ich eine naturnahe Wirtschaftsweise ganz aufgegeben. Kein zukünftiger Waldbauer sollte sich durch eine erhöhte Erntebehinderung und vergrößerten Betreuungsaufwand davon abbringen lassen. Aber man kann auch auf die Vorgänger schimpfen und alles ganz anders machen.

Da es seit jeher meine Absicht war, auch allen anderen potentiellen Bewohnern des Waldes eine Heimstätte zu geben, wäre dies auch am Besten durch einen sich überwiegend natürlich verjüngenden stabilen Mischwald mit wertvoller Vorratshaltung möglich. Er kann die größte vertikale und horizontale Strukturvielfalt haben und würde damit die speziellen Ansprüche für eine unendliche Vielzahl von Lebewesen erfüllen.

Die Zielstärkennutzung darf aber nicht zu einer Plünderung der Erntestämme führen. Deshalb muß einer Überforderung der Betriebsklasse vorgesorgt werden. Für einen Nachhaltsbetrieb ist die Beachtung eines fest-

Europäische Lärchen – ein Markenzeichen von Klepelshagen

Da fahren sie hin – die guten Lärchen von Klepelshagen (unten)

gelegten Hiebssatzes (Erntemenge) unerläßlich. Es ist aber auch durchaus möglich, aus dem Vorratswert der Bestände und deren Wertzuwachs sich den Werthiebssatz herzuleiten, der für den Zielstärkenbetrieb die beste Nutzungsgröße festlegen kann. Mit dem „Datenspeicher Wald" ist eine erste Grundlage für solche Berechnungen vorhanden. Damit würde dann eine ständige aktuelle Beurteilung des Wirtschaftens im Wald als Erfolgskontrolle zur Verfügung stehen. Die bisherige Praxis: Nur die Abrechnung der jährlichen Holzerträge und jährlich laufenden Kosten (Kameralistik) vorzunehmen, sagt nichts über einen Erfolg des Jahrzehnte dauernden dynamischen Produktionssystems Wald aus.

Die Aussage über die Wirtschaftlichkeit soll vor allem eine Übernutzung der Althölzer nicht zulassen, denn dies würde unweigerlich wieder zum Altersklassenwald führen. Aber auch dies muß ich sagen: Der Einfluß des „Äsungsdruckes" durch überhöhte Rot- und Rehwildbestände auf die Wirtschaftlichkeit würde sichtbar werden.

In solch einer Forstwirtschaft, die mit den von der Natur hervorgebrachten Zufälligkeiten wirtschaftet, sind bodenständige Handwerker notwendig und durch nichts zu ersetzen. Mit den beiden Forstwirten Günter Dähn und Wolfgang Tächl hat das Revier zwei hervorragende Facharbeiter.

Mit der behandelten Nutzfunktion des Waldes will ich in einer Zusammenfassung feststellen: Für mich gilt als zentrales Merkmal der Waldentwicklungskonzeption Klepelshagen, daß die sozialen, ökonomischen und technischen Faktoren zum Schutz des Waldes gleichwertig sind. Immer war nicht nur die reine Rohstoffnutzung das Ziel meines Wirtschaftens, sondern eine immer stärker werdende Orientierung an den gesellschaftlichen Wünschen nach seinen Schutz- und Erholungsfunktion.

In allergrößter Hochachtung für die Forstleute, die seit 250 Jahren die Notlage der aus Übernutzung von Holz, Waldweide und Streu sowie aus der Überhege des Wildes entstandenen Holzarmut beseitigten, so ist es heute die Notlage der Wasserversorgung, die Reinhaltung der Luft, die Bindung von CO2 geworden und es ist ein Beitrag zur biologisch-ökologischen Evolution zu leisten, der den autochtonen Baumarten die Möglichkeit schafft, sich genetisch an die sich rasant wandelnde Umwelt anzupassen.

Für mich weiter ganz wichtig ist die Wirkung des Waldes, die das innere Wesen des Menschen beeinflußt. Bei mir selber und bei vielen anderen Menschen habe ich den Einfluß der Waldstrukturen auf seine Psyche beobachten können. Die wirkenden Zivilisationsprobleme aus der urbanisierten Welt werden in naturnäher gestalteten Wäldern besser abgebaut wie im flächenhaften Alterklassenwald, der den geometrisch geschnittenen Strukturen der Landwirtschaft nachgebildete ist. Wenn ich den Kindern die in Gehren – im heutigen Schullandheim – ihre Ferien verlebten, Sagen und Märchen im urwüchsigen „Einsberg" erzählte, hörten sie zu, wo anders nicht.

Waldspaziergang

Auf der am Anfang des Kapitels **Forsteinrichtung** begonnenen Waldwanderung möchte ich im weiteren noch auf viele der Besonderheiten, Naturschönheiten und Denkmale menschlicher Arbeit die im Revier zu finden sind eingehen, damit sich jeder nach seinen Wünschen eine Exkursionsroute zusammenstellen kann.

So wie aus dem grundfeuchten Rand vom Erlenbruch langsam der Hang der Endmoräne aufsteigt, beherrscht der Perlgras-Buchenwald das Bild. Diese Pflanzengesellschaft unterliegt längs des weiteren Weges durch das Revier je nach der Nährkraftstufe, Geländeform, Humusgehalt und Wasserversorgnug vielfältigen Variationen. Am Vorkommen von Lungenkraut und etwas später im Jahr das Bingelkraut und der Sanikel werden die reichen, wenn Riesenschwingel wächst, die kräftigen Standorte angezeigt. Findet man reichlich Hainrispengras, ist das sicherlich einer der wenigen mittleren Standorte.

Da der Wald möglichst aus mehreren standortgerechten Baumarten bestehen sollte, jede Baumart aber andere Ansprüche stellt, ist die Beachtung der Bodenvegetation zur Beurteilung der kleinflächigen Standortunterschiede für mich wichtig und meine Unterstützung für eine Mischungsregelung nun „ganz einfach". Wird reich angezeigt, erhalten Eschen, Kirschen, Stieleichen, Ulmen und Bergahorn den Vorzug vor der Buche und bei den kräftigen, kann alles so bleiben wie es ist, hier kann die Buche das Feld beherrschen. Wird die Bodenvegetation ärmer, findet man Hainrispengras, ist der Standort nur von mittlerer Nährkraft und hier bekommt die Traubeneiche meine Unterstützung vor der vorhandenen Buche. Das die Hainbuchen und andere Nebenbaumarten überall bleiben, wo sie es möchten, versteht sich von selbst. Da die Brücher und Moore von Roterlen und Moorbirken besiedelt werden, weil alle anderen Baumarten mit diesen extremen Standorten ihre Probleme haben, ist hier eine Mischungsregelung von mir nicht nötig.

So bleibt mit meinem vorsichtigen Eingriff in die sich einstellende artenreiche Verjüngung eine naturnahe Baumartenmischung erhalten. Vorausgesetzt, genügend Mutterbäume sind vorhanden, die für den Samen sorgen. Auch darf durch eine Überpopulation der wiederkäuenden Wildarten diese natürliche Dynamik nicht behindert werden.

Forderungen des Holzeinschlagsplanes haben mich gezwungen, in den Abteilungen 22, 21, 25, 26 und 28 nicht auf eine natürliche Verjüngung zu warten, sondern Buchen als Voranbau pflanzen zu lassen. Es entstanden aber auch Buche-Pflanzungen nach einem Windwurf in der Abteilung 15 unter Kiefer. Ein weiterer Buchenanbau unter einem Vorwald aus Pappeln in der Abteilung 16.

Pflanzungen sind sehr teurer und werden in Zukunft nur noch auf wenigen Flächen überhaupt notwendig sein, wenn z.B. die vorhandenen Nadelholzbestände in Laubwälder umgebaut werden sollen. Mit etwas Geduld von ein paar Jahrzehnten würde sich allerdings auch auf diesen Flächen ein Wechsel in der Baumartenzusammensetzung von selbst vollziehen. Dafür sind im Revier ausreichend Beispiele vorhanden. Unter den Fichten und Douglasien am Mühlenberg stehen schon viele kleine Buchen. Leider werden sie vom Rotwild stark verbissen. Auch für das Ankommen von sogannten Pionierbaumarten gibt es Beispiele, so am Luderberg, wo sich auf einer nicht sehr großen Windwurffläche Birken eingefunden haben. So werden hier unter ihrem Schutz wieder Buchen wachsen, wenn die Enkel zur Jagd gehen.

Kleine Kahlflächen haben auf jeden Fall ohnehin noch einen günstigen Effekt, kommen doch neben Birken noch andere Nebenbaumarten an und viele Insekten und höhere Tiere finden solche Lebensräume auch ganz nett.

Als ein Ergebnis des Großschirmschlagbetriebes bei der Buche entstand im Rhämel eine riesige Dickung. Diese Naturverjüngung wurde im Jahre 1978 eingeleitet und die 50 Hektar Jungwuchs sind heute eine beliebte Deckung auch für das Rotwild. Diese Besitznahme verursacht durch intensiven Verbiß und Schälung große Schäden an den Bäumen. Die Schädigung des Aufwuchses ist so umfangreich, daß das Wirtschaftsziel gefährdet ist. Der angerichtete Schaden an den jungen Bäumen erfolgt durch die erhebliche Reduzierung der Stückzahl. Die geschälten und befegten Buchen werden kaum noch wertvolles Holz liefern können. Das Wild wird zwar nicht die Waldbildung verhindern, aber auf großen Flächen werden eben Bäume wachsen, die bei der Ernte eine schlechte Holzqualität liefern.

Ein weiterer Besuchspunkt könnte der Kienberg am Schwarzenseerweg sein. Er besteht aus Sand von mittlerer Nährkraft. Hier wächst die Kiefer – dies sicher schon sehr lange, warum heißt er sonst Kienberg – darunter gibt es die Drahtschmiele, den Sauerklee und einige von mir sehr behütete Blaubeersträucher. Alle paar Jahre gab es ein Festkompott, aus einer kleinen Hand voll Beeren. Aber es wächst hier auch Besenginster und dieser versucht, meine Blaubeeren zu überwuchern. Ich werde es aber zu verhindern wissen.

Am ganzen südlichen Waldrand mit seinen windverhagerten Bestandesrändern haben sich auf den unterschiedlichen Bodenformen reliefbedingte Anzeiger von armen Vegetationtypen, u.a. der Hainrispen-Weißmoostyp eingefunden. Hier versagt der Zeigerwert der aktuellen Vegetation über die eigentliche Nährkraft des Bodens für die tiefer wurzelnden Bäume. So muß ich nachsehen, was die Standortserkunder herausgefunden haben, um eine Baumartenwahl vorzunehmen.

Neben den vielen kleinen Söllen sind auch größere Moore im Revier. Da hätten wir südlich vom Steindamm das Grenzbruch, mitten hindurch verlief die Grenze zwischen der Klepelshagener- und Reckseerforst, daher der Name. Der größte Teil wird von einem üppigen Pfeifengrasrasen gebildet.

Zum Pfeifengras habe ich folgende Geschichte zu erzählen. Wir hatten im Forstbetrieb einen Direktor, in dessen Schule es kein Latein gab. Sicherlich kein lebenswichtiger Mangel. Wenn man nun aber eine andere Sprache benutzen möchte, muß man sie erlernen. Verwendet man nun diese fremde Sprache an Stelle der Eigenen, kann man sich sehr leicht bei mißbräuchlicher Anwendung lächerlich machen. – Nun wollte der Herr Direktor vor der Belegschaft eine Rede halten und darin kam auch etwas waldbauliches vor. Diesen Teil ließ er sich aber von meinem Oberförster schreiben. – So etwas soll ja auch heute zu anderen Anlässen des öfteren vorkommen. – In seiner Bequemlichkeit hatte er sich die Namen der Gräser des Landschilfs (Calamagrostis epigeios) und des Pfeifengrases (Molinia coerulea) nicht ins Deutsche übersetzt und las nun „ Papageios“ und „Melonia“ vor, denn von Papageien und Melonen hatte er schon gehört. Mein Nachbar Revierförster Ulrich Walter, machte frei übersetzt daraus „Melonia Hydros“, die Wassermelone. Unser Gegenüber, Revierförster Fritz Paegelow aus dem Revier Grünhof, fand die Sache so prächtig, daß er furchtbar darüber lachen mußte. Da dies aber natürlich nicht laut möglich war und er es unterdrücken mußte, wurde er blitzeblau im Gesicht und wir befürchteten ein Herzversagen.

Auf der anderen Wegseite vom Steindamm ist zwar ein recht kleines, dafür aber sehr interessantes Moor. Hier wächst das Schweinsohr. Mit diesem Moor hatte ich erst so meine Mühe, denn als ich das Revier übernommen hatte, standen in diesem Moor noch mannshohe Fichten. In einer sinnlosen Arbeitsbeschaffungsmaßnahme für die gefangenen französischen Soldaten des letzten Weltkrieges wurde dieser Sumpf mit der gewaltigen Größe von fünf Morgen durch einen doppeltmannstiefen Graben entwässert, in dem Dränagerohre gelegt wurden. Da die Wasserführung nicht mehr funktionierte, glaubte ich, in Achtung vor der Arbeit anderer, ich müßte den Abfluß offen halten. Aber nach kurzer Zeit waren die Rohre wieder dicht. So langsam kam ich dahinter, daß dies eine unsinnige Arbeit ist. Ein Wasserloch hat für den Naturhaushalt einen größeren Wert als ein paar Fichten. Da wir die Rohre nun nicht mehr reinigten, stieg das Wasser an und das Schweinsohr breitete sich wieder aus.

Nur einer wird die Angelegenheit nicht so schön gefunden haben, denn in den Fichten hauste ein älterer Keiler. Der wurde nun ein „Heimatvertriebener“, da wir im Winter, als bei Frostwetter das Bruch betreten werden konnte, auch die absterbenden Fichten beseitigten.

Beflügelt durch das Erfolgserlebnis mit diesem Schweinsohrbruch, habe ich noch bei vielen anderen Brüchern – entwässert waren sie beinahe alle – die Renaturierung der Zeit überlassen, ohnehin ein recht probates Mittel, wenn es um die Natur geht.

Das am Südwestrand des Andreasbusches liegende Kienbruch ist mein Lieblingsmoor. Im Sommer brütet hier der Waldwasserläufer, die Kraniche suchen ihre Nahrung und der Seeadler streicht jeden Tag einmal vorbei. Am schönsten ist es zur Herbstzeit, wenn die Hirsche brunften und morgens im betauten, hohen Pfeifengras stehen und ihren Brunftschrei hören lassen. Dann sieht man auch gar nicht mehr die dort unschöne Stromleitung, die mit ihren Masten das Moor überspannt.

Die Trasse für die Leitung sollte ursprünglich etwas weiter nördlich verlaufen, quer durch die Buchen- und Eichenbestände. Um dies zu verhindern, habe ich mit dem Vermessungsingenieur so lange bei viel Schnaps und Bier diskutiert, bis es so weit war, daß wir uns in den Armen lagen, uns verbrüderten und er sie aus den Buchen heraus, wenigstens nur hier her verlegte. Es wäre tragisch für das Revier geworden, wenn die riesige Schneise durch den sensiblen südlichen Teil des Reviers verlaufen wäre.

Den westlichen, nicht bewaldeten Teil des Kienbruches wollte ich für eine Heugewinnung nutzen. Wir hatten für die Holzbringung vier Pferde. Es waren wunderschöne Haflinger aus den ersten Zuchten der ehemaligen DDR. Bei der sogenannten „Abwicklung“ auch des Staatlichen Forstwirtschaftsbetriebes Torgelow hat sie 1991 ein Freizeitunternehmer aus Schleswig-Holstein für 1.000 DM vom Hof gefahren. Soviel war alleine ihr handgearbeitetes Kummetgeschirr wert. Mein Kutscher hat geweint. Für diese Pferde wollten wir also im Bruch Heu werben. Dies sollte möglich werden, weil der Vorfluter, der die Schönhauser Äcker und auch den Dorfsee versorgt, neu ausgebaut wurde. Damit glaubten wir, würde die Streuselwiese soweit trocken werden, daß sie zur Heugewinnung gebraucht werden kann. Aber bald stellten wir fest, daß die Grabensohle um vieles zu hoch ist, der Meliorationsingenieur hatte sich beim Vermessen geirrt. Zuerst waren wir darüber ärgerlich, daß das Wasser nicht ablaufen konnte, aber dann hat es uns getröstet, weil das Moor nun so blieb wie es war. Unser Heu haben wir dann weiterhin aus den Wiesen bei Rothemühl geholt.

Am Weg von Klepelshagen nach Schwarzensee liegt süd-östlich davon das Moosbruch. Entwässert wurde dieses Bruch durch einen Graben und eine Dränage in Richtung des Reeksees. Da die Dränage zugewachsen ist, staute sich das Wasser von 1993 bis 1998 brütete ein Schwan- und ein Kranichpaar darauf. Birken wuchsen so lange hier, bis es ihnen zu feucht wurde und sie „auswanderten“.

Gleich vorn im Rhämel sind zwei Brüche, der vordere und der hintere Dudelsack. Dieser seltsame Name, so sagte mir Oberförster Wilke, kommt von ihrer Form her. Im vorderen Dudelsack war immer mehr Wasser als im hinteren. In seiner Mitte wächst Torfmoos und der Rand bestand aus einem offenen Wasserstreifen. Im hinteren Dudelsack wachsen Erlen und Birken.

Der Weidgenosse Emil Fiedler hatte in der Nähe des vorderen Dudelsack ein Wildschwein erlegt. Da er etwas penibel ist, wollte er sich nach dem Aufbrechen die Finger waschen. Er rutschte aus und fiel in das Bruch. Seitdem wissen wir, daß einem der Modder bis unter die Arme reicht, wenn man sich beim Händewaschen nicht vorsieht.

Im Rhämel selbst ist das große Moosbruch. Nachdem wir den Entwässerungsgraben nicht mehr instand gesetzt haben, sind im östlichen Teil durch den steigenden Wasserstand die Birken abgestorben. Jetzt blüht jedes Jahr das Wollgras so stark, das es ganz weiß ist. Ein toller Anblick.

Natürlich habe ich nicht alle Moore beschrieben, so kann jeder Besucher sein Lieblingsmoor noch selber suchen.

In der äußersten Spitze des Rhämels, dort wo die Eschen einen größeren Bestand bilden, starke Eichenüberhälter und wertvolle Kirschen wachsen, blüht der giftige Seidelbast. Es gibt hier den roten sowohl als auch den weißen.

Einen Revierteil möchte ich in einem Kapitel extra hervorheben, den „Einsberg“. Er ist etwas besonderes und ohnehin ein separater Waldteil.

Blühendes Wollgras im Großen Moos-Bruch

Rund um den „Einsberg“

Der botanische Höhepunkt im Revier Klepelshagen sind die Ziegler Berge oder auch Einsberg genannt. In diesem Waldteil mit seinen gewaltigen knorrigen, 200 Jahre alten Buchen, die sicher ein Teil eines alten Hutewaldes sind, stehen daneben in bunter Mischung Eichen, Eschen, Ahorne, Lärchen, Rüstern, Erlen und Weißbuchen. Hier gibt es auch einige **Elsbeeren** (Sorbus torminalis).

Diese heimische Baumart ist in den einförmigen Wäldern des Altersklassenwaldes so selten geworden, daß sie wenig bekannt ist und selbst Forstleute sie oft nicht kennen. Dabei hat sie ein wertvolles Holz für die Möbelherstellung. Sie wurde in der letzten Zeit auch wieder „entdeckt“ und es werden sehr hohe Preise für ihr Holz gezahlt. So wurden 1997 in Süddeutschland für einen Elsbeerenstamm 9.000 DM ersteigert. Aber nicht nur wegen zu erwartender Erlöse sollte diese Baumart gefördert werden, sondern vor allen Dingen, weil es ein heimischer Waldbaum ist. Allerdings scheint sie einige Ansprüche an den Standort zu stellen. Sie liebt trockneren, kalkhaltigen Boden und Sonnenlagen. Ihre schönen Früchte sind 1,5 cm lang, gelb bis braun und punktiert. Aus ihnen soll man Schnaps brennen können. Leider habe ich noch niemand gefunden der die Kunst des Schnapsbrennens aus Elsbeeren-Früchten beherrscht und mir dann einen Schluck zum Kosten hätte abgeben können.

Diese Elsbeeren erregten auch die Aufmerksamkeit des ersten Chefs der Landesforstverwaltung Mecklenburg-Vorpommern, Dr.Schrötter. Eigenhändig hat er von der stärksten den Brusthöhendurchmesser von 72 cm und die Höhe von 27 m gemessen und dafür gesorgt, daß sie über alle Landesgrenzen hinweg berühmt wurden.

Vor Jahren hatten wir zur Einleitung einer Naturverjüngung mit einem Forstpflug den Boden verwundet und dabei auch die Wurzeln dieser Elsbeere beschädigt. Dies hatte zur Folge, daß eine intensive Wurzelbrut einsetzte. Diese Wurzelbrut hatten nun die Rehe stark verbissen und ich wurde verhört, ob dies denn nötig sei. Da mit weiteren Besuchen zu rechnen war, habe ich sofort einen Zaun darum bauen lassen, denn man läßt sich vorsichtshalber von seinem Vorgesetzten nicht zweimal das Gleiche fragen.

Damit sollte aber das Interesse an den Elsbeeren noch nicht abgeschlossen sein. Schon bald darauf kam eine abenteuerlich angezogene junge Dame angereist. Ich wollte es gar nicht für möglich halten, daß sie etwas mit dem Forstberuf zu tun hätte, solch eine phantastische Kleidung hatte sie an. Da sie mir aber über das Forstamt Rothemühl von der Landesforstverwaltung Mecklenburg-Vorpommerns angekündigt war, mußte ich es glauben. Zu einem anderen waldbaulichen Problem kamen bald darauf ebenfalls junge Leute von der Forstschule ins Revier, die sahen ähnlich kostümiert aus. Über diese Zeiterscheinung habe ich ja schon in einem vorigen Kapitel meinen Unmut gesagt, ich möchte es nochmals bekräftigen, es kann nicht gut sein, derart forstliche Sitte und Brauch zu mißachten. Wer so wenig bereit ist, sich auch äußerlich mit dem Forstberuf zu identifizieren, sollte über einen anderen Broterwerb für sich nachdenken. Sitte und Brauchtum sind die Grundlagen für Ordnung und Gesetz. Der Wald hat beides zu seiner Pflege und Erhaltung bitter nötig. Diese zukünftige Verwalterin des Waldes (möge er davor bewahrt bleiben) wollte eine Belegarbeit für ihre Schule schreiben. Ich habe mich trotzdem beeilt, alles zu erzählen was ich von diesen Elsbeeren wußte. Sie hat die Bäume gezählt und ist zu einem dreistelligen Ergebnis gekommen. Sicherlich hat sie auch die Wurzelbrut mitgezählt, sonst sind es nicht so viele.

Die absolute Wichtigkeit und Größe dieses Elsbeerenvorkommens wurde mir dann aber im nächsten Jahr so richtig bewußt, als zwei Autos voller Mitarbeiter der Landesforstverwaltung eine Exkursion zu ihren Standorten vornahmen. Hier wurde festgelegt, solange das Revier von der Treuhand nicht verkauft ist, werden die Wildlinge geworben und in einem Pflanzgarten des Landes M-V verschult, um in den dauerhaften Landeswaldrevieren später ausgepflanzt zu werden. So wird der Name des Reviers Klepelshagen unsterblich.

Der „Einsberg“ ist so reich an unterschiedlichen Arten von Sträuchern, Kräutern und Gräsern, das ich den Leser stark ermüden würde, wollte ich sie alle namentlich aufzählen. Es ist auch viel schöner, sich das Nachschlagwerk von „Rothmaler“ unter den Arm zu nehmen, um selbst eine Bestimmung vorzunehmen. Dieser Waldteil ist die Zusammenfassung von alle dem, was im Revier auf Einzelflächen zu finden ist. Sein Relief ist stark bewegt. Es sind Moore, Wasserlöcher und ein Bach mit einem Bachtal und ausgehagerte Südhänge vorhanden und dies alles auf kleinstem Raum. An der Nordseite steht der fast weiße Mergel bis an die Bodenoberfläche und im Bachtälchen nebenan wurde der beste Ton abgebaut. Am langen Berg haben wir kiesige Erde. Auf dieser vorgeschobenen Bastion hat die Urgewalt des Gletschers sich nochmals so richtig ausgetobt. Dieser Wald wurde viele hundert Jahre je nach Bedarf von den Menschen ge-

Wervolle Hölzer
im naturnahen Wald

Ein Bergahorn

Eine Esche

nutzt. Als Hutewald für die Schweine und sonstiges Vieh, das Holz für den Ziegelei- und Kalkofen und den Stockausschlag für Reisigbunde zum Backen des Brotes. Da nach Aufgabe der Viehhütung die Naturverjüngung nicht ausreichte für eine Walderneuerung, erfolgten Pflanzungen von Lärchen und Kiefern. Jetzt ist es ein Naturschutzgebiet. So wird auch geschützt, was die Menschen durch ihre Nutzung geprägt haben.

In diesem Waldteil mit der Flurbezeichnung „Einsberg", weil er bei einer Kartierung der Forsteinrichtung die Abteilungsnummer „Eins" bekam, gibt es im Mittelteil den Forstortsnamen „Ziegler-Berge". Diese Bezeichnung kommt von der Ziegelei, die hier gestanden hat. Im ganzen Tal des Knüppelbaches finden sich die Tonabbaugruben. Am nördlichen Ende war mit Sicherheit der Brennofen, neben dem schiefen Ahorn, wo der Jäger Herbert einen Hirsch erlegte – diese Geschichte erzähle ich noch an anderer Stelle -. Am Hang über dem Brennofen finden sich die Fundamente eines Wohnhauses, sicherlich die des Zieglers. Im historischen Ortslexikon für Brandenburg finden sich zur Wirtschafts- und Sozialstruktur von Klepelshagen für das Jahr 1744 Angaben über eine Zielgelscheune, Ziegelei und für das Jahr 1777 wird der Beruf des Zieglers aufgezählt. Ich halte das große westliche Gebäude auf dem heutigen Gutshof von Klepelshagen für diese Ziegelscheune. Daß nach 1744 die Angaben bei Neuensund gemacht werden, findet seine Erklärung darin, daß Flächen in der Ortszugehörigkeit mit Neuensund gewechselt haben. 1928 wurde der Gutsbezirk Klepelshagen mit dem Gutsbezirk Neuensund zur Gemeinde Neuensund vereinigt. Seit 1965 ist Klepelshagen ein Ortsteil der Stadt Strasburg.

Bis vor nicht zu langer Zeit sollen drei große zusammengebrannte Ziegelklumpen in der Nähe des Brennofens gelegen haben. Diese Klumpen, so wird erzählt, kennzeichneten Grabstätten von einem Ziegler und zwei Räubern. Die Männer hatten den Ziegler überfallen und wollten seine Habe stehlen. Da ist ihm sein großer Hund zur Hilfe gekommen und gemeinsam konnten die Angreifer überwältigt und getötet werden. Jetzt befand sich der Hund in einem Blutrausch und fiel den Ziegler an, den er auch tötete. Nachdem dieses schaurige Geschehen entdeckt wurde, fanden die Toten ihr Grab unter den Ziegelsteinen. – Wenn man diese blutige Geschichte unter den dunklen Schatten der Buchen erzählt, wird sie glaubwürdig.

In der von Albrecht Daniel Thaer (1752-1828), dem Vater der deutschen Landwirtschaft, herausgegebenen Zeitschrift „Annalen des Ackerbaus" erschien 1810 ein Aufsatz von G.Crome, „Agronomische Bemer-

Der noch sehr naturnahe „Einsberg“

kungen, gesammelt auf einigen kleinen Reisen durch den Theil der Mittelmark, Uckermark, Pommern und Mecklenburg=Strelitz." In dem Bericht über das Gut Neuensund schreibt er: „übrigens befindet sich zwischen den südwestlich gelegenen Anhöhen nach Gehren zu ein vortrefflicher Kalkbruch von ziemlich festem Erdkalk, welcher gebrannt und zum Bau benutzt wird." Dieser Kalkabbau und ein Kalkofen wird im zitierten Ortslexikon schon für das Jahr 1744 genannt. Die Abbaufelder des weißgrauen kalkhaltigen Bodens finden sich rechts und links des Pflasterdammes durch den Einsberg.

G.Crome schreibt im genannten Artikel auch von einer nördlich von Neuensund liegenden Niederung (Große Friedländer Wiese) die mit einem humosen, torfigen Boden angefüllt ist. „Die ganze Fläche leidet noch hin und wieder sehr an Feuchtigkeit, es ist aber schon mit zweckmäßigen Abgrabungen der Anfang gemacht: größtenteils wird sie zur Weide und Wiese benutzt, einen Theil derselben hat aber der Herr von Arnim (Besitzer von Neuensund, H.L.) schon durch Abgrabungen, Auffahren von Sand etc. in kulturfähiges Land verwandelt, auf dem Kohl etc. gebaut wurde; er wird in dieser Melioration fortfahren, und dadurch gewiß eine bedeutende Fläche eines beinahe unerschöpflichen Bodens gewinnen." Jetzt, im Jahre 1997, wird von Wissenschaftlern und Praktikern festgestellt, daß die von 1960 bis 1970 durchgeführte Melioration der 15.000 Hektar Großen Friedländer Wiese, davon im besonderen die 8.000 Hektar „Tiefmoor" und die einsetzende unsachgemäße Landnutzung dazu geführt haben, daß dieser Humus soweit verbraucht ist, daß er nur noch etwa 20 Jahre reichen wird, wenn die Bewirtschaftung sich nicht ändert.

Westlich des Knüppelbaches, der auch gleichzeitig die Grenze zwischen den ehemaligen Ländern Mecklenburg/Strelitz und Brandenburg bildet, wachsen auf dem Langen Berg Kiefern. Diese Kiefern sind nicht zu gebrauchen. Sie sitzen voller Granatsplitter. 1945 hatte eine Einheit der deutschen Wehrmacht eine Kanone auf dem Platz vor der Kirche in Gehren abgestellt. Sie hatten für sie keine weitere Verwendung. Opa Rust untersuchte mit seinem Krückstock dieses Kriegsgerät, bis es furchtbar krachte, er und die Bewohner des Ortes bekamen einen gewaltigen Schreck und die Granate flog in hohem Bogen bis zum Langen Berg, explodierte dort und verseuchte viele Bäume mit Splittern.

Seit jeher holten die jungen Mädchen am Ostermorgen aus dem Knüppelbach Wasser. Es soll dann die Eigenschaft haben, daß sie noch hübscher werden, wenn sie es als Waschwasser benutzen. Es entwickelt seinen Zauber aber nur dann, wenn nicht gesprochen wird, bis man es zu

Hause hat. Da die Jungs der Meinung waren, die Mädchen sind schön genug, wurden sie so lange gefoppt, bis sie doch sprachen. Es wurde immer eine feuchte, aber sehr fröhliche morgendliche Stunde.

Etwas weiter am Vormittag erfolgte dann das Eiertrudeln auf dem Eierberg, der die Fortsetzung des Langen Berges ist. Gewonnen hatte, dessen Ei nicht beim Trudeln zerbrach und die weiteste Strecke zurücklegte. Natürlich platzte bei vielen die Schale, diese Eier wurden aufgegessen. Nur wenigen war anschließend nicht schlecht.

Ich habe ihn eben erwähnt, mit dem Knüppelbach als Grenzgraben, verläuft daneben auch gleichzeitig eine mittelalterliche Landwehr. Dieses ist ein ca. 14 m breites, doppeltes Wall-Grabensystem , das in seiner Folge in südlicher Richtung das Revier durchquert und noch weit in der Strasburger Ackerlandschaft zu finden ist.

Da diese Landschaft viele tausend Jahre von Menschen bewohnt wurde, finden sich noch weitere ur- und frühgeschichtliche Denkmale. Drei Trogmühlen, in denen Korn gemahlen wurde, habe ich im Revier gefunden und sie in Georgenthal vorsorglich deponiert. Bei gelegentlichen Begehungen des Ackers habe ich steinzeitliches Handwerkzeug gefunden, wie einen Schuhleistenkeil, Steinhammer, Steinbeile und Scherben von gebrannten Tongefäßen, alles habe ich selbstverständlich beim Bodendenkmalpfleger abgeliefert. Meine Funde sind aber gegen die Sammlung des ehemaligen Verwalter Wegner von Neuensund/Klepelshagen sehr bescheiden. Die reiche Sammlung seiner Fundstücke kann man im Landesmuseum Schwerin bewundern und darüber staunen, welche handwerkliche Kunst die Steinzeitmenschen hatten.

Am Ende des Kapitels will ich nochmals zu den Bäumen zurückkehren. Der im südlichen Teil des Reviers liegende Splittberg ist ein forstliches Denkmal, ein im Niederwaldbetrieb bewirtschafteter Bestand. Als es nur in den Städten Bäcker gab und für die Landbevölkerung der Weg viel zu weit bis Strasburg war, um Brot zu kaufen, wurde das Brot in den Dörfern selbst gebacken und dafür benötigte man Brennmaterial. Dieses Brennmaterial wurde in diesem Niederwald geworben und die Gutsarbeiter bekamen es als einen Teil ihres sogenannten Deputatlohnes. Es waren mit Weidenruten zusammengehaltene Reisigbunde, um damit den Backofen heizen zu können. Dieser Deputatlohn, der noch in der Lieferung von anderen Naturalien bestand, z.B. Milch, Holz, Fleisch, Kartoffeln u.a. spielte für die Landbevölkerung bis in die jüngste Vergangenheit eine lebenswichtige Rolle. Waren doch diese Lebensmittel für die Erhaltung der Arbeitskraft notwendig. Geld bekamen die Gutsarbeiter sehr wenig, sie hätten es eventuell für Luxusartikel ausgegeben.

Auch der Bestand am östlichen Ende des Grenzbruches ist solch ein aus einem Niederwaldbetrieb hervorgegangener Wald. Die Forsteinrichtungen zur Zeit meines Vorgängers und auch die zu meiner Dienstzeit hatten ihn für einen Kahlhieb vorgesehen. Beide konnten wir uns dazu nicht entschließen. Die Zeit hat uns Recht gegeben – heute ist es ein über hundertjähriger ordentlicher Eichen-Buchenmischbestand.

Das nächste Kapitel soll sich im besonderen mit den Vögeln in diesem Revier befassen.

Die Vogelwelt

Sicherlich wäre es einfacher zu sagen, nimm ein Handbuch der „Vögel Europas“ zur Hand, denn in Klepelshagen gibt es nur wenige Arten nicht, die es sonst in Mitteleuropa noch gibt. Aber ein paar Besonderheiten bzw. Erlebnisse mit Vögel möchte ich beschreiben und muß leider auch über welche berichten, die schon nicht mehr hier vorkommen.

Auf einem der wenigen Waldgänge, die ihm bei seiner schweren Krankheit noch verblieben, zeigte mir der Oberförster Wilke den schrägen Buchenast am Luderberg, auf dem ein Kolkrabenpaar horstete. Es war Anfang der 50 Jahre eine große Seltenheit, diesen Singvogel im Revier zu haben. Heute sind die **Kolkraben** so zahlreich, wie die Spatzen im Dorf. Im Herbst und Winter finden sie es sehr schön, in großen Schwärmen von einhundert Vögeln und mehr, sich in den Buchenkronen mit großem abendlichen Getöse zur Nachtruhe vorzubereiten.

Die Waldarbeiter hatten einst ihren Spaß, den Raben von ihrem Brot abzugeben. Jetzt warten diese nicht mehr so lange, bis sie freiwillig etwas abbekommen, sondern stehlen das Frühstück beinahe aus der Tasche. Gerade neulich haben sie dem Kutscher Günter Münchow das Brot vom abgestellten Pferdewagen aus dem Beutel geholt. In diesem Fall war der Diebstahl nicht so tragisch, denn der Hausdoktor hatte ihm aus Übergewichtsgründen empfohlen, sowieso nur die Hälfte zu essen.

Hat ein Jäger Wild erlegt, sind die Kolkraben nach dem Knall sofort zur Stelle und holen sich nicht nur den Aufbruch, sondern wenn man auch nur eine kurze Strecke zum Fahrzeug muß, hacken sie das Wildbret an und besudeln alles mit ihren schmutzigen Füßen.

Sie haben mein Mißtrauen erregt, da sie erheblichen Unfug treiben! Ich vermute, den anderen Vögeln, die gegenüber den Menschen und anderen Störungen empfindlicher sind, stehlen sie die Eier oder Jungtiere. Viele Kraniche bringen keine Jungvögel mehr groß und daß sie neulich zwei Junghasen zu ihrer Beute machten, konnte ich auch nicht verhindern. Ich glaube, man muß ein scharfes Auge auf diese schwarze Diebesbande haben, sie sind die zur Zeit regierende Partei im Wald.

Die **Seeadler** sind schon immer in diesem Revier gewesen. Meist zur Jagd oder als Schlafrevier. In den siebziger Jahren bauten sie erst einen Horst, ohne zu brüten, dann brüteten sie und ausgerechnet bei einem Sturm 1990 stürzte dieser Horstbaum um. Nun haben sie aber auch wieder ein neues Hüsung gefunden. Am Alt Klepelshägener Weg bezogen sie auf einer Lärche einen alten Kolkrabenhorst. 1996 war ihre Brut nicht erfolgreich, dafür aber 1997 und 1998. Sie zogen je einen jungen Adler auf. Warum sie nicht einen anderen Horstbaum, z.B. eine starke Buche oder Eiche gewählt haben, kann ich nicht verstehen, bei Wind schwankt dieser Lärchenbaum so heftig, daß ich vom Zusehen seekrank werde.

Die noch ungepaarten jungen Seeadler treiben sich oft in diesem Wald herum. Dies in kleineren und größeren Gruppen von fünf und mehr Stück. Seit vielen Jahren haben sie ihren Schlafplatz am Grenzbruch.

Mit Wohlgefallen beobachtete ich einmal sechs junge Seeadler am Schwarzenseer Waldrand. Sie hatten nichts zu tun, genau so wie ich. Sie saßen auf den hohen Buchen und ich in der Nähe auf einem Hochsitz. Da kamen am späten Nachmittag drei Bachen mit ihrem hoffnungsfrohen Nachwuchs auf die Wiese. Dies war eine willkommene Abwechslung für mich und die Adler. Diese machten sich einen Spaß daraus, so zu tun, als ob sie einen Frischling greifen wollten. Dies gefiel den Bachen aber ganz und gar nicht. Da ein Schwein offensichtlich Schwierigkeiten hat, den Kopf sehr hoch zu nehmen, da es ja zum in der Erde wühlen geboren ist, mußten die Bachen die Adler teilweise auf den Hinterläufen stehend von ihren Frischlingen abwehren. Dies allerdings wurde ihnen bald zu dumm und sie traten den Rückzug unter die Bäume an.

Sollte im Frühjahr einmal der Ruf der **Kraniche** im Bruch ausbleiben, dann wird es schlimm sein für diese kleine Welt. So wie im Herbst die Rufe der nordischen Gänse die Stimmung der Jahreszeit angeben, so sind es die Kraniche im Frühjahr. In unterschiedlichen Stückzahlen sind sie Brutvogel im Revier. Und auch sie lieben ihre Heimat. Sechs Jahre konnte ich einen Kranich beobachten, der immer wieder seinen alten Brutplatz in der Theerofenwiese aufsuchte. Er hatte beim Fliegen einen herunterhängendes Bein und war daran sofort zu erkennen. Dann war da noch ein sehr großer Hahn, der über viele Jahre in seinen Wohnort zurück kam. Er lebte ohne Frau und Kind. Wir kannten uns gut.

Es ist eine Forstortsbezeichnung geworden – am **Schwarzstorch**-Horst. Jeder heimische Waldarbeiter weiß damit etwas anzufangen. Als eines Winters der Ast, der die Unterlage für den Horst bildete, abgefault zu Boden stürzte, hat die Freiwillige Feuerwehr aus Strasburg unter seinem Hauptmann Reiner Arndt eine künstliche Unterlage angelegt. Der Storch hat ohne Verzug auch diesen Horst angenommen. Er kannte meinen klappernden Trabi genau und ließ sich zu keiner Zeit stören, wenn ich mindestens einmal am Tag an seinem Horst, natürlich immer freundlich grüßend, vorbeifuhr. Dann war es nach langen Jahren eines Tages doch vorbei. Woran es lag, ich weiß es nicht. Vielleicht wußten zu viele von seinem Horst und wollten als echte Freunde durch häufige Besuche ihre Naturverbundenheit bekunden, oder er mochte die vielen leise schleichenden neuen Autos nicht. Er wanderte zu meinem Nachbar Willi Milke in das Revier Johannisberg, an ein verschwiegenes Plätzchen. Zur Futtersuche kommt der Schwarzstorch aber noch häufig in sein altes Revier.

Immer wenn ich im Frühjahr den Gemüsegarten im Schweiße meines Angesichts umgraben mußte, um neue Petersilie, Mohrrüben und sonstiges Grünzeug zu säen, lenkten mich die **Schreiadler** mit ihren Rufen und schönen Flugspielen von diesem löblichen Tun ab. Es dauerte auch meist nicht lange, dann versuchte ich meine Frau davon zu überzeugen, daß es unerläßlich sei, nachzusehen, welchen Horst sie denn in diesem Jahr bezogen und mit grünem Hochzeitslaub schmückten. Sie lieben den Tapetenwechsel, nicht jedes Jahr benutzen sie den gleichen Horst. Meine Frau hielt es nicht für so wichtig, daß ich mit meiner störenden Neugierde wußte, wo sie ihr Junges in diesem Jahr großzogen, denn die Gartenbestellung dauerte dadurch oft bis in den Sommer.

Von den 60ern bis in die 80er Jahre horsteten unterschiedlich ein bis zwei Schreiadlerpärchen im Revier. Seit Anfang 90er gibt es nur noch ein Adlerpaar und diese machen noch eine Ausnahme von ihrem sonst gewohntem Verhalten. Sie rufen sehr wenig, auch in ihrer Paarungszeit nicht sehr häufig und schon gar nicht sehr laut. Außerdem leben sie nun schon 9 Jahre auf ein und dem selben Horstbaum, einer Fichte am Rande eines Bruches.

Auf einem meiner ersten Erkundungsgänge im Revier umflogen mich am Bruch, an der alte Landesgrenze, laut rufend seltsame Vögel. Blaugrau und weiß leuchtete ihr Gefieder, einen langen Schnabel hatten sie, beinahe wie eine Schnepfe, auch ihr Ruf klang einem Wasserläufer ähnlich. Aber hier im tiefsten Wald ? Wie ich durch vorsichtiges Befragen eines Vogelfreundes, ich wollte doch nicht als Spinner angesehen werden, der Wasserläufer im Wald sieht, dann erfahren habe, sind es **Waldwasserläufer**. Sie leben heute noch dort und ich kann sie zum Beweis vorzeigen.

Beim Vater des Gastwirtes vom Burgwall hängt im Hausflur ein exotisch aussehender ausgestopfter Vogel. Eine **Blauracke**. Glaubwürdig versicherte mir Oberförster Wilke, daß noch bis in die fünfziger Jahren dieser Vogel hier vorgekommen sein soll.

Ich kenne auch noch einen Vogel, den es jetzt nicht mehr hier gibt, den Upupa epops – für zu klangvoll halte ich diesen lateinischen Namen, das ich gegen meine Gewohnheit, nicht in unverständlichen fremden Sprachen zu schreiben, es mir nicht verkneifen kann, ihn so zu nennen. In den Wiesen um Gehren und natürlich am Einsberg – wo denn sonst ? – habe ich mich noch einige Jahre, bis etwa 1970, an den bunten **Wiedehopf** erfreuen können, wenn er im Gegenzug mich betrachtete und dann vor Aufregung seine Haube aufstellte.

Leider muß ich noch eines Vogels gedenken, den es zur Zeit hier nicht mehr gibt, die **Große Rohrdommel**. Vielleicht kommt der „Moorochse", wie der Vogel im Volksmund auch genannt wird, wieder zurück zum Reeksee, nachdem ich die Entwässerung dieser Sumpfes dadurch verhindert haben, indem diese Fläche vom Forstbetrieb in Rechtsträgerschaft übernommen wurde. Im Schilf des verlandeten Sees standen jedes Jahr immer einige Bast- und Feisthirsche. Bis zum letzten Büchsenlicht verschönte die Rohrdommel mit ihrem urigen Ruf die Abendansitze und gab der Sache eine besondere Note.

Über einen Vogel kann ich etwas Erfreuliches berichten, denn in zunehmenden Stückzahlen macht er unüberhörbar von sich reden, ich meine den **Sprosser**, die Nachtigal des Nordens. Dieser Vogel, der Dichter und Musiker zu höchsten Gefühlsausbrüchen veranlaßt hat, lebt, nachdem die von uns gepflanzten Sträucher in Georgenthal groß und dicht geworden sind, seit einigen Jahren auch in dem Fliederstrauch unter unserem Schlafzimmerfenster. Zweimal im Jahr singt er seiner Herzallerliebsten nächtelang etwas vor, und wenn dies vier Meter vom eigenen Bett erfolgt, ist man sicher, nur eine Oper von Richard Wagner ist mit seinen Pauken und Trompeten noch etwas lauter.

Ich bin überzeugt, seine Angebetete schläft in diesen Nächten nicht, denn wir konnten es auch nicht. Darum zogen wir regelmäßig für diese Zeit in ein Notlager in andere Räume des Hauses, denn mit dem Alter läßt die körperliche Leistung nach und der Mensch braucht regelmäßiger seinen Schlaf. Aus einiger Entfernung sind die auf dem Hof der Försterei von drei bis vier Sprosser-Hähnen vorgetragenen Lieder zumindest so schön wie die im Sängerwettstreit der Meister um den Schuster Sachs, nur eben etwas Abstand möchte sein.

Zuerst habe ich ja noch geglaubt, es diesem Radaubruder klar machen zu können, daß es noch viele Sträucher auf dem Forstgehöft gibt, wo er niemanden stört mit seinen Liebestönen. Ich versuchte, ihn aus dem Fliederstrauch zu verscheuchen. Dazu band ich zwei Blechschüsseln, als Tonverstärker mit je einer Eisenkette, in den Strauch. An diese „Glocke" kam eine Schnur und diese zum Fenster hinein über mein Bett. Begann der abendliche Gesang, zog ich an meinen Schnüren. Zuerst war er ja auch etwas verdutzt, dann schmetterte er seinen Gesang aber um so kräftiger. Das Ergebnis kennen sie schon, wir gaben auf und zogen in einen anderen Raum.

Die Vögel der herbstlichen Stimmung sind die **Wildgänse**. Nicht die wenigen Graugänse, die im Reeksee brüten, sind es, sondern die nordischen Gänse mit ihren hellen Stimmen, die morgens und abends zu hunderten zu ihren Weidegründen fliegen.

Jetzt kann man nur hinterherschauen, wenn sie vom Galenbecker See in die Uckermark wollen, denn das Bundesjagdgesetz verbietet das Schießen der Gänse in den Monaten September und Oktober. Viele waren es nicht, die erlegt wurden, denn es ist gar nicht so einfach, solch einen großen Vogel auch zu treffen. Meist fliegen sie zu hoch und zu schnell und anpürschen auf dem Acker geht nicht. Eine der vielen Gänse hat mit Sicherheit den Kopf oben und warnt alle, wenn sich ein Jäger nähert. Es werden seit Jahren immer mehr, die auf den Feldern ihre Nahrung aufnehmen.

Solch eine Wildgans gibt einen recht schmackhaften Braten ab. Mit einem saurem Apfel ausgestopft, zu Salzkartoffeln und geschmortem Rotkohl, dazu eine Flasche guten Rotspon, ist sie schon ein feines Essen.

Allerdings kann es einem auch schlecht ergehen. Zu einer Gänsejagd besuchte mich mein Schulkamerad Georg Lenuweit, wir hatten Glück und erlegten auch einige. Bis auf eine bekam mein Freund sie alle mit nach Hause. Ich wollte bescheiden aussehen und suchte mir die kleinste Bleßgans aus. In Wirklichkeit glaubte ich, daß dies die zarteste sei. Aber kleine Sünden werden sofort bestraft, denn als ich sie rupfen wollte, hatte ich mit jeder einzelnen Feder meine Mühe, bis es mir über war und ich sie abgezogen habe wie ein Kaninchen. Damit ist der Braten beinahe schon unbrauchbar, denn ohne die knusprige Pelle ist eine Gans eine traurige Sache. Damit sollte das Drama aber noch nicht beendet sein, denn nun kam das Garen. Dies dauerte Stunden und da sie zur Kaffeezeit immer noch nicht weicher war, kam sie trotzdem auf den Tisch und wir versuchten sie zu essen. Es gelang aber nicht. Hatte man ein Stück Fleisch zwischen den Zähnen und versuchte es vom Knochen zu beißen, sprang es beim zweiten Biß mit Schwung wieder daran. Für Prothesenträger wäre das Unternehmen von vornherein aussichtslos gewesen. Aber auch wir hatten bald genug. Mit guten Worten brachte ich meiner Deutsch-Drahthaarhündin Gilka das Gebratene in den Zwinger. Derweil machte meine Frau ein paar Spiegeleier zurecht. Die kluge Hündin wußte längst Bescheid, sie nahm mir den Vogel ab und verscharrte ihn in das schon vorher gegrabene Loch, um das Fleisch in Wochen reifen zu lassen.

In einem Vogelbuch habe ich nachgelesen, daß Gänse ein biblisches Alter erreichen sollen. Diese Gans hatte sicherlich noch Moses gekannt.

Neben den vielen Vogelarten, die ich hier nicht alle gewürdigt habe, leben noch andere Tiere in diesem Wald, über die ich jetzt, zumindest ein wenig berichten will.

Vom Nieder- und Raubwild im Revier

Zuerst etwas über die Jagd auf das hier noch vorkommende „Niederwild" und „Raubwild".

Da wären zuerst die **Wildenten**. Groß wurde am ersten Sonnabendvormittag nach Aufgang der gesetzlichen Jagdzeit eine Entenjagd auf den zahlreichen Wasserlöchern der Feldflur angesagt. Da man aber von einem Wasserloch zum nächsten laufen mußte und die Enten sofort abstrichen, wenn man über das Schilf an den Uferrändern schaute und da außerdem diese kleinen Vögel schwer zu treffen waren, haben wir die meiste Zeit bis zum Mittagessen mit „Reden" verbracht. So blieb es bei gelegentlichen Jagderfolgen. Viel wichtiger war uns dabei das gesellige Beisammensein. An einem Lagerfeuer wurden Butterbrote und Wurst geröstet, es schmeckte uns immer sehr gut. Überhaupt gehörte dieses Ritual, des gemeinsamen Essens am Feuer, möglichst zu allen unseren Jagden. Das baute Standesschranken ab und ließ egoistische Forderungen, Zank und Streit erst gar nicht wuchern.

Beim **Hasen** war es etwas anderes, hier habe ich in meinem Eifer nicht nachgelassen, um wenigstens zur Weihnachtszeit einen zu bekommen. Ich schoß ihn meist auf dem Ansitz mit der Kugel. Für mich war diese Jagd immer sehr aufregend, wenn man den Hasen schon lange vorher im Laub hörte, bis er endlich am Waldrand sichtbar wurde. Ich gab mir deshalb solche Mühe, weil meine Frau aus einem Hasen einen vorzüglichen Gulasch zubereiten kann. Das Rezept geht etwa so: Das Fleisch wird in mittelgroße Würfel geteilt. In erhitztem Fett werden zerschnittene Zwiebeln gedünstet, dann das Fleisch hineingegeben, mit Gewürzpaprika (nicht zu scharfen) bestreut und gesalzen. Erst wird es bei starker Hitze gebraten, dann bei mäßiger Hitze geschmort. Das verdunstete Wasser wird mit wenig heißem Wasser und ausreichend gutem Rotwein ständig ersetzt. Der fertige Bratensaft darf nicht zu dick, aber auch nicht zu dünn sein. Bevor das Fleisch ganz weich ist, werden zerschnittene Gemüsepaprika und Tomaten hineingeben und zugedeckt gegart. Dazu gab es Nudeln mit dem typischen „Rechtsgewinde", natürlich von der Firma Warener Teigwarenwerke „Möve". Nur wenn man sie verkehrt in den Mund steckte, hatten sie Linksgewinde.

Rebhühner kamen in der Feldmark von Klepelshagen immer sehr wenig vor. In Neuensund waren es ein paar mehr. Geschossen haben wir sie nicht, da wir sie zur Ausbildung im Vorstehen für unsere Hunde benötigten. Fasane, Truthähne und Kaninchen gab es nicht. **Schnepfen** haben wir auch nicht geschossen, um den Bestand zu erhalten. Auch hatten wir kein ordentliches Rezept für die Zubereitung des „Schnepfendrecks".

Richtige Ansitzjagden auf den **Fuchs** machten wir nicht. Er wurde geschossen, wenn er auf Treib- oder Drückjagden vorkam. Wenn wir den Fuchs erlegten, taten wir dies in der Absicht, eine Übertragung der Tollwut auf den Menschen vorzubeugen. Damit erfüllten wir eine Forderung der Jagd- und Veterinärbehörde. Das wir für den bei der Wildsammelstelle des Staatlichen Forstwirtschaftsbetriebes abgelieferten Fuchs bis 100 Mark bekamen, war uns sehr recht, denn erst den Fuchs erlegen um ihn dann einzugraben oder zu verbrennen, daß mochte auch keiner und 100 Mark war sehr viel Geld. Eine Verwendung des Balges für den Eigenverbrauch scheiterte meist an der mangelnden Verarbeitungsmöglichkeit.

Die **Marder, Iltisse und Hermeline** konnten leben wie sie wollten. So auch die **Dachse.** Ich war immer überzeugt, daß es kein zweites Revier mit so einem zahlreichen Dachsvorkommen gibt. Im Revier sind auf 10 Hektar Waldfläche je ein Dachsbau. Sicherlich waren nicht alle gleichzeitig bewohnt, aber es bestand dazu auf jeden Fall die Möglichkeit. Wenn sie nicht gerade von ihren eigenen Fettreserven leben und schlafen, kann man jeden Abend mindestens einen sehen. Alle meine Hunde kamen an keinem Dachsbau vorbei, ohne zu kontrollieren, ob einer darin sitzt. Saß einer, mußte dieser verbellt werden. Meist geschah dies zu einem Zeitpunkt, wenn ich es eilig hatte. Wenn sie beim Laut geben den Kopf in den Baueingang steckten, konnten sie natürlich nicht hören wenn ich rief, daß sie nun endlich kommen sollen. Das sich meine Hunde auch noch auf den Revier-Markierungsstellen der Dachse ausgiebig wälzen mußten und sie nun abscheulich rochen, hat nicht meine Zustimmung gefunden und schon gar nicht die von meiner Frau. Jedesmal habe ich mir vorgenommen, nun doch einen zu schießen. Einmal habe ich auch wirklich ernst gemacht. Der Leiter des Jagdartikelladens der Inspektion Staatsjagd, „Suhler Jagdhütte" in Berlin am Alexanderplatz , heute eine Filiale der Firma Kettner, wollte sich zur Dekoration des Schaufensters einen Dachs ausstopfen lassen. Den sollte ich liefern. Die Treiber bei den Drückjagden bekamen von mir den Auftrag, mich zu rufen, wenn sie einen Dachs zu sehen bekommen. Am Burgwall in der Douglasienanpflanzung riefen sie, ich soll schnell kommen, es wäre einer da. Es war aber keiner, dort saß ein Marderhund. Dessen Fell habe ich mir gerben lassen. Einen Dachs bekam der Jagdladen auch, ein Auto hatte einen tot gefahren.

Weitere Tiere des Waldes

Als ich die ersten **Siebenschläfer** im Revier gefunden hatte und dies in der Naturschutzzeitschrift veröffentlichte, schrieb mir ein Professor aus Berlin, daß er von diesem nördlichen Vorposten der Verbreitung dieser Tierart sehr beeindruckt sei.

Aber wie dies so ist, an meinem Ruhm sollte schnell geknabbert werden. Mein Nachbar, Revierförster Milke, beobachtete diese Nager dabei, wie sie die Rinde in den Lärchenkronen so stark benagten, daß Teile der Baumkronen abtrockneten und ausbrachen und die Stämme zu Zwieseln auswuchsen. Auch dies hat er in einer Zeitschrift veröffentlicht.

Indem ich diese Taten noch mit den Händen in den Hosentaschen beäugte, probierten diese kleinen Luder meine Apfelernte im Keller. Wer mag schon angebissene Früchte? Ich auch nicht. Was blieb übrig, die Äpfel und noch anderes Obst und Gemüse mußten in einer vor Siebenschläferbesuchen sicheren, leeren Garage untergebracht werden.

Nun zu einem anderen Tier. Doch dazu muß ich an unsere Forstgeschichte erinnern, als in den siebziger Jahren in der Forstverwaltung der DDR der Gigantismus erfunden wurde. Dies hatte ja für mich bedeutet , daß ich durch die Spezialisierung und die Bildung von Technikkomplexen der „Waldbau"-Förster von den beiden Revieren Klepelshagen und Spiegelberg wurde. Mein Revier war jetzt so groß, das es von Horizont zu Horizont reichte, es hatte eine Fläche von 2.600 Hektar. Auf dem Motorrad sang ich frei nach dem schönen Lied, „so weit die braune Heide reicht, gehört mir alles „. Bei zehn Grad minus hörte sich mein Tenor allerdings nicht sehr heldenhaft an. Nachdem alle Revierförster endlich das Rheuma hatten, hörte man 1984 mit diesem Schwachsinn auf. Jedes Revier bekam wieder einen eigenen Förster.

Da wir neben den Waldteilen auch für die Feldgehölze und Straßenbäume zuständig waren, führte mich zu dieser Zeit eine meiner Expeditionen auch in den Gutspark von Groß Luckow. Hier erlebte ich ein Naturschauspiel. Rund um einen Gedenkstein für die verstorbenen ehemaligen Eigentümer von Groß Luckow krochen **Weinbergschnecken** in einer ungeheuren Zahl. Als praktischer Mensch kam mir bald die Idee, es wie die Feinschmecker in Frankreich und sonstwo zu tun, und daraus eine Mahlzeit von meiner Frau zubereiten zu lassen. In die Tüte meines Frühstückbrotes sammelte ich die schönsten und größten Exemplare und barg sie zum Transport unter der Gummijacke an meiner Brust.

Meine Frau ist eigentlich kein energischer Typ, diesmal aber, als ich ihr meine Tüte mit den Schnecken zeigte und mein Anliegen vorgetragen hatte, blitzten ihre Augen und ihre Gesten waren so eindeutig, daß ich weiter keine Widerrede hatte und die Tiere zu dem kleinen Tümpel hinter der Scheune in Georgenthal getragen habe, um sie dort auszusetzen. Sollte sich also in Zukunft einer wundern und darüber eine wissenschaftliche Abhandlung schreiben wollen, wo denn die Schnecken herkommen, die sich am Tümpel eifrig vermehrt haben, hier ist die Antwort.

Eine Würdigung der Tiere in diesem Revier wäre unvollständig, wenn ich nicht auch den Insekten einen Abschnitt widmen würde. Zu den jagdbaren Wildtieren komme ich ja noch.

Da wären z.B. die **Stechmücken**. Die Jagdgäste behaupten, daß die Klepelshagener Unterart besonders blutrünstig sei. Aus diesem Grund müßten sie sich mit einem Mückenspray oder einer Mückenverscheuchsalbe an allen offenen Körperteilen so stark einreiben, daß davon selbst mir schon die Luft weg geblieben ist. Ich denke aber, auch dieses Insekt will nur leben und gönne ihr ab und zu den kleinen Tropfen Blut. Nur ein Insekt ist mir zutiefst zuwider und hat mich mehr als einmal in die Flucht geschlagen. Es ist hinterhältig, kündigt sein Kommen nicht ehrlich, wie z.B. eine Mücke mit Gesumme an, sondern kriecht in die Ohren und Augen, unter den Mützenrand und das Uhrenarmband und selbst in die Gummistiefel. Sein Gift juckt und brennt, läßt die Ohren anschwellen und die Augen zuschwellen und bringt mich in jedem Fall zur äußersten Verzweiflung und zu Mordabsichten. Aber dieses Untier von **Gnitze** ist nur etwa einen Millimeter groß und läßt sich dadurch schwer fassen. Die gräßlich stinkenden Mückensalben helfen auch nicht, um sie zu vertreiben – ich habe dies am eigenen Leibe ausprobiert. Tröstlich ist, daß sie nur bei Windstille und schwüler feuchter Luft ihr Wesen treiben, und dies ist ja nicht immer.

Viel wäre noch zu berichten, über das, was da kreucht und fleucht, denn so einigermaßen heil ist er ja noch, dieser Garten Eden. Ich für meinen Teil würde alles tun, daß es immer so bleibt. Aber mit dem Bau der neuen Bundesautobahn A20 wird durch die Trassenführung und die notwendigen Bauwerke wie Brücken, Unterführungen, Auf- und Abfahrten usw. die Schönheit dieser mecklenburgischen-uckermärkischen kuppigen Grundmoränenlandschaft für alle Zeiten vernichtet. Der Hauptwechsel des Wildes aus der Mützelburger Heide, der Rothemühler Heide und nicht zuletzt aus dem Revier Klepelshagen wird unwiderbringlich in die Lebensräume über Oertzenhof, Katzenhagen und Daberkow in die von Hinrichshagen, Feldberg und Neustrelitz unterbrochen. Es wird eine Verinselung mit dieser für das Wild unüberwindbaren „Mauer“ der Autobahn erzeugt, die Gene der Arten werden verarmen und vielleicht in absehbarer Zeit Tierarten aussterben. Dies alles nur, um die unendlichen Weiten des Ostens für den Moloch Autoverkehr weiter zu erschließen.

Der Wald im Wandel der Zeit

Der Wald wurde immer auch vom Menschen in seinem Wandel beeinflußt. Ob durch die Jagd oder durch wirtschaftliche Tätigkeit. So soll auch in diesem Band ein kurzer geschichtlicher Überblick zur Landes- und Ortsgeschichte einen Beitrag liefern, die Veränderungen in der Größe der Waldflächen, in seinem Wechsel mit einer ackerbaulichen Nutzung und in seiner Baumartenzusammensetzung soweit zu beschreiben, wie ich dafür Unterlagen zur Verfügung hatte.

Da ich aber erst etwas Schriftliches um das Jahr 1300 gefunden habe, mußte ich für die Zeit davor bei den Wissenschaftlern nachlesen, die sogenannte Pollenanalysen anfertigen. Mit Hilfe der in Mooren und Sümpfen über tausende von Jahren konservierten Pollen sind sie nach deren Untersuchung über die Arten und ihre Konzentration in der Lage, uns über die Wandergeschwindigkeit der Baumarten aus ihren eiszeitlichen Rückzugsgebieten und über die Baumartenzusammensetzungen ein erstaunlich genaues Bild zu geben.

So wie es sich aus den Pollenanalysen darstellt, war erst zum Ende der Steinzeit (5500-2500 v.u.Z.) auf unserer Endmoräne „ordentlicher Wald" aus Eiche, Esche und Ulme vorhanden. Die in diesen Wäldern lebenden Menschen haben auch hier ihre Spuren hinterlassen. Er war ihnen aber mehr Jagdrevier als Objekt irgendwelcher nennenswerter Nutzung. Daß der intelligente Jäger-Mensch mit seiner Jagdausübung und der damit erfolgten Dezimierung, bis zur Ausrottung einzelner Wildarten, auch die Waldausbreitung gefördert hat und Grasoffenlandschaft zurückgedrängt wurde, klingt plausibel. Über Hinterlassenschaften ihrer Anwesenheit habe ich ja schon von entsprechende Bodenfunden berichtet.

Zur Bronzezeit (2500-800 v.u.Z) erweiterte die Buche ihren Verbreitungsraum und begann unaufhaltsam den Eichen-Mischwald zu verdrängen. Auch aus dieser Zeit sind Zeugnisse menschlicher Besiedelung vorhanden. Aus der Hügelgräberkultur finden sich die typischen Erdhuckel rechts und links vom Rohrkrug, im Neuensunder Wald, im Rhämel und am Alt- Klepelshagener Weg. Diese Menschen sollen schon Wald gerodet haben. Diese Waldrodungen werden sicher keine großen Flächen gewesen sein, bei Aufgabe der Äcker und Weiden ist der Wald schnell zurückgekommen.

Um die Zeitwende (800 v.u.Z. – 800 n.u.Z) ist die Temperatur deutlich gesunken und begünstigte sehr die Ausbreitung der Buche. Wenn auch in der Folge die Germanen größere Waldgebiete rodeten, so besiedelten die Bäume auch in dieser Zeit bald wieder die Ackerflächen, wenn sie ihre Feldgraswirtschaft aufgaben, weil vielleicht die Leistungskraft der Böden abnahm. Bei ihrer Ackerwirtschaft benutzten sie das Land eine gewisse Zeit zum Getreideanbau, um es dann sich selbst zu überlassen. Auf dem sich einstellendem Gras war eine Weide für ihr Vieh möglich.

Auch nach der Völkerwanderung vom 2. bis 6. Jahrhundert, als die Slawen unser Gebiet besiedelten und sich an der einzigen Pforte durch die Endmoräne, am Ostrand des Reviers, dicht bei der Gastwirtschaft „Burgwall“, eine große Burg bauten, konnten sie mit ihren hölzernen Hakenpflügen keine großen Flächen beackern. Sie ernährten sich vorwiegend durch die Viehzucht, die Jagd und den Fischfang. Dadurch wird die Waldweide der Haustiere zeitweilig einen Einfluß auf die Verjüngung des Waldes und seine Artenzusammensetzung genommen haben. Ihre regellose Feldgraswirtschaft ist aber auch in seiner ehemaligen Wald-Feld-Verteilung nicht mehr nachzuvollziehen. In jedem Fall erfolgte bei der Aufgabe der Ackerkultur eine Neubesiedelung mit Bäumen auf natürlichem Wege von den Rändern der angrenzenden Wälder. Selbst der Innenraum der Burg ist heute mit Buchen bewachsen, die mit Sicherheit kein Mensch gepflanzt hat.

Die ehemals in Richtung Westen gewanderten Germanen kamen in mehreren Wellen um 1100 als Deutsche aus Sachsen und Franken nach Mecklenburg-Vorpommern zurück und kolonisierten dieses Land. Sie brachten eine moderne westliche Kultur mit, sowie bronzene und eiserne Arbeitsgeräte und machten sich mit großem Eifer an die Landnutzung. Sie rodeten die Wälder auf riesigen Flächen und bauten Feldfrüchte an, die sich gut verkaufen ließen und große Gewinne brachten. Am Ende des 13. Jahrhunderts gab es kaum noch nennenswerten Wald, der ihren Ackerbau störte. Nur auf der steinhaltigen und stark hängigen Endmoräne und in den Mooren und Brüchern wird noch Wald gestanden haben, der aber einer starken Holznutzung unterlag.

Die in den gerodeten Gebiete sich bildenden Dorf-Feldmarken, Gehren, Neuensund, Rosenthal, Schwarzensee, Schönhausen und Klepelshagen sollen auf dem damaligen slawischen Siedlungsplätzen um das Jahr 1200 entstanden sein.

Das Vieh als weiterhin sehr wichtiger Erwerbszweig, ernährte sich auf dem Brachland, der Allmende und den Waldflächen. Da die dauernde Weidenutzung keinen Dung lieferte, ging der Humusgehalt verloren. Dies zwang zur zeitweiligen Aufgabe von Ackerland und damit zum ständigen

Wechsel von Wald und Feld. Ausgenommen davon waren bestimmte Eichen- und Buchenwälder, auf die man wegen der Schweinemast durch die Baumfrüchte nicht verzichten konnte. Oft waren dieses Flächen, auf denen durch eine ungünstige Geländeausbildung eine Beackerung nicht möglich war. So ist der „Einsberg“ in der Nähe von Gehren mit Sicherheit solch ein Rest eines Hutewaldes. Neben der Lieferung von Viehfutter hatten die belassenen Bäume für die Zukunft noch eine andere wichtige Funktion zu erfüllen. Es blieben Samenbäume erhalten, die bei der Einstellung einer Waldweide für die natürliche Verjüngung des Waldes sorgten.

Mit der Verbesserung der Ackerbaumethoden, dazu gehört auch die Ablösung der Mehrfelderwirtschaft durch eine Dreifelderwirtschaft und die technischen Verbesserung der Ackergeräte, entstanden reichere Dörfer. Nun findet sich schriftlich Überliefertes. Jetzt gab es etwas zu verlieren. Verdächtig genau sind besonders die Visitationsprotokolle und sonstigen Schriften der Kirche. Die Pfarrer wollten sicherlich nichts von ihrem „Zehnten“ vergeben. Deshalb ist man hier auch besonders fündig. Aber auch andere alte Folianten fanden sich, daneben Kaufbriefe und Verträge.

Das Dorf Neuensund wird 1322 als ältester Nachweis zu Pommern gehörend erwähnt. 1864 gehörten zum Rittergut Neuensund 1011 Mg. Wald. – In dieser Grenzregion von Pommern, Brandenburg und Mecklenburg kam es bis in die neueste Zeit zu vielfältigen Veränderungen in der Zugehörigkeit der Dörfer zu diesen einzelnen Ländern, deshalb verzichte ich auf eine weitere entsprechende Zuordnung im Laufe der Geschichte.-

Über das Dorf Klepelshagen fand ich eine erste schrifliche Erwähnung 1295 dominus de Klepelshagen. Eine nächste im Landbuch 1375 Clepolshaghen, Clepelshaghen , dann 1527 mit der Bezeichnung Kupelshagenn, 1568 Klopelßhagenn und 1696 wird vom Groß- und Kleinen Klepelshagen geschrieben.

1607 verkaufte ein Joachim von Rieben „das Lehngut Galenbeck wiederlößlich mitsamt sechs Pauren aus Schönhausen, vier aus Vogistorp, zehn zu Geern, sieben zu Witteborn und drei zu Liepe, sowie zwei Cosseten zu Galenbeck.“ Dies ist die erste von mir gefundene Eintragung über Gehren, für die damaligen Menschen sicherlich eine tragische, unmenschliche .

Gehren gehörte zum Stammsitz der von Rieben, die als ein Geschlecht wendischen Ursprungs ihre Burg in Galenbeck hatten. Von dieser Burg heißt es, daß sie 1452 der Herzog Wartislav aus Pommern-Wolgast belagerte, nachdem sie erobert war, die darin befindliche wehrhafte Mannschaft niedergehauen und die Gebäude bis auf den Grund niedergerissen wurden. – Ein paar Ruinen sind heute noch vorhanden.- Über das Schicksal der Mädchen und Frauen habe ich nichts Schriftliches finden können.

Ich will noch etwas über die Hutewälder sagen. Wie wichtig sie für die Lebenshaltung waren, beweist eine Urkunde aus Gehren vom Jahr 1685, die einen unglaublichen Vorgang beschreibt, wie ein Mädchen gegen ein Stück Land getauscht wurde.

In Gehren waren Mitte des 17. Jahrhunderts durch einen Vergleich mit dem Patron zwei Bauernhöfe an die Kirche gekommen und damit waren diese Bauern pfarrunterthänig d.h., sie waren Leibeigene der Kirche. In der mit einem Siegel beglaubigten Urkunde steht folgendes geschrieben:

„ Anno 1685 ist von mir Endesbenannten dem wohlgeborenen Herrn Wulf Marten von Rieben, Erbherrn und Patrono zu Galenbeck und Gehren, eine Pfarrunterthanin aus Gehren nahmens Lisbeth Schultze, Hans Schultzen, des einen Pfarrkosseten Tochter, überlassen und seiner Unterthanen einem in Wittenborn, nahmens Marten Köhnken verehelicht worden. Damit nun die Pfarre hierfür ihre satisfaction bekäme, so hat der Herr Patronus auf mein Begehren beliebet und versprochen, die Wörde (Acker am Wohnhaus angrenzend; hier mit Eichen bewachsen, H.L.), so hinter Michel Schultzen (als das andere Pfarr-Kosseten) Hofe zu Gehren lieget und von alters zu dem Hofe gehöret hat, so lang und breit dieselbe ist, der Pfarre hinwiederümb zuzulegen und zu einer stetigen und auff alle folgenden Zeiten unwiderruflichen possession abzutreten. Zu mehrer Versicherung hat der Herr Patronus mit eigenhändlicher Unterschreibung solches beglauben, und mit seinem angeborenen Pitschaft versiegeln wollen.

Actum Galenbeck den 16 Februar 1685

Wulf Marten Rieben. Michael Wentin P.G.“.

In weiteren Akten fand ich noch eine Klageschrift aus dem Jahr 1738 des Pastors Eggert an den Herzog, aus der auch die Schweinemast unter den Mastbäumen hervorgeht. Aus dieser Klageschrift will ich gerne zwei Sätze und die Überschrift zitieren:

„Humillima imploratio pro abtinendo Mandato Manutenentiae nec non restitutorio communi causa junctpetito legali abseiten des Predigers zu Gehren Eggerts im Namen der Gehrenschen Pfarre und deren Bauern Imploranten contra den von Rieben Implorantum in puncto verübten gewaltsamen Spolü (1) (vom 23. Juli 1738). Als im abgewichenen Herbst

(1) Untertänigste Bitte, den mit der Verwaltung Beauftragten fernzuhalten; und damit verbunden die von den Bittstellern erbetene gesetzmäßige Wiederherstellung des gemeinsamen Besitzes gegen den (von Rieben) im Falle des verübten Raubes...

1737 in denen Gehrenschen Hörsten oder Werdern Mastung gewesen, und ich bemalst meinen zwein Dotalvolle- Pfarrbauern (Leibeigene der Kirche, H.L.) in Gehren unsern von undenklichen Jahren her habenden und bis auf der Zeit stets geruhig vel quasi possidirten auch exercirten Befugnissen nach, unsere Schweine als zwei Stück von mir und von jeglichen meiner Pfarrbauern ein Stück dahinein zur Mastung treiben lassen.

So hat der v. Rieben zu Galenbeck sich gewaltthäger Weise unternommen, diese unsere Schweine durch seinen Jäger, u.z. zum Teil auf meiner Pfarrwiesen, so hart an den Mast-Wördern stößet, theils tod, theils auch als ein Stück lahm schießen lassen...."

Trotz der Feststellung, daß auf der Endmoräne ein Restwald von den Rodungen verschont geblieben ist, wäre es aus waldbaulichen Gründen interessant zu wissen, wie die Waldnutzungen über Jahrhunderte im einzelnen erfolgten und wie sich die Feld-Wald-Anteile und die Baumartenanteile verschoben haben. Dies ist leider nicht im einzelnen nachvollziehbar. Die Wald- Feldanteile und der Holzreichtum des Waldes wurden immer von der Siedlungsdichte der Menschen, seinen Landnutzungsmethoden, dem Stand der Produktivkräfte und seinem Handel mit den Produkten beeinflußt.

Wie sich in diesen Dörfern der Anfang des 14. Jahrhunderts bereits einsetzende Wüstungsprozeß ausgewirkt hat, muß ich einer späteren Bearbeitung überlassen. Ich kann nur feststellen, daß auch hier die Bevölkerungszahlen stark schwankten. Dabei haben sicherlich die ständigen Klein- und Grenzkriege der Grundherren und der Fürsten mit ihren Repressalien gegen die Bauern einen wesentlichen Einfluß gehabt. Auch die in der Mitte des 16. Jahrhunderts entvölkernden Pestzüge und das Bauernlegen hinterließ nachweisbare Spuren in der Zahl der hier wohnenden Menschen. In der zweiten Hälfte des 16. Jahrhunderts endete der Wüstungsprozeß durch die Möglichkeit, landwirtschaftliche Produkte günstig nach Westeuropa zu verkaufen. Aber an einer Neubesiedlung hatten die Grundherren kein Interesse, da der Getreideanbau große Fläche beanspruchte und auch Schafwolle erlösgünstig zu verkaufen war. Für die Schafhaltung waren nur wenig Arbeitskräfte notwendig. Auch aus jagdlichen Gründen bestand an einer Neubesiedlung ebenfalls kein Interesse.

Der Dreizigjährige Krieg unterbrach die weitere Entwicklung dieses Landes durch seine faßt vollständige Entvölkerung (die Bevölkerung verringerte sich um 4/5) und Verwüstung für ein Jahrhundert. Die als Folge des Krieges vollzogene Verteilung des Besitzes an Grund und Boden wirkt bis in unsere Zeit fort.

1621 stellte sich die Ritterschaft die unbeschränkte Verfügung über die Bauernhufen sicher. Durch die landesherrlichen Verordnungen von 1633 und 1646 wurden die Bauern de jure zu Leibeigenen, de facto waren sie es sicher schon lange davor. Nach der Gesinde- und Tagelöhnerordnung des Herzogs Gustav Adolf von 1654 waren sie „ihres Leibes nicht mächtig". Sie gehörten also auch mit ihrem Leibe ihren Dienstherren an. Daraus wurde u.a. auch das Recht der ersten Nacht bei den zu vermählenden jungen Mädchen abgeleitet. Alles andere, Ackerwerk, Wiesen, Weiden, Wörden, Gärten und die Hofwehr (d.h. das Inventar an Vieh, Ackerwerkzeugen und Hausgerät) war Eigentum des Gutsherren und den Leibeigenen nur zur Nutznießung überlassen.

Schwer wurde diese Landschaft im März 1631 heimgesucht, als Tilly mit seinen marodierenden Horden Neubrandenburg eroberte und um 1637/38 , als der Kaiserliche General Gallas im Bunde mit Brandenburg und Chursachsen die Schweden aus Pommern zu verdrängen suchte. Den Rest besorgten 1659 die Polen, die mit dem Großen Churfürsten und dem Kaiser verbündet durch Pommern und Mecklenburg zogen, um die Macht des Schwedenkönigs Karl dem X. zu brechen, der seinerseits gerade Kopenhagen belagerte.

In **Galenbeck** hat kein Haus mehr gestanden. Im Visitationsprotokoll von 1664 heißt es vom Dorf: daß es „in die Asche gelegt und von den Soldaten angesteckt und gantz ruiniret ist, gantz wüste, ohne das ein Pensionarius darin wohnt." Auch die Kirche war ganz zerfallen, nur einige zerbrochene Bänke und eine Kirchenordnung (wie wichtig, H.L.) wurden gerettet. Von einer der Kirche gehörenden Wiese stand in diesem Protokoll: „...eine Wiese ist über den See gelegen, nunmehr dick mit Birken bewuchsen, also daß sie nicht mehr gemehet werden kann, zwei andere können zuweilen noch gemehet werden."

Auch von **Gehren** heißt es in dem obigen Bericht: „viele Höfe und Felder sind wüste. Die Äcker sind zum Teil mit Wald bewachsen und die Wiesen sind unbrauchbar geworden, da sie mit Bäumen und Buschwerk bestanden sind."

Aus einem Kaufbrief vom 18. März 1653 geht für **Neuensund** hervor, daß die von Berg „ihr gantz verwüstetes Lehngut und Dorf Neuensund, woselbst weder stock noch stil von Gebäuden noch einiges stück Vieh oder einiger Unterthanen dabei vorhanden, sondern die Äcker gantz verwildert und mit hohen tangern bewuchsen sind".

Noch 1664 heißt es im Visitationsbericht der Kirche über dieses Dorf: „ist jetzt gantz wüste, ohne daß ein pensionarius darin liegen soll, namens von Smeling, ein gewesener Rittmeister der Crohn Schweden". (Sollte von diesem Smeling eventuell der so berühmte Boxweltmeister Max Schmeling abstammen? Denn dieser wurde in dem Nachbardorf Groß Luckow geboren. In einem Brief konnte er mir dies nicht bestätigen, schloß aber die Möglichkeit auch nicht aus).

Wie es allgemein üblich war, wurde in den Wäldern zu dieser Zeit eine regellose Plenterwirtschaft betrieben, die oft die Bestände regelrecht ausplünderten. So hat man auch eine Erklärung für die Bemerkung in dem mehrfach zitierten Protokoll von 1664, wo es heißt, daß die Pfarre in **Galenbeck** die Berechtigung hatte, alle Woche zweimal aus der Pommerschen Heide Holz holen zu lassen. Bei der Entfernung der Pommerschen Forst von Galenbeck ist diese Holzanfuhr jedenfalls schwierig gewesen. Der Grund war sicherlich die Holzarmut der umliegenden Wälder. Nachdem der Wald auf den ehemaligen Feldern herangewachsen war und in den alten Waldflächen sich der Holzvorrat angereichert hatte, wurde der Holzbedarf wieder aus der unmittelbaren Umgebung gedeckt. So geht dies aus einem Vergleich zwischen dem Patronat und dem Pastor Lobesius vom 24. April 1766 hervor. Danach verpflichtet sich der Patron, der Pfarre jährlich aus den Holzungen 25 Faden gutes festes Holz durch seinen Jäger anzuweisen und unentgeldlich zu verabfolgen. „Dagegen begiebt sich die Pfarre alles eigenmächtigen Holzens in den Holzungen auf dem Gehrenschen Felde und anderer Holzung, so sonst zur Pfarre gehört und auf dem Galenbecker Felde liegt, läßt auch zu, daß die Holzung in der Gehrenschen Koppel mit in Heu geleget werde, wovon sie doch eigenmächtig keine Kavel verlanget."

Die furchtbare Entvölkerung während des Dreizigjährigen Krieges führte auch dazu, daß durch die vorhandenen großen gerodeten Flächen sich die Korn- und Viehproduktion zur Lebensmittelbeschaffung sehr günstig gestaltete. So stellte sich nach der großen Not alsbald eine Überproduktion ein. Dies ist aus dem Bericht des Pastors Wentin (in Gehren von 1674-1706) zu sehen, der klagt, wegen der geringen Preise sein Gesinde nicht bezahlen zu können. „ ... und wenn man gleich wol ein haupt Vieh zu verkaufen hätte, wer begehrets ? Korn und Vieh stinket ja leider ! itzund den Leuten zu."

So ist es nicht verwunderlich, daß bei der Möglichkeit Wolle in Westeuropa preiswert zu verkaufen, die Schafhaltung für die Gutsbesitzer ein sehr lohnendes Geschäft wurde. Weiden waren genügend vorhanden. Neben dem nicht mehr benötigten Acker und durch die Brachen und die Weiden, konnten die wenigen Arbeitskräfte als Schäfer sehr gewinnbringend eingesetzt werden. Von einer Arbeitskraft wurden etwa dreihundert bis sechshundert Schafe gehütet.

Noch 1892 werden für Neuensund neben einhundert Pferden, einhundertachtzig Rindern, zweihundertsechzig Schweinen, achtundzwanzig Ziegen, eintausendzweihundert Schafe aufgezählt.

1990 waren im Volkseigenen Gut Klepelshagen mit den Ortsteilen Hansfelde und Schwarzensee viertausend Schafe vorhanden. Da Wolle in anderen Ländern billiger produziert werden kann, wurde die traditionelle, seit ca. dreihundertfünfzig Jahren betriebene Schafhaltung kurzerhand von der „Treuhandorganisation“ mit der sogenannten „Abwicklung“ (wie häßlich) der Volkseigenen Güter 1991/92 beseitigt.

Die Schafhaltung hatte zwei Effekte, einmal entstand durch den Weidebetrieb auf den Rodungsflächen kein Wald und zum anderen bestand kein zwingender Druck, zur Arbeitskräftebeschaffung aus anderen Landesteilen hier Menschen zusätzlich anzusiedeln.

Anders war die Situation auf den armen Sanderflächen im nahen Pommern, da hier ein lukrativer Gutsbetrieb nicht möglich war, blieben kleinbäuerliche Betriebe bestehen und es wurden sogar noch neue eingerichtet. So wurden in Heinrichswalde viele Pfälzer angesiedelt. Da sie auf dem kümmerlichen Sandboden aber nicht recht fristen konnten, suchten sie nachts die Felder zum Stehlen und am Tage die Dörfer im gesegneten Mecklenburg zum Betteln auf. Noch heute heißt ein Weg von Heinrichswalde durch den Neuensunder Wald zu den Ackerflächen des Dorfes, der Spitzbubensteig. 1833 stellte der Pastor Wohlfart an die Regierung in Neustrelitz den Antrag, einen Distrikthusaren auf dem Rohrkrug zu stationieren „ zur Abwehrung des übermäßigen Eindringens von Bettlern aus dem Preußischen in die hiesigen Lande.“ Seine Bitte wurde nicht erfüllt, es wurde lediglich angeordnet, daß von den Husaren von der Grenze bis Woldegk die Gegend besonders viel beritten werden sollte.

Die Leute zogen eine harte Quälerei auf sandiger Scholle, aber mit Selbständigkeit verbunden , dem materiell weit gesicherten aber gebundenem Tagelöhnerstande in Mecklenburg vor. Mit anderen Gewerken versuchten sie neue Nahrungszweige zu erschließen. So werden Ende des 17. und im 18. Jahrhundert in Heinrichswalde und bei der „rothen Mühle“ im heutigen Rothemühl, Glashütten erwähnt.

Bei dem gewaltigen Brennholzverbrauch dieser Hütten trugen sie zur Verringerung der Waldflächen und besonders natürlich zur Holzarmut bei, denn aufgeforstet wurde nichts und nicht immer reichte die natürliche Verjüngung aus, den Wald zu erneuern, da auch die Samenbäume fehlten, oder die Mast vom Vieh gefressen wurde.

Auch im Wald von Klepelshagen waren solche Industrien entstanden, die für ihren Betrieb Unmengen von Holz benötigten. Es waren der Ziegelofen und der Kalkbrennofen im Einsberg sowie der Teerofen bei der Jägerkoppel. Für diese Produktionen konnte bald der Wald das benötigte Brennholz nicht mehr liefern. Die anderen Holzsortimente (Bauholz) fehlten natürlich ebenfalls. In dieser Not schufen die Menschen die Förster. Im nahen Preußen sah man die ersten. Bei der weiteren Betrachtung der Waldgeschichte dieser Landschaft ist es deshalb notwendig über die Grenze zu kucken.

Für die Entwicklung der Wirtschaft und des Waldes spielte in Pommern das Jahr 1815 eine wichtige Rolle. In diesem Jahr wurde der schwedische Besitz in Preußisches Eigentum übernommen. Der vorhandene schlechte Waldzustand fand nur sehr langsam eine Verbesserung. Da durch die französische Invasion die Kassen leer waren, wurde auch das letzte brauchbare Holz eingeschlagen und verkauft. Schrittweise wurde mit preußischer Gründlichkeit durch Ablösung von Pachtverträgen und Berechtigungsverhältnissen, zu aller erst aber durch die Einsetzung von ausgebildeten Forstbeamten mit entsprechenden Dienstvorschriften die Voraussetzung geschaffen, die holzarmen Wälder mit Bäumen zu bepflanzen, die den höchsten Bodenreinertrag lieferten.

Dies waren in der Regel Kiefern und Fichten. Diese Baumarten ließen sich schnell vermehren und lieferten bald Bretter und Faserholz für die Papierherstellung in großen geforderten Mengen. Daß diese nur aus einer oder zwei Baumarten bestehenden Wälder gegen schädigende Einflüsse sehr empfindlich sind, ist die negative Seite der gewaltigen Holzproduktion. Deshalb bleibt aber die holzliefernde Pioniertat dieser Forstleute unbestritten.

Die Organisation der Bewirtschaftung der Wälder in den staatlichen Forstämtern hatte und hat bis heute seine Wirkung auf die kommunalen und privaten Wälder.

Auch die Besitzer des Klepelshagener Waldes bestellten sich Förster für eine Bewirtschaftung. Vorher wurde der Wald vom jagdlichen Personal mit betreut.

Ich fand folgende Nachweise über die hier arbeitenden Jäger und Förster. Neben mündlichen Mitteilungen vor allem solche in den Kirchenbüchern.

1765 Jäger Johann Friedrich Vogt, Raecksee.
1766 Jäger Martin Strenger, starb am 6. Martini 1771 an einer hitzigen Krankheit im 44. Jahre. Raecksee.
1769 Jäger Wilhelm Vigenius, starb am 1.5. 1812 am Schlagfluß, im 87. Jahre. Raecksee.
1773 Jäger Johann Friedrich Fubel. Raecksee.
1781 Jäger Christian Friedich Fubel, Sohn des Johann F. Fubel, starb am 4. Martini 1784 an einer Brustkrankheit im 31 Jahre. Raecksee.
1784 Herrschaftlicher Jäger Christian Ernst Müller bis 1788 in Raecksee, dann Jäger in Schwarzensee.
1788 Königlicher Feldjäger Heinrich Ludwig Philipp Vigenius, Sohn des Wilhelm Vigenius, am 15.11.1854 an Altersschwäche im 81. Jahre gestorben. Raecksee.
1788 Anton Blum, Sohn des Johann Friedrich Blum, herrschaftlicher Jäger in Schwarzensee.
1797 Jäger Johann Friedrich Kiek, starb am 1.10.1813 am Schlagfluß !
1813 Jäger Johann Christoph Tideke (Tidke).
1822 Jäger Friedrich Kospoth.
1823 Jäger Franz Heinrich Behrend (Bernhard) Wilke, gestorben am 7.2.1855 im 76. Jahre an Altersschwäche.
1853 herrschaftlicher Oberjäger Hans Heinrich Ferdinand Wilke, Sohn des Franz H.B. Wilke, gestorben am 7.3.1907.
1854 Jäger Friedrich Heinrich Wilhelm Vigenius, Sohn des Heinrich L.P. Vigenius bis 1918, dann verzogen.
1901 Hilfsjäger Willnow.
1904 Walter Brüschmann – verzogen.
1913 Klementz – eingezogen und gefallen.
1914 Reimann – verzogen.
1916 Walter Wurl – verzogen.
1918 wurde die „Försterei“ Raecksee abgerissen.
1923 Oberförster Karl Wilke (nicht mit obigen Wilkes verwandt), gestorben 1959 an Krebs.
1925 wurde das Doppelwohnhaus in Raecksee abgerissen.
1940 wurde die Wiese vor dem Haus und der Försterei Raecksee aufgeforstet.

Mein Vorgänger, der Oberförster Wilke, war ein bestens ausgebildeter Forstmann und sehr guter Waldbauer, der einen holzarmen Wald zu bewirtschaften hatte und mir hochproduzierende und holzmassereiche Bestände übergab.

Daß der Klepelshagener Wald nicht auf großer Fläche mit Nadelbäumen bepflanzt wurde, hatte als Gründe die schlechte Verkehrsanbindung und seine Funktion als Lieferant von Holz für den täglichen Bedarf der Gutsdörfer. Für diese Eigenversorgung mit Brennmaterial reichten die relativ kleinen Flächen gerade aus, denn nicht nur die angrenzenden Dörfer, sondern auch die in Richtung Prenzlau liegenden Orte und natürlich die Stadt Strasburg mußten versorgt werden.

Erst mit dem Bau der Eisenbahn in Strasburg konnte Holz günstiger verkauft werden. Es verschwanden z.B. die Eichen des Neuensunder Waldes (zum Gut Klepelshagen gehörend) als Bahnschwellen zerschnitten in den dreißiger Jahren. So sorgte nach der Weltwirtschaftskrise der Erlös aus den an Ort und Stelle zersägten Stämmen für den wirtschaftlichen Erhalt des Gutes Klepelshagen. Die Aufforstung erfolgte in Reinbeständen mit Kiefer und etwas Fichte. Die Kiefernpflanzen wurden zu großen Teilen aus westdeutschen Baumschulen bezogen. Da das Saatgut u.a. aus französichen Herkünften kam, ist die Wuchsleistung unter unseren klimatischen Verhältnissen sehr miserabel. – Unlängst besuchte ein „Professor der Biologie aus unbekannter Herkunft“ das Revier. Bei einer kurzen gemeinsamen Wald-Wanderung erklärte er mir: „Die Zeit der Beachtung von autochtonen Saatgut-Herkünften ist vorbei.“ Er wollte mir auch noch diesen Unsinn erklären, darauf habe ich aber verzichtet. Selbst den Menschen geht es nicht anders wie den Bäumen. Ein Zugereister bleibt ein Zugereister. Wenigstens ein Leben lang bleibt dies bei den Menschen so, um wieviel länger müssen die Bäume mit ihrer großen Lebenszeit bei einer Umsiedlung ihre Anpassungsprobleme haben? Im besonderen wenn dieser Umzug aus dem warmen Westen in den rauhen Osten erfolgt.

Die Eigenversorgung mit Holz erfolgte bei meinem Vorgänger, Oberförster Wilke, noch oft mit plenterartigen Methoden. Dazu gab es dann noch die Waldteile, in denen eine Niederwaldbewirtschaftung betrieben wurde, die im wesentlichen der Brennholzversorgung dienten.

Welche Bedeutung die Eigenversorgung, besonders die der Brennholzgewinnung, haben kann, bekam ich als junger Revierförster sehr drastisch zu spüren. So konnte nach dem Ende des Krieges 1945 bis in die siebziger Jahre nicht in genügenden Mengen Heizkohle herangeschafft werden. Dadurch war meine winterliche Arbeit am Sonnabend und am Sonntag bis zum Mittag gesichert. Ich brauchte mir nichts anderes vornehmen. Bis 100 Personen täglich, die das sogenannte Leseholz erwerben wollten, sorgten dafür, daß ich mir nicht das lange Schlafen angewöhnt habe. Einen großen Vorteil hatte dieses Bedürfnis aber, alle Jungbestände wurden regelmäßig durchforstet und befinden sich dadurch in einem guten forstlichen Zustand.

Unter den Bedingungen der Marktwirtschaft und den derzeitigen hohen Lohnkosten hat dies zum Ergebnis, daß die großen vorrätigen Holzmengen , im besonderen Dünnholz, nicht gewinnbringend verkauft werden können. Daraus den voreiligen Schluß zu ziehen, jetzt brauchen wir keine Forstwirtschaft mehr, es wächst genug Holz von ganz alleine, wäre mit Sicherheit ein folgenschwerer Fehler. Historisch begründet ist das Primat der nachhaltigen Holzproduktion in den letzten 250 Jahren. Heute zwingt die vom Menschen verschuldete globale Krise des Waldes, durch die radikale Art und Weise seiner Landnutzung, zur Änderung der Beziehung des Menschen zum Wald, wenn er überleben will. Für uns Förster heißt dies, mit biologischer Nachhaltigkeit zu produzieren.

Für den Rest meiner Arbeits- und Lebenszeit möchte ich eine Holzernte nur in sich selbst bildenden natürlichen Strukturen vornehmen. Wenn ich dabei die Leistungen durch Überbelastung nicht zu stark beanspruche, wird der Lebensraum-Wald seine unerschöpfliche Produktionskraft erhalten.

Zu den Anfängen unseres Weidwerks

Schriftliche Mitteilungen über Wild und Jagd finden sich sehr spärlich. So freute ich mich über eine gefundene Notiz zu einem jagenden Pastor aus Gehren.

„ So ist der Pastor Wohlfahrt bis in sein Alter ein passionierter Jäger gewesen, der an vielen großen Treibjagden in der Nähe teilgenommen hat; daneben war er ein eifriger Fischer. Wie er mit seinen Patronen zur Jagd ging, so kegelte er mit den Handwerkern auf dem Rohrkruge.“ (1809-1837)

Im forstlichen Einrichtungswerk von 1939 steht unter Punkt „6b – Waldschädigung“ – zu lesen: „Der starke Rotwildbestand schadet durch Verbiss und Schälen; insbesondere die Esche wird durch ihn sehr stark gefährdet. Nach Mitteilung des Revierförsters sind diese Schäden erst in den letzten Jahren zu finden, seit auf dem Gut Raps-Anbau betrieben wird. Eine direkte Bekämpfung wäre also nur durch Einschränkung desselben möglich. Das Rehwild, das einen geringen Bestand aufweist, kann mitunter empfindliche Verbiss- und Fegeschäden verursachen. Um hier gut gelungene Kulturen zu erziehen und diese Schäden zu vermeiden, ist eine Umzäunung der Kulturflächen unerläßliche Bedingung."

Das Problem mit den Schäden durch den Rapsanbau gibt es heute noch. Allerdings habe ich den Eindruck, daß diese dadurch hervorgerufen werden, weil das Wild um seinen Hunger zu stillen abends schon sehr früh auf die Ackerflächen zur Äsung möchte, sich aber durch die noch vorhandenen menschlichen Aktivitäten nicht traut. In diesem „Stauraum" kommt es dann durch Langeweile und notwendiges Abreagieren oft zu erheblichen Verbiß-, Fege- aber besonders Schälschäden. Da das Rotwild aus Gründen der Deckung sich gerne in den Stangenhölzern einstellt und hier das Schälen der dünnen Rinden besonders gut geht, sind die Schäden entsprechend groß. Natürlich beschränkten sich diese auffälligen Schäden nicht nur auf die Randlagen, sondern auch im Innern des Waldes gehört sie zur normalen Nahrungsaufnahme, nachdem die Wildbestände entsprechend zahlreich wurden.

Die damalige Küchenmamsell der Neuensunder Herrschaft, Johanna Dornbrach, erzählte mir, es hätte im Gutsbetrieb drei gesellschaftliche Höhepunkte gegeben. Die Schafbockauktion, die Hirschbrunft und das „ Hubertusfest „. Die Schafbockauktion war für den wirtschaftlichen Erfolg der gewaltigen Schafhaltung von großer Bedeutung und die jagdlichen Anlässe hatten der Repräsentation und der Bestimmung des Ranges im gesellschaftlichen System gedient.

Bei meinem Einzug als junger Revierförster in diese Landschaft wurde sie zwar entscheidend bereichert, aber eine Hirschbrunft gab es 1958 noch nicht. Erst langsam vergrößerte sich der Bestand und bei ihren normalen Ortsveränderungen wechselte dieses Wild aus den angrenzenden größeren Waldungen der Rothemühler Heide und den urwaldartigen Teilen der Großen Friedländer Wiese wieder auch zu uns.

Zu schrecklich war der Hunger der Menschen nach dem Krieg. Nicht nur die Besatzungsmacht besaß Waffen, sondern auch die entlassenen Soldaten, es lagen ja genug Feuerwaffen herum. So wurde den Tieren sehr rücksichtslos zur Fleischbeschaffung nachgestellt. Und es ist schon sehr beeindruckend, daß sich trotz alledem einige Stücke am Leben erhalten konnten. So war es denn auch ein besonderes Erlebnis, als ich 1962 am Goldgraben ein Alttier mit einem eben gesetzten Kalb sah. Dies gab meinem Optimismus gewaltigen Auftrieb, denn wir waren fest entschlossen, einen neuen Rotwildbestand aufzubauen.

Unser erstes Bemühen galt der Vermehrung des Bestandes. Zuerst waren es junge Hirsche, die immer öfter im Revier beobachtet werden konnten. Bei dem Wunsch der schnellen Bestandesvergrößerung waren wir auch der Meinung, daß unsere „Hegebemühung" nur Erfolg haben kann, wenn wir von Anfang an darauf achten, daß eine Selektion nach der Geweihausbildung erfolgt. Wir wollten alle die Hirsche erlegen, bei denen wir überzeugt waren, daß ihre Geweihstärke nicht über dem Mittelwert in ihrem Alter lag. Wir glaubten, damit am ehesten Wild mit starken Trophäen zu bekommen. So waren also die sogenannten „Abschußhirsche" für jedermann frei.

Bei einer kleinen Drückjagd auf Schwarzwild war es dann so weit. Im Einsberg dicht am Knüppelbach, dort wo der schiefe Ahorn steht, erlegte Weidgenosse Herbert Wischinski den ersten Hirsch des Jagdgebietes. Damals mit einer Flinte und einem Brenneke-Geschoß. Den Besitz von Büchsen mit gezogenen Läufen hatte die Besatzungsmacht verboten. Es war ein „kümmerlicher" ungerader Achter, aber Hirsch ist Hirsch und diese Sache mußte besprochen werden. So zog also nach der Jagd die ganze Korona von über zwanzig Weidgenossen – aus den benachbarten Jagdgebieten hatten sich noch einige Jäger zu uns gesellt – in meine komfortable Junggesellenbude. Sie machten es sich auf den Sitzgelegenheiten, meinem Bett, einem Stuhl, den Bierkästen, meinem Schreibtisch und sonstigen Möglichkeiten bequem. Der Höhepunkt in den Erörterungen war erreicht, als im dichten Tabakrauch – damals rauchte noch jeder – der Nachbar nicht mehr zu erkennen war und die Frage des Abschlagens des Hirschgeweihs erörtert wurde. Gehört hatten wir ja schon, daß die Trophäe „abgeschlagen" werden sollte, und daß dies mit einem schwertartigen Instrument, dem sogenannten Hirschfänger, mit einem gekonnten Hieb zu erfolgen hätte. Die Ausführung war uns aber ein Rätsel. In den Vorbereitungsschulungen zur Jägerprüfung konnte uns kein erlegter Hirsch vorgeführt werden, so blieb dieser Teil unseres Weidwerks graue Theorie. Falsch wollten wir nichts machen, um uns vor den „alten" Jägern nicht zu blamieren, denn diese beguckten uns mit Abstand und großem Mißtrauen. Die „alten" Jäger waren diejenigen, die schon vor dem Ende des Krieges die Jagd ausgeübt hatten. Einige lehnten es ab, eine neuerliche Jägerprüfung abzulegen oder es wurde ihnen aus politischen Gründen eine Jagderlaubnis versagt, weil sie als im Nationalsozialismus systemnah beurteilt wurden. Wir hatten keinen „Alten" in unserem Kollektiv. So glaubten wir Jungjäger sehr optimistisch, daß auch dieser Teil des deutschen

Weidwerks von uns zu meistern ist, denn das Schwierigste hatten wir ja schon erledigt. Wir hatten einen Hirsch.

Da sich bei der Diskussion der Rest des Tages schon seinem Ende zuneigte, dauerte es etwas länger, bis wir den Bodenmeister (Verantwortlicher für die Futterausgabe auf dem Gut) rausgeklopft bekamen, denn vorsorglich hatten wir unsere Jagdstrecke auf dem Speicher des Volkseigenen Gutes Klepelshagen eingeschlossen. Wir steckten die Petroleumlampe an und durchmusterten die Taschenmesser und sonstige mehr oder weniger „blanken Waffen" der Weidgenossen. Alle wurden für diesen Zweck als nicht geeignet abgelehnt, sie erschienen uns zu klein. Laut Besatzungsgebot war jedes Messer mit einer Klingenlänge von über zwölf Zentimetern eine Waffe und zu besitzen verboten. Mit den vorhandenen Instrumenten konnte solch ein Akt aus technischen Gründen also nicht vollzogen werden.

Der Bodenmeister Richard Voß erkannte unser Problem und brachte uns eine sogenannte Holzaxt, dann wollte er wieder ins Bett. – Diese, sicherlich nur in diesem uckermärkischen Landstrich gebräuchliche Axt, muß ich beschreiben. Der Eisenteil war handgeschmiedet und wog über zehn Pfund. Der Stiel hatte die Dimension einer etwas bearbeiteten Deichselstange für einen Pferdewagen. Wenn man es denn schaffte, sie hoch zu heben und auf einen Eichenknorren fallen ließ, spaltete dieser. – Eingedenk des einzigen Hiebes mit dem ja die Trophäe vom Schädel gekappt werden sollte, erkannten alle Weidgenossen die Brauchbarbeit dieses Handwerkzeugs an.

In jedem Kollektiv gibt es Menschen, die auf Anhieb „alles" können, so auch bei uns. Es meldete sich sehr vorlaut der Weidgenosse Werner Barsch, um uns zu zeigen, was jagdliches deutsches Brauchtum ist. Wir überließen es ihm gerne, das Geweih zu kappen, denn uns anderen kam die zu erwartende Prozedur doch etwas zu abenteuerlich vor. Da die personelle Frage entschieden war und es keinen anderen mehr treffen konnte, sparten wir nicht mit guten Ratschlägen.

Unter weiteren Ermahnungen und guten Hinweisen holte unser Werner mit der gewaltigen Axt aus und auch im Nachhinein konnte der Fall nicht mehr rekonstruiert werden. Ob es das durch das Trinken einiger Biere etwas geschwächte Stehvermögen unseres Weidgenossen war, oder der gewaltige Schwung des Axtmonstrums oder die langen Läufe des Hirsches, keiner wußte es zu sagen, jedenfalls herrschte in der Gesellschaft lähmende Sprachlosigkeit, als alle diese Dinge ein wirres Knäuel im Licht der Petroleumlampe bildeten.

Und dies ist das Kuriose an der Geschichte, nicht bäuchlings ist der Werner über den Hirsch gefallen, sondern mit dem Rücken lag er drauf und sah uns aus ängstlichen runden Augen an. Vom Hirschgeweihabschlagen hatten wir jetzt genug und ich muß noch sagen, daß sich am nächsten Tag ein erfahrener Jäger fand, der uns mit einer Säge die Trophäe „abschlug". So hängt sie, sauber auf ein Trophäenbrett aufgesetzt noch heute beim Herbert an der Wand, zur Erinnerung an diese nächtliche Geschichte.

Viele ähnliche Erlebnisse ließen uns zu einer Gemeinschaft werden. Damit wuchs die Voraussetzung die Kräfte aller Jäger zu bündeln und gezielt einzusetzen, mit dem Ziel, den Restbestand des Rotwildes so zu fördern, daß alle unsere Jagdgebiete durch diese Tierart wieder besiedelt werden.

Einrichtung des Wildforschungsgebietes Rothemühl

Eine Reihe von Leuten machte sich schon sehr früh Gedanken über eine mögliche wissenschaftliche Begleitung und Forschung dieser Wiederbesiedlungs- und Entwicklungsprozesse des Rotwildes. So wurde 1958 auf Antrag von Prof. Dr. Wagenknecht durch die Akademie der Landwirtschaftswissenschaften der DDR die Oberförsterei Rothemühl als ein Rotwildforschungsgebiet eingerichtet. Der Grund war der Wunsch der noch jungen Jagdforschung der DDR, Experimentierfelder zur Verfügung zu haben. Diese Entscheidung war sehr weitsichtig und die Ergebnisse der Wildforschung haben zum internationalen Wissensfundus der Jagdwissenschaft maßgeblich beigetragen.

Neben dem Wildforschungsgebiet Rothemühl, mit seinen reichen Moränenstandorten, wurden noch andere Rotwild-Forschungsgebiete eingerichtet. Das Gebiet Hohenbucko auf den ärmsten Sanden und ein drittes im Mittelgebirge, Eibenstock.

Das gerade Rothemühl als Forschungsgebiet ausgewählt wurde , hatte sicherlich nicht unerheblich damit zu tun, daß der Leiter des Waldbaubereiches im Institut für Forstwissenschaft in Eberswalde, Prof. Dr. Wagenknecht und der Oberförster von Rothemühl, Forstmeister Dr. Hans-Joachim Gottschlich, in Eberswalde an der forstlichen Hochschule gemeinsam studiert hatten. Nachdem auch durch solche Verbindungen unser Wildforschungsgebiet eingerichtet war, bestand die Möglichkeit, in den drei bedeutendsten Lebensräumen der DDR Wildforschung zu betreiben.

Die Arbeitsweise der Wildforschungsgebiete wurde zunächst in einer Ordnung von 1959 und dann in einer Verfügung über die Ordnung von 1962 geregelt. Der Hauptinhalt der Verfügung bestand darin, daß die Gebiete der Obersten Jagdbehörde unmittelbar unterstellt, die wissenschaftliche Leitung aber durch das Institut für Forstwissenschaft Eberswalde wahrgenommen wurde. Die Jagd selbst übten die Jäger unserer 1962 gegründeten Jagdgesellschaft aus.

Mit der Jagdgesellschaft wurde ein Forschungsplan abgestimmt, der dann noch der Vereinbarung mit dem Staatlichen Forstwirtschaftsbetrieb Torgelow, als Bewirtschaftungsorgan, bedurfte.

Das Wildforschungsgebiet bestand zunächst aus den Forstflächen der Reviere Grünhof, Hammelstall, Spiegelberg, Nettelgrund und Rothemühl. Das Revier Klepelshagen kam erst 1963 zum Forschungsgebiet. Es zeigte sich nämlich, daß sich das Rotwild nicht an einen festgelegten Ort binden läßt, sondern daß die ganze zur Verfügung stehende Fläche besiedelt wird. Dabei war es nicht nur der Wald, sondern auch die Ackerflächen auf dem sie ihren Einstand genommen haben, besonders wenn neben Äsung auch Deckung vorhanden war. Die Wahl des jeweiligen Einstandes konnte recht weit auseinander liegen. Zwischen den zeitweiligen Einständen konnten Entfernungen von/bis 10 km liegen. Die Verweildauer darin war unterschiedlich lang, es konnte Tage bis Monate dauern. Das Sicherheitsbedürfnis, die Tradition und die Äsung sind sicherlich die entscheidenden Auswahlkriterien für dieses Verhalten. Um möglichst die ganze Population für eine einheitliche Bewirtschaftung erfassen zu können, wurde das Wildforschungsgebiet noch sehr großzügig mit den angrenzenden Acker- und Wiesenflächen ausgestattet. Die Jagdfläche betrug dann 9.300 Hektar, davon 5.800 Hektar Wald und 3.500 Hektar Acker und Wiesen. Nur die natürlichen Grenzen der Schalenwildeinstände, Straßen, Bahnlinien etc., nicht die politischen- und Besitzgrenzen mußten bei der Grenzfestlegung beachtet werden. Innerhalb des Gebietes wurden fünf Jagdgebiete eingerichtet, die in den Waldflächen mit den Forstreviergrenzen etwa deckungsgleich waren. Der Jagdleiter war der zuständige Revierförster. Neben dem Revierförster jagten in den Revieren noch je acht bis zwölf Jäger, also fünfzig bis sechzig Jäger in der Jagdgesellschaft. Diese Jäger kamen aus der näheren örtlichen Umgebung und aus allen Schichten der Bevölkerung, da weder Grundbesitz noch Geld nötig waren, um die Jagd auszuüben. Selbstverständlich erwartete der Staat von seinen Waffenträgern (auch die Waffe erhielt der Jäger leihweise ohne Geld) Zustimmung und Loyalität. Durch die Familienmitglieder und Verwandte – in den Dörfern ist fast jeder mit jedem verwandt – vergrößerte sich die Zahl der mit der Jagdausübung in Berührung kommenden Menschen. In diesem dünn besiedelten Land hatten wir keine Probleme mit der Akzeptanz der Jagd.

In der Jagdgesellschaft wurde ein Vorstand gewählt. Zum Vorstand gehörten noch die staatlich eingesetzten Jagdleiter und der wissenschaftlich-technische Bearbeiter. Zwischen den vierteljährlichen Versammlungen der Jagdgesellllschaft wurde durch dieses Leitungsorgan die Geschäftsführung erledigt. Seine Zusammenkünfte erfolgten monatlich. Durch diese straffe Organisation verringerte sich der Informationsverlust und eine effektive Mitarbeit aller Jäger wurde möglich.

Dank des unermüdlichen Einsatzes des wissenschaftlich-technischen Bearbeiters Oberförster Dr. Gottschlich, wurde das Rotwildforschungsgebiet Rothemühl sehr schnell zu einer im In- und Ausland viel beachteten und anerkannten Einrichtung. Er war ein überdurchschnittlich passionierter und wissenschaftlich interessierter Jäger.

Später wurde das Wildforschungsgebiet und die angrenzenden Forstreviere Johannisberg, Brohm, Lübbersdorf und das Revier der Nationalen Volksarmee Eichhof mit ihren Jagdgesellschaften zu einem Gebiet mit einer einheitlichen Bewirtschaftung dem „Rotwildeinstandsgebiet Rothemühl" zusammengefaßt. Diese Interessengemeinschaft hatte eine gesetzliche Grundlage und bedurfte von den Jagdbehörden einer Bestätigung. Die damit erfaßte Fläche von 25.000 Hektar erwies sich in der Folge für eine Rotwildbewirtschaftung als außerordentlich erfolgreich.

Durch seine jagdpraktische und wissenschaftliche Arbeit erkannte Dr. Gottschlich bald die Haltlosigkeit vieler überlieferter Vorstellungen. Dies wurde erstaunlicherweise besonders bei unserem größten lebendem Tier, dem Rotwild deutlich. Was dort über viele Jahrzehnte durch die Literatur übermittelt war, bedurfte in vielem einer Neubearbeitung. Unter unseren Bedingungen und Möglichkeiten boten sich besonders die Abwurfstangen und die Schädel des erlegten Wildes zur wissenschaftlichen Auswertung an.

So wurde das Sammeln der Abwurfstangen notwendig und mit wachsenden Erfahrungen der abzuleitenden Auswertungsmöglichkeiten für eine optimale Trophäenproduktion wichtig. Neben der Hauptwildart Rotwild wurden die anderen Wildarten, entweder im Gebiet oder als Zuarbeit für andere Wildforschungsgebiete und für wissenschaftliche Einrichtungen, bearbeitet, d.h. es wurden Daten beschafft oder Organproben o.ä. zur Verfügung gestellt.

Beachtenswert ist, daß alle Arbeiten von den Mitgliedern der Jagdgesellschaft ohne finanzielle Vergütung erledigt wurden. Für den wissenschaftlich-technischen Bearbeiter erfolgte die Bezahlung der zusätzlichen Aufgaben über einen bescheidenen Honorarvertrag. Ab 1964 wurde ein technischer Hilfsarbeiter eingestellt.

Zur Öffentlichkeitsarbeit

Um die Ergebnisse unserer Wildforschung und unserer praktischen Arbeit der Öffentlichkeit zugänglich zu machen, wurde 1967 ein Vertrag geschlossen : Zwischen der Vereinigung Volkseigener Betriebe Forstwirtschaft Waren, dem Institut für Forstwissenschaften Eberswalde – Bereich Waldbau, der Arbeitsgruppe für Jagd- und Wildforschung der Akademie der Landwirtschaftswissenschaften der DDR und dem Staatlichen Forstwirtschaftsbetrieb Torgelow. Sein Inhalt war die Erklärung des unter der wissenschaftlichen Leitung der Deutschen Akademie der Landwirtschaftswissenschaften stehenden Rotwildforschungsgebietes Rothemühl zum Konsultationspunkt der Vereinigung Volkseigener Betriebe Forstwirtschaft Waren.

Die Finanzierung erfolgte aus den Haushaltsmitteln des Staatlichen Forstwirtschaftsbetriebes Torgelow. Die Mittel kamen aus dem Verkauf des Wildbrets, da die Jäger nur einen geringen Teil des Erlöses als Schützenanteil erhielten.

Für die Unterbringung der Stangensammlung und zur Durchführung einer Schulungs- und Konsultationstätigkeit nutzten wir bisher Räumlichkeiten im ehemaligen Forstamt in Rothemühl. Diese wurden bald zu klein. So erfolgte ein Umzug zur Försterei Klepelshagen in Georgenthal. Zuerst auf den Dachboden, dann wurde 1969 angefangen die große Scheune auszubauen. Dieter Gladitz wurde 1970 Bauherr und Leiter des Konsultationspunktes.

Neben den Besuchern mit Fachkompetenz war es unser Anliegen, viele Menschen aus den breiten Schichten der Bevölkerung zu erreichen, um sie für die Probleme der Natur zu interessieren. Dabei legten wir besonderen Wert auf die jungen Menschen aus den Schulen. Mit der Annahme unseres Angebotes an Vorträgen und Exkursionen hatten wir keine Probleme. Viele hundert Menschen besuchten das Wildforschungsgebiet und Georgenthal. Für die Führung stellten sich neben den Forstangestellten auch viele Jäger zur Verfügung. Natürlich war auch diese Tätigkeit ehrenamtlich.

Bald stellte sich bei unserer Arbeit heraus, daß es bei der Wildbewirtschaftung mit anderen Landnutzern und Interessengruppen (Naturschutz, Landeskultur, Erholungswesen) Berührungspunkte gibt. Da die Jäger meist nur ihre Interessen vertreten wollen/können, kann es zu erheblichen einseitigen Belastungen kommen, wenn im Ökosystem einem seiner vielen Bestandteile vom Menschen ein Vorrang eingeräumt wird.

Um die Vernetzung der Aufgaben und Interessen von Land- und Forstwirtschaft , Jagd, Naturschutz und Wasserwirtschaft in einem großem Gebiet erfüllen zu können, kam es 1969 zur Bildung einer Kooperationsgemeinschaft aus den Partnern: Institut für Forstwissenschaften Eberswalde – Arbeitsgruppe Jagd- und Wildforschung, der Bezirksjagdbehörde Neubrandenburg, der Bezirksnaturschutzbehörde Neubrandenburg, der Wasserwirtschaftsdirektion Küste-Warnow-Peene, der Jagdge-

Schäferei Georgenthal bevor es Försterei wurde

sellschaft Rothemühl und dem Staatlichen Forstwirtschaftsbetrieb Torgelow.

So lag der Schwerpunkt bei der Jagdwirtschaft in der Demonstration der Durchsetzung von zentralen Weisungen, in der Erarbeitung von Prinzipien einer optimalen Rotwildbewirtschaftung und in der Überleitung neuester wissenschaftlicher Erkenntnisse in die Praxis.

Der Naturschutz setzte die Aufgabe, Georgenthal als Arbeitsstätte für die Naturschutzgebiete Klepelshagen, Burgwall, Galenbecker- und Putzarersee zu nutzen, besonders zur Wasservogelforschung und der Bearbeitung waldkundlich-biozönotischer Untersuchungen.

Die Wasserwirtschaft benutzte Georgenthal als Basisstation für Meßeinrichtungen im Raum der Friedländer Großen Wiese und zur Durchführung von komplexen Wasserhaushaltsuntersuchungen.

Leider muß ich feststellen, daß diese guten Ansätze für eine abgestimmte Landnutzung durch die Schaffung von Prioritäten erheblich gestört wurde. Dabei waren es die Jäger, die ihren großen gesellschaftlichen und politischen Einfluß für einseitige jagdliche Belange einsetzten. Und wenn er es konnte, machte es der Naturschutz auch so. Dies war für alle Beteiligten, aber am meisten für die Natur, nicht gut.

Bei der Jagd waren es die steigenden Wünsche der Gästen, die unser Handeln stark beeinflußte. Dabei waren die Wünsche immer die Gleichen, welche Behörde oder Institution auch jeweils gerade den größeren Einfluß hatte, es ging immer um die Verfügung über den Abschuß unserer Hirsche.

Die Inspektion Staatsjagd und das neue Jagdgesetz von 1984

So erfüllte ab 1970 die Oberste Jagdbehörde, die ja für unsere Anleitung zuständig gewesen wäre, ihre Leitungsaufgaben nicht. Die Gründe dafür konnten sicherlich auch in der personellen Besetzung dieser Behörde gesucht werden. In diesem Freiraum breitete sich die Bezirksjagdbehörde Neubrandenburg und die Kreisjagdbehörden Ueckermünde und Strasburg aus. Darunter ist zu verstehen, daß sie nicht die Absicht hatten, notwendige Arbeiten zu übernehmen, sondern sie beeilten sich, die Möglichkeiten der gesetzlichen Abschußvorbehalte auszuschöpfen. Eine gesetzliche Regelung sah vor, daß den Jagdbehörden bis 20 % des Wildabschußplanes in den Jagdgesellschaften zur ihrer Verfügung stand. Diese Abschüsse vergaben sie an Mitglieder ihrer Behörde oder an ihre Gäste. Diese Belastung wurde mit der Zeit unerträglich, denn jeder Gast war natürlich von seiner Größe und Wichtigkeit zutiefst überzeugt und erwartete den sofortigen Erfolg. So war man als Jagdleiter/Revierförster zweierlei Druck ausgesetzt, von den Jägern, die sich in ihren Möglichkeiten beschnitten sahen und von der Obrigkeit, der man rechenschaftspflichtig war. In dieser Situation erfuhr ich von der Bezirksjagdbehörde Neubrandenburg aus einer Abschrift eines Schreibens des Ministers Hans Kuhrig, daß die „Anleitung der Jagdgesellschaft des Wildforschungsgebietes Rothemühl und die Festlegung von Maßnahmen zur Bewirtschaftung dieses Gebietes ab 1.9.1975 durch das Ministerium für Land-, Forst- und Nahrungsgüterwirtschaft, Inspektion Staatsjagd, erfolgt.“ Da uns die Inspektion Staatsjagd nicht bekannt war, konnten wir auch nicht die Tragweite dieser Entscheidung beurteilen. Im Gegenteil, jetzt erfolgten die Einweisungen der Jagdgäste nur von der Inspektion und dies war uns nur recht. Denn mehreren Herren zu dienen, haben erfolglos schon andere vor uns versucht. Da wir Revierförster/Jagdleiter dann auch noch einen „Trabi“ mit dem notwendigen Benzin erhielten und eine Kugeljagdwaffe für den persönlichen Bedarf, war das Leben schon ganz gut. Bis dahin hatten wir für unseren Dienst nur ein Motorrad oder Moped, das Rheuma gratis, und die Jagdwaffe mußten wir uns im Kollektiv teilen. Aber wie sagte schon Wilhelm Busch „dieses war der erste Streich und der zweite folgt sogleich“. Der Pferdefuß wurde bald sichtbar, gegenüber anderen Wildforschungsgebieten nur mit zeitlicher Verzögerung. Bis dahin gerieten wir aber noch zwischen die Machtkämpfe von der Bezirksjagdbehörde Neubrandenburg und dem Ministerium. Erstere wollte natürlich nicht auf ihre Einflußnahme bei der Abschußfreigabe unserer Hirsche verzichten. Sie ließen nichts unversucht. Es war ihnen so wichtig, daß sie ihren Einfluß auf den ersten Sekretär der Bezirksleitung im Bezirk Neubrandeburg der SED Chemnitzer benutzten, der dann die Jagdgesellschaft auf der Bezirksjagdkonferenz kritisierte. Uns wurde vorgeworfen, in der sozialen Zusammensetzung der Mitglieder der Jagdgesellschaft zu wenig Arbeiter und Genossenschaftsbauer zu haben. Es sollte ja möglichst so sein, daß der Anteil dieser sozialen Schicht überwog. Dies war ein an den Haaren herbei gezogenes Argument, da es nicht stimmte und zum anderen hatte sie ja bisher die Genehmigung für eine Mitgliedschaft in unserer Jagdgesellschaft erteilt. Noch eine Reihe solcher beinahe grotesker Vorwürfe mußten wir uns gefallen lassen. Der Mitarbeiter des Rates des Bezirkes R. suchte noch nach einer Steigerung in den Kritikvorwürfen. Er war der Meinung wir würden uns nun abkapseln und unter einer „Käseglocke“ leben. Hier hatte er in soweit recht, daß die Selbständigkeit der Jagdgesellschaft stark beschnitten wurde. Dies war aber auch unter der Leitung der Bezirksjagdbehörde nicht anders. Auf dem Höhepunkt der Streitigkeiten setzte der Leiter der Inspektion Staatsjagd, Oberstlandforstmeister J.Richter, mit Billigung durch den Generalsekretär der SED E.Honecker, einen Punkt. Die Jagdgesellschaft wurde nun als Staatsjagdgebiet in allen Belangen dem Ministerium unterstellt. Das hieß, auch die Verteilung der Abschußfreigaben der Hirsche erfolgte ausschließlich nur noch durch den Minister.

Wenn es noch einer Betonung für die „Wichtigkeit“ der Trophäenjagd in diesen „Staatsjagdgebieten“ bedurfte, so ist es sicher die Beschreibung des Aufbaus und die Einordnung der jagdlichen Organisation in die obersten politischen- und staatlichen Leitungsstrukturen.

Die Beendigung dieser Auseinandersetzung war auch notwendig, denn sie drohte mit persönlichen Konsequenzen zu enden. Wenn sich solche großen Mahlsteine drehen, kommen meist die „Kleinen“ dazwischen. Laut wurde über die Ablösung einiger Mitglieder der Jagdgesellschaft nachgedacht. Durch das Eingreifen des „Vertreters der sozialistischen Gottheit“, Oberstlandforstmeister Johannes Richter, kamen wir zwar mit dem Leben davon, aber nun hielt der Sieger, wie es ja immer so ist, es für sein legitimes Recht, uns „zu einer blühenden Landschaft“ zu entwickeln und setzte selbstverständlich voraus, daß wir nur seiner Meinung zu sein brauchen. Zumindest aber die materiellen Grundlagen veränderten sich sehr positiv. Ich sagte es schon, mit Waffen, Fahrzeugen, Treibstoff (er war in diesen Jahren limitiert), sonstigen Anlagen und Ausrüstungen wurden wir in den Sonderjagdgebieten im Gegensatz zu anderen Forstbetrieben großzügig versorgt. Beschnitten wurden wir in unserer Mitsprache und dies ganz entscheidend, wie ich noch berichten werde.

1978 verstarb von uns allen tief betrauert unser Oberförster Dr. Gottschlich. Nur ein Jahr war er Rentner und hatte noch viele Pläne. Der neue Oberförster Klaus Puppe wurde 1981 vom Minister für Land- Forst- und Nahrungsgüterwirtschaft zum Leiter des Wildforschungsgebietes berufen und dem Chef der Inspektion Staatsjagd, Oberstlandforstmeister J.Richter, direkt unterstellt.

Im Februar 1982 kam für die Jagdgesellschaft das „aus“, sie erhielt den Auftrag, sich selbst aufzulösen. Die Grundlage für diese Auflösung war unsere Unterstellung bei der Inspektion Staatsjagd und der Übertragung der dort vorhandenen Ordnung auch auf uns. Im Juni 1982 wurde im

Wildforschungsgebiet eine Sonderzone auf den Forstflächen ausgeschieden, die ausschließlich vom Leiter des Gebietes betreut wurde. Diese Zone sollte das personengebundene Jagdregal für den uns von der Inspektion zugewiesenen Jäger werden, das Politbüromitglied der SED, Werner Felfe. Die zuständigen Revierförster mußten sich vor jeder Jagdausübung in diesen Revierteilen die Erlaubnis vom Leiter des Gebietes einholen. Die bisher sonst noch hier Jagenden wurden zum Teil in andere Jagdgebiete des Wildforschungsgebietes eingewiesen. Weiterhin wurden noch Jäger, um den Jagddruck in den verbliebenen Flächen nicht zu stark werden zu lassen, kurzerhand in andere Jagdgesellschaften umgesetzt. In der Begründung waren es in der Regel die Jäger, die außerhalb des Wildforschungsgebietes ihren Wohnsitz hatten. Daß die „Macht" auch hier Ausnahmen zugelassen hat, ist natürlich klar. Bei dieser Umsetzung der Jäger spielte auch noch das Sicherheitsbedürfnis der Mitarbeiter des Ministeriums für Staatssicherheit eine Rolle. Jäger mit zu starker Bindung zur BRD, intensiven kirchlichen Kontakten oder auch unmoralischer Lebenswandel z.B. Alkoholmißbrauch stellten offenbar ein Sicherheitsrisiko dar. Den umgesetzten Jägern wurden aber noch sehr großzügig volkseigene Waffen mitgegeben, damit die Pille nicht gar so bitter schmeckte.

Unter die Gruppe mit Kontakten zur BRD fiel auch ich. Eltern, Schwiegermutter, Bruder und viele Onkel und Tanten lebten in der BRD. Zwei von diesen Onkeln hatten Berufe und Arbeitsstätten, bei denen ihnen Besuche in der DDR verboten waren. Dem Veto des uns zugewiesenen ständigen Jägers, dem Mitglied des Politbüros der SED und dort Verantwortlichen für die Land-, Forst- und Nahrungsgüterwirtschaft, Werner Felfe, habe ich es zu verdanken, daß wir unsere Heimat nicht verlassen mußten. Der Inspektion Staatsjagd gegenüber mußte ich mich aber schriftlich verpflichten, jeglichen Kontakt zu meiner Verwandtschaft abzubrechen. Diese Maßnahme traf besonders meine Frau hart, da sie sehr an ihrer Mutter hing. Einige Male trafen sie sich dennoch bei Verwandten. Später setzte sich Felfe dafür ein, daß sie auch wieder nach Georgenthal kommen konnte.

Die jagdlichen und wissenschaftlichen Belange wurden ab jetzt von der Inspektion Staatsjagd auf dem Dienstwege vom Leiter des Gebietes über die Revierförster geregelt und damit wurde vieles sehr einfach. Das Gewissen wurde entlastet. Diskussionen und Beratungen waren nicht mehr nötig, man hatte die Weisungen zu erfüllen. So hatte ich für die Wildschäden im Wald nicht mehr die persönliche Verantwortung.

Vom Leiter des Gebietes wurde eine Konzeption und ein Arbeitsplan vorgelegt, der u.a. die Entwicklung der Wildbestände, ihre Bewirtschaftung und die Abschußverteilung, für das Wildforschungsgebiet/Staatsjagd zum Inhalt hatte. Auch wurden die bisher vom Institut für Forstwissenschaften Eberswalde festgelegten Forschungsaufgaben und -vorhaben von nun an maßgeblich von der Inspektion Staatsjagd bestimmt.

Die volkseigenen Jagdwaffen wurden von dem Sonderfondsträger Inspektion Staatsjagd übernommen. Dies bedeutete, daß für jeden Jäger, der keine persönliche Waffe hatte, eine zur Verfügung stand. Dies war natürlich etwas Gutes und ermöglichte nebenbei eine planmäßige Erfüllung der Wildabschüsse.

Neben den Vergünstigungen gegenüber den normalen Jagdgesellschaften wurde den Jägern einschließlich der Angestellten aber klar gemacht, daß ihre Hauptaufgabe darin besteht, Wildschäden zu verringern, für die Abschußplanerfüllung beim weiblichen Wild, Raubwild und Raubzeug zu sorgen und an der Erfüllung der Forschungsaufgaben mitzuarbeiten.

Je nach Anteil an der Aufgabenerfüllung, die vom Jagdleiter und vom Vorstand kontrolliert wurde, sind alle Jäger aber auch an dem Abschuß der Trophäenträger beteiligt worden. Wenn sie zuweilen in ihrer Entscheidungsfreiheit eingeschränkt wurden, weil ein bestimmtes Stück Wild erlegt werden sollte, war es doch eine Jagd aus dem „Vollen", denn die Wildbestände waren immer sehr hoch. Die Belobigung mit der Abschußfreigabe eines Trophäenträgers war ein starkes Argument, daß die Jäger über die Nachteile dieser Trophäenjagd und den dadurch angerichtete Schaden in der Land- und Forstwirtschaft durch die übermäßige Wildhaltung hinwegsahen.

Bei der Ausstattung des Staatsjagdgebietes bestand nun eine Aufgabe darin, für den Jäger Werner Felfe ein Quartier zu beschaffen. Als Notlösung wurde anfangs die ehemalige Gästewohnung der Jagdgesellschaft in Georgenthal genutzt, dann sollte es die leerstehende Försterei Nettelgrund sein. Nettelgrund kam aber nicht in Frage, da noch zusätzlich eine Unterkunft für den Begleiter/Personenschutz und den Fahrer hätte gebaut werden müssen. So blieb es schließlich bei Georgenthal. Die Wohnung wurde bescheiden eingerichtet und diente fortan als Jagdunterkunft. Groß war deshalb die Enttäuschung von Reportern und „Biertrinkern" aus Gehren, die in der sogenannten „Wendezeit" diese Wohnung besichtigten und in der Toilette nur Plastewasserhähne aus der „DDR Produktion" vorfanden.

Folgenschwer, wie noch zu berichten sein wird, war die Übernahme des Objektes Georgenthal durch die Inspektion Staatsjagd. Der bisherige Leiter Erich Hoyer, der kurzzeitig die Aufgaben von Dieter Gladitz übernommen hatte, wurde 1980 durch Dr. Joachim Ludwig abgelöst.

Dr. Ludwig hat sich sehr bemüht, die praktische und wissenschaftliche Arbeit nach Auflösung der Wildforschungsgebiete 1990, in Georgenthal weiter führen zu können. Er glaubte, durch den Vorschlag bei der Landesforstverwaltung von Mecklenburg-Vorpommern, zum Aufbau einer Oberforstmeisterei und durch die Herstellung von persönlichen Kontakten zum Conseile International de la Chasse diese Arbeit fortsetzen zu können. – Daraus wurde nichts.

Ein unnötiger Akt der Willkür bei der Übernahme von Georgenthal durch die Inspektion Staatsjagd war 1982 die Ausgliederung des Naturschutzes und der Wasserwirtschaft. Viel böses Blut ist dadurch entstanden. Für den Aufbau und die Ausstattung vom Konsultationspunkt Georgenthal hat der Naturschutz unter Leitung der wissenschaftlichen Mitarbeiter H. und E. Hoyer seit 1975 sehr große Leistungen gebracht. Für die Bevölkerung wurde er dadurch um vieles attraktiver und leistete enorme Öffentlichkeitsarbeit. So wurden in diesen Jahren etwa eintausend Besucher jährlich gezählt, darunter auch zahlreiche aus dem Ausland. Leider verführten diese Erfolge aber zur Überbewertung des Naturschutzes und zunehmend zu Reibungspunkten. So mußte sich die „Jagd“ auf den Boden und in ein kleines Haus auf dem Hof der Försterei Georgenthal zurückziehen. Als Folge der Ausgliederung des Naturschutzes wurden die Mitarbeiter nach Heinrichswalde in eine aufgegebene Radarstation der Nationalen Volksarmee umquartiert. 1988/89 wurde dann für sie ein Haus in Galenbeck gebaut, in welches sie aber nicht eingezogen sind. Auch war ihr 1990 zugewiesenes Quartier bei Kotelow, die Jagdhütte des Mitgliedes des Politbüros der SED, Margarete Müller, nicht von langer Dauer.

Die Wasserwirtschaft behielt bis auf den heutigen Tag nur ihre Meßpunkte im Revier und auf dem Hof von Georgenthal.

Übersteigertes Geltungsbedürfnis der Inspektion Staatsjagd und andere politische Deformationen brachten nicht nur den Konsultationspunkt und das Wildforschungsgebiet, sondern auch die Jagd in der DDR in Verruf. Der 1982 einsetzende Aus- und Neubau des Konsultationpunktes diente z.T. nur noch der Repräsentation. Dies soll aber nicht heißen, daß die praktische und wissenschaftliche Arbeit nicht weiter gegangen wäre. Auch die Konsultationstätigkeit wurde nicht unterbrochen. Was an meßbarer Arbeit geleistet wurde, ist in vielen Veröffentlichungen nachzulesen.

Auch haben wir unseren Auftrag, die Wildbretproduktion und die Trophäenausbeute maximal zu gestalten, erfüllt.

Die zum Teil mit feudalistischen Methoden ausgeübte Jagd der Herrschenden in der DDR bot nach ihrem Bekanntwerden der Presse lange Zeit Stoff zu unendlichen Geschichten. Es versuchten sich Schriftsteller an diesem Thema. So u.a. ein Herr Karl Lemke, der vorher zahlreiche Artikel zur Verherrlichung der sozialistischen Jagd schrieb, daß die in den Gebieten der Inspektion Staatsjagd arbeitenden Menschen alle Lakaien waren. Viele sind jedoch forstlich- und jagdlich hochqualifizierte Fachleute. Sie hatten es nicht nötig, mit der Jagd auch gleich ihre Seele mit zu verkaufen.

Die in der Zeit des gesellschaftlichen Experimentes – Sozialismus der DDR – gesammelten jagdwirtschaftlichen Erfahrungen und jagdwissenschaftlichen Ergebnisse dürfen nicht verloren gehen. Auch sie sind schließlich Bestandteil der deutschen Jagdgeschichte.

Die beschriebenen Organisations- und Zuständigkeitsregelungen der Jahre 1982ff waren natürlich alles andere als das Ergebnis von demokratischen „Runde-Tisch“ Entscheidungen.

Die Einrichtung von Staatsjagdgebieten wurde mit dem Jagdgesetz vom 15. Juni 1984 durch die Volkskammer der DDR offiziell legalisiert und da heißt der erste Grundsatz: „Das Jagdwesen wird staatlich geleitet. Die Wildbewirtschaftung und die Ausübung der Jagd werden staatlich und gesellschaftlich organisiert.“ Im „ §7. Der Leiter der Obersten Jagdbehörde ist für die Bildung der Staatsjagdgebiete zuständig. Die Gebiete sind dem Leiter der Obersten Jagdbehörde direkt unterstellt und werden zentral geleitet.“

Damit wurde die Grundforderung zur Ausübung des sozialistischen Jagdrechts durch jedermann in der DDR gestrichen. Der Grundsatz aus dem Jagdgesetz von 1953 „die Jagd gehört dem Volke“ war verschwunden. – Spötter hatten ohnehin schon lange die Frage gestellt: „welches Volk?“.

Mit diesem neuen Jagdgesetz wurden in den Staatsjagdgebieten und den gleichbehandelten Wildforschungsgebieten nicht nur die jagdlichen und jagdwissenschaftlichen Belange geregelt, sondern auch die forstliche Bewirtschaftung hatte entsprechend den Weisungen des Ministers für Land-, Forst- und Nahrungsgüterwirtschaft zu erfolgen. Damit war auch das leidige Thema der Wildschäden im Wald von offizieller Seite erledigt. Das der Wald natürlich die enormen Wildmengen nicht vertragen konnte, ist ein anderes Thema.

In unseren Revieren erreichten wir 1988 den Höhepunkt in der angestrebten Entwicklung unserer Wildbestände. Dies natürlich im besonderen beim Rotwild, denn alle anderen Wildarten spielten ja eine nachgeordnete Rolle. Es gab kaum noch Steigerungsmöglichkeiten bei der Trophäenproduktion mit entsprechend hohen Punktbewertungen. Die vorhandenen Hirschbestände hätten über viele Jahre für eine gleich große Menge zu erlegender Tiere/Trophäen gesorgt.

Von den anderen Wildarten war so viel vorhanden, daß jederzeit eine Jagd mit großen Strecken möglich war. Ich will keineswegs leugnen, daß uns die Bestätigung des Wildes und seine Jagd nicht auch Erfolgserlebnisse und Freude bereitet hätte. Sie waren doch Produkt unserer Arbeit. Erbeutete Trophäen mit hohen Punktbewertungen waren für uns echte Zeugnisse „hegerischer" Bemühungen. Es ist so, bei vielen erlegten Hirschen – an diesen besonders, weil sie oft große Mühe machten, bevor der dafür vorgesehene Jäger, ihn erlegen konnte – hängen noch Erlebnisse besonderer Art. So auch bei einem unserer Hirsche, „der Gedrehte". Er hatte 1988 gewaltige Stangen geschoben. Am 4. August 1988 erlegte ihn W.Felfe als den bisher stärksten Hirsch in diesem Revier (Daten und Geschichte zu diesem Hirsch werde ich an anderer Stelle erzählen). W.Felfe überlebte die Erlegung des auch für ihn stärksten Hirsches nur noch um sechs Wochen, dann starb er einen richtigen Jägertod. Er schoß an einem Brunftmorgen einen Hirsch im Nachbarrevier, freute sich darüber, trat zum Hirsch, fiel zur Seite und war tot.

Noch ein zweiter großer Jäger der europäischen Politik hatte sich in diesen Tagen bei einem Jagdausflug zu sehr aufgeregt und war daran gestorben, der Ministerpräsident von Bayern, Franz Joseph Strauss.

Bei der vielen interessanten Arbeit hatten wir keine Zeit und auch keine Lust, uns mit etwas anderem zu beschäftigen, als mit dem Wald und mit der Jagd, so daß wir das Wetterleuchten am politischen Himmel nicht merkten. In diesem gesegneten Landstrich, gab es nur die zwei DDR-Fernsehsender. Eine Zeitung hielten wir nur, weil es so üblich war. Ein Radio hatten wir schon lange nicht mehr, wir hatten es an Jungs zum Basteln verschenkt. Es ging auch so.

So kamen 1990 mit dem Anschluß der DDR an die BRD die Zeit mit den großen Sprüchen. Bei der Jagd hieß der Schlachtruf: „Reduzierung der überhöhten Wildbestände". Viele meinten aber die Hirsche, Schaufler, Keiler und Böcke, weniger das weibliche Wild. Das ließ man sich für nachher, um mit dem Erlös aus dem Wildbret die Jagdpacht zu bezahlen.

So wurden 1990 insgesamt 236 Hirsche, darunter 17 mit einer Goldmedaille, 157 Damhirsche und 62 Böcke für das Gebiet des ehemaligen Bezirkes Neubrandenburg im Gebäude des (nun schon ehemaligen) Wildforschungsgebietes Rothemühl zur Bewertung vorgezeigt, die eine Medaille erhielten, ohne die vielen sonstigen Kofferraumtrophäen. Zum Vergleich dazu die Strecken des Jahres 1988 auf der gleichen Fläche. Dort waren es 57 Hirsche, 53 Schaufler und 21 Böcke, die eine entsprechende Medaille bekamen.

Immer ist es das freilebende Wild, das bei gesellschaftlichen Wirren und Umbrüchen für die Fehler der Menschen herhalten muß. Es ist eben nicht sehr schwer, sich daran zu bereichern. An diesen „Hilfsaktionen" haben sich auch viel zu viele beteiligt, die das Wort „Waidgerechtigkeit" mindestens dreimal in jedem Satz vorkommen lassen. Es wurden unzählige „Argumente" gefunden, um den Wunsch nach der Aneignung von Trophäen zu begründen.

Nachdem den Jagdgesellschaften die gesetzlichen Grundlagen ihrer Existenz entzogen waren, hat es leider nach dem Ende, keinen neuen Anfang gegeben. Man hat sich beeilt, die nach wie vor noch erheblichen Wildbestände zu erhalten und die bisherigen Jagdmethoden in das bundesweite Revierjagdsystem zu konservieren.

Ich hätte mir sehr gewünscht, daß man der notwendigen Verringerung unserer Wildbestände einen anderen Inhalt gegeben hätte. Die Regulierung der Bestände zur Herstellung von Gleichgewichten in der Natur ist die unerläßliche Arbeit des Jägers, nicht ist es die Befriedigung seiner Wünsche nach starken Trophäen und großen Jagdstrecken. An solchen Inhalten hätte die oft betonte Absicht der Jäger, als Naturschützer akzeptiert zu werden, demonstriert werden können. Diese Chance wurde vertan.

Es gab in allen Gebieten der ehem. DDR zu viel Wild, nicht nur in den Sonderjagdgebiete und in den Schutzzonen (militärische Objekte, Landesgrenze u.ä.), sondern die Bestände waren überall zu hoch. Dabei waren es natürlich besonders die genannten Gebiete, die für entsprechenden Nachschub gesorgt haben. Viele haben sich nicht ungern von diesem reich gedeckten Tisch bedient. Da nun diese Sonder-Schutzzonen in dem Umfang nicht mehr nötig sind, denn es gibt ja zur Zeit keinen Feind , fällt diese Möglichkeit weg.

Mit der Auflösung der Jagdgesellschaften wurde im wesentlichen dem Kommerz das weitere Schicksal der Wildtiere und damit auch die Jagdausübung übergeben. Das war ein historischer Fehler. Die Jagdgesellschaften/Jagdvereine hätten auf der örtlichen Ebene weiterhin unabhängig von den Eigentums- und Nutzungsrechten an Grund und Boden die Jagd nicht nur sachlich, sondern auch politisch besser vertreten können. Welcher kommunale Politiker hätte es ohne Gefahr seiner Abwahl gewagt, den berechtigten Forderungen von Jägern/Naturschützern sein Ohr und seine Unterstützung zu versagen? Doch das nun geltende Bundesjagdgesetz setzt andere Prämissen.

Jetzt sind viele der Jäger alleine mit ihren Problemen, da helfen auch nur wenig die rechtlosen und oft unbeholfenen Hegegemeinschaften.

Viel Kraft und Geld wird vergeudet, da es entweder sehr egoistisch oder ziellos eingesetzt wird. Egoistisch z.B., wenn ein ortsfremder Pächter mit gewaltigen Maismengen das Wild vom Nachbar anlockt um es zu erlegen und ziellos, wenn mit diesem Kraftfutter die Vermehrungsrate unnatürlich angeregt wird. Es hat auch meist keinen Sinn zu versuchen, besonders beim großflächig lebenden Rotwild, Äsungsflächen, Wildwiesen, Ruhezonen o.ä. mit hohen Kosten dort anzulegen wo gerade solche Flächen anderweitig nicht vom Menschen genutzt werden oder wo der Jäger das Wild gerne hin hätte. Es gibt immer noch andere Einstände, die vom Wild für ihre Bedürfnisse für optimaler gehalten werden. Das Rotwild lebt eben nicht territorial gebunden wie z.B. das Reh (und auch bei diesem Tier gibt es erstaunlich große Unterschiede in der Größe des Einstandes), sondern es ist aus ihrer Entwicklungsgeschichte bekannt, daß erhebliche Wanderungen zum natürlichen Verhalten gehören. Auch bei uns waren Einstandsveränderungen von über 20 Kilometer nichts besonderes. (Und dies waren auch nur die uns bekannten Ortswechsel.) Dieser Tatsache muß Rechnung getragen werden, wenn es um den Erhalt/Bewirtschaftung des Rotwildes gehen soll. Diese Räume zu zeitweilige Ruhezonen zu erklären und die dann u.U. allerdings erheblichen Schäden gemeinsam zu tragen. Da es sich aber i.d.R. (beim Rotwild und Schwarzwild) über die Vegetationszeit um Feldeinstände handelt, sind es keine bleibenden Schäden wie an den Waldbäumen und z.Z. kann es bei der herrschenden Überproduktion an Lebensmitteln sowieso kein Problem sein, auf sie zu verzichten. – Das sich dann auch die Jagdmethoden diesem natürlichen Verhalten anpassen müssen, versteht sich von selbst. Also herbstliche gemeinsame Jagden im ganzen „Einstandsgebiet“. Die Einzeljagden möglichst wenig und zielgerichtet (z.B. Feisthirschjagd), auf jeden Fall nicht beinahe ganzjährig, wie es jetzt vom 1. Juni bis 28. Februar möglich ist.

Viel zu oft werden jetzt Jäger mit ihren erbrachten Leistungen für Lebensraumverbesserungen verdächtigt, nur für ihren Jagderfolg zu arbeiten. Das hat zur Folge, das solche Maßnahmen unterbleiben. Auch ist es nicht schwierig, daß sie von den der Natur entfremdeten Menschen, den sogenannten Jagdgegnern, Bodenspekulanten oder Massenhaustierhaltern zu Sündenböcken beim Auftreten von Tierseuchen, zu reinen Geldzahlern für leere Verwaltungskassen oder überhöhte Pachtforderungen gemacht werden. Um dies zu verändern helfen auch noch so teure „Informationskampagnen“ nicht. Nur wenn um einen Nutzungszweck (Wildbret) die Jagd ausgeübt wird, es dabei um die Erhaltung der Arten und um die Optimierung eines Lebensraumes geht, wird die Nichtjagende-Öffentlichkeit dieses Handwerk akzeptieren.

Nun wird es die schwierigste Aufgabe sein, daß alle Jäger, einschließlich ihre sogenannten Interessenvertreter, die Jagd als ihre gesellschaftliche Aufgabe besser verstehen lernen.

Die Sache mit dem Wetterhahn

Da wir Jäger unsere Welt vier Jahrzehnte gestaltet haben, finden sich davon überall noch kleine und größere Zeichen. So ist solch ein kleines Erinnerungsstück der Wetterhahn auf einer Stange auf dem Gehöft in Georgenthal. Die Geschichte dazu will ich erzählen:

Immer wenn wir mit dem Geländewagen durch Gehren zur Jagd fuhren, machte ich mit dem Hals Verrenkungen, um zu sehen, wie der Wetterhahn auf dem Kirchturm stand.

„Was machst Du eigentlich immer für einen langen Hals, wenn wir hier vorbeifahren“, fragte mich dann auch bald der Weidgenosse Felfe. „Ich kucke woher der Wind kommt.“ „Das gibt es doch nicht“, kam es natürlich von hinten, „der Genosse Revierförster Heinz Lenkat orientiert sich bei der Kirche, woher der Wind weht“.

Da ich es ohnehin satt hatte, mir den Hals zu wenden und sowieso nur bei Sturm die Richtung stimmte, sollte dies der letzte Anstoß zu dem Beschluß sein, daß ein Wetterhahn auf den neuen Jagdhof gehörte.

Am nächsten Vormittag fuhr ich zu unserem „Spezialisten für alle Heimwerkerprobleme“, Hans Bohn, nach Heinrichswalde und erklärte ihm die Sache. Er ließ sich begeistern und hatte auch gleich einige Vorschläge. Zuerst mußten wir uns einen Hahn auf ein Stück Pappe malen, allerdings stellte sich dies schon als die erste Hürde heraus. Auf jeden Fall gaben wir uns große Mühe, aber nach einem Hahn sah das nicht aus, was wir beide zu Papier brachten. Er hatte dann den Einfall, in einem Lesebuch seiner Kinder nach der Abbildung von einem Hahn zu suchen. Dort fand sich auch einer, aber der war viel zu klein. Ich hatte dann die geniale Idee, einen Hahn von seinem Hühnerhof zu schlachten, um ihn auf ein Stück Papier zu legen und ihn so abzumalen. Da ich die Meinung vertrat, das Entscheidende an einem Hahn ist sein Schwanz, wurde aus der Sache auch nichts, da er seinen Zuchthahn nicht rausrücken wollte, denn nur dieser hatte herrliche Schwanzfedern. In Wirklichkeit hatte mein Freund Hans nur eine heillose Angst vor seiner Angetrauten, denn sie besorgte das Krähen – nicht er.

Ratlos zog ich nun erst einmal in die Veranda des Bürgermeisters Ewald Klammer von Gehren und schaute mir von dort aus den Kirchturmwetterhahn etwas genauer an. Die Frau vom Bürgermeister hörte mein Klagelied und wollte nach einer Weile von mir fünfzig Mark, dann wüßte sie Rat. Der Bürgermeister und ich hatten noch nicht unser Gesprächsthema beendet, da kam sie zum Vorbau rein und hatte ihn tatsächlich auf einem Stück Pappe aufgemalt, einen ganz tollen Hahn.

Sie kam mit der bemalten Pappe aus der Richtung des Pasterhauses, hier wohnten seit einiger Zeit Künstler. Unter anderem auch die nachmals so berühmte Systemkritikerin der DDR, Bärbel Bohley. Einer von diesen Künstlern hatten ihr den Hahn von der Kirchturmspitze abgemalt.

So, dies hätten wir. Was wir jetzt brauchten, war ein Stück starke Plastetafel. Aber selbst in den reichen Schätzen des Müllkutenspezialisten Bohn fand sich solch ein passendes Stück nicht. Während wir noch so beraten, kommt der Spieß der nicht weit hinterm Dorf liegenden Raketenstellung der Nationalen Volksarmee auf den Hof gefahren mit einem Anliegen, das ich vergessen habe. Hans Bohn erbittet sich den Schlüssel und das Auto von ihm und sagt, wir sollten uns etwas unterhalten, er wäre gleich wieder zurück. Das Unterhalten sollte nicht schwierig sein, denn der Spieß ging auch zur Jagd. Wir hatten das neueste noch nicht ausgewertet, da kam unser Hans wieder auf den Hof gefahren.

Nachdem sich der Hauptfeldwebel verabschiedet hatte, zeigte mir Hans ein schönes großes Schild, so recht für unsere Zwecke gemacht. Allerdings stand Furchtbares darauf: daß hier militärisches Sperrgebiet beginnt und daß ohne Warnung scharf geschossen wird.

Die Schrift konnte aber entfernt werden und Hans machte sich ans Werk. Mit einer kleinen Säge ließ sich die Platte weiter bearbeiten.

Die Waschmaschine, die meine Frau unlängst ausgemustert und die Hans vorsorglich gesichert hatte, lieferte die notwendige Welle und am nächsten Morgen nach der Frühpirsch stand der mit Goldbronze gestrichene Wetterhahn auf dem Hof der Försterei.

Haarklein mußten wir berichten, wie wir das mit dem Hahn gemacht haben. Daß Hans Bohn mit dem Auto des Hauptfeldwebel das Schild bei der Raketenstellung organisiert hatte, rührte den Weidgenossen Felfe zu Tränen. Allerdings fiel ihm dann doch noch ein, daß er als Mitglied des Verteidigungsrates der DDR uns wohl zur Ordnung rufen müßte. Nur unsere Entschuldigung, daß das Schild nicht mehr ganz gerade gestanden hat, weil ein Rekrut es mit einem Schützenpanzerwagen angefahren hatte, ließ er dann gelten.

Nachdem auch Frau Felfe den Wetterhahn besichtigt hatte, wollte sie unbedingt einen für ihr Haus im Wohnsitz der Regierungsmitglieder, Wandlitz, haben. Aber bunt müßte er angestrichen sein. Da das Warnschild noch reichte, hatte Hans auch bald einen zweiten fertig. Ich zog nun zur Frau vom Bürgermeister, und die in das Pasterhaus, um den Hahn schön bunt streichen zu lassen. Er sah auch wirklich prachtvoll aus.

Noch viele Dingen erhielten in all den Jahren ihre Bedeutung und Belebung. So eben auch die Straße, die wir von Georgenthal nach Gehren befahren mußten, wollten wir in andere Teile der Reviere.

Diese Straße war gleichzeitig Grenze zum Jagdgebiet Johannisberg. Nun standen die Rehböcke aber einmal links des Weges und einmal rechts. Dies konnte einen wirklich ärgern, denn die Orientierung nach rechts war uns sowieso schon aus politischen Gründen nicht erlaubt und außerdem gehörte uns ja die Feldseite. Deswegen waren die hier stehenden Böcke auch immer die geringeren. Also mußte dies geändert werden. Wir suchten und fanden einen Anlaß, den Revierförster Willi Milke aus Johannisberg einzuladen, um mit ihm diese Frage zu diskutieren. Dies machten wir so lange, bis wir in vorgerückter Stunde folgenden Beschluß feierlich per Handschlag für alle Zeiten faßten und ratifizierten: Beide Parteien können auf die neben der Straße stehenden Böcke pürschen, so weit man äugen könnte und die Büchse reicht.

Ich gebe zu, ganz gerecht war der Vertrag nicht, denn wir fuhren täglich auf dieser Straße, die andere Partei recht selten. Deshalb haben wir auch die Kosten für diesen Abend getragen.

Neben einer möglichst handwerklichen Perfektion bei der Erlegung des Wildes und bei der Versorgung des Wildbrets waren uns die Begleitumstände bei der Jagd sehr wichtig. Wir waren uns sofort einig, als Werner

Meine Heimat – Das Dorf Gehren

Der Rhämel

Felfe einen Rehbock im Großen Mossbruch geschossen hatte, daß sein Begleiter/Personenschutz Bernd den Rehbock aus dem Sumpf holen muß. Werner stellte fest, als Politbüromitglied dürfe er nicht sein Leben einsetzen und ich meldete mich auch sofort, daß ich den Rehbock nicht holen könnte, da ich Lederstiefel anhabe. Also blieb nur Bernd übrig. Nun standen wir beide draußen und warteten, bis der mit einer langen Stange bewaffnete Bernd, im Modder versackte und sich seine Gummistiefel voll Wasser füllte. Unser Mitleid war geheuchelt, unsere Freude viel größer.

So hatte in diesem Revier Klepelshagen die Jagd auf den Rehbock für mich, aber auch für viele andere Jäger, immer einen reichen Vorrat an bleibenden Erinnerungen. Denn auch die Landschaft trägt ganz wesentlich zu einem hohen Erlebniswert bei. Dieses Revier mit seinen unendlichen Waldrändern, mit den bebuschten Gräben und Wasserlöchern auf dem Feld, ist ausgesprochen „rehfreundlich“. Dadurch ist das Rehwild hier vital und stark und auch die Jagd ist durch den Wechsel von Wald und Feld sehr abwechslungsreich. Im folgenden Kapitel will ich über die hiesigen Rehe berichten.

Das Rehwild des Reviers Klepelshagen

Im Dienstzimmer meines Vorgängers, Oberförster Karl Wilke, hingen alle vier Wände voll Rehwildtrophäen. Davon zwei drittel „schlecht“ entwickelte Jährlingsböcke, also Böcke die nur sogenannte Knöpfe auf dem Kopf hatten oder höchstens „miserable“ Spieße, der Rest waren gering entwickelte ältere Böcke (bis ca. 180 g Gehörngewicht). Gekrönt wurde allerdings diese Sammlung durch eine kapitale Rehbocktrophäe, die 470 g wog und eine Goldmedaille erhalten hatte. Die vielen erlegten Jährlinge gaben ja einen hervorragenden Braten ab, aber sonst sind sie ein Zeichen, daß zu dieser Zeit im Revier ein sehr hoher Besatz an Rehe gewesen sein muß, wenn so viele „Hungerformen“ erlegt werden konnten. 1938 steht im Forsteinrichtungswerk, das Rehwild wäre nur in einem geringen Bestand vorhanden, würde aber empfindliche Verbiß- und Fegeschäden verursachen und dagegen könnte man sich nur durch Zäune schützen. Dies paßt wirklich nicht zusammen, die Bestände müssen für die Vegetation bedrohlich gewesen sein.

Der stärkere Bock wurde 1941 in den Wiesen am Schmiedegrund-See erlegt und hatte in sofern noch eine Geschichte, daß er den Jagdnachbarn, dem Forstamtsleiter von Rothemühl und den Jagdpächtern auch bekannt war und nun ein Wettbewerb entbrannte, wer ihn denn erlegen würde. Der Sieger wurde also Oberförster Wilke. (Er hatte ihn auch sicherlich am meisten verdient).

Nach stundenlangem intensiven Studium der Trophäenwand im Klepelshäger Dienstzimmer der Försterei und noch intensiverem Befühlen und Bestaunen des „Goldmedaillenbockes“ stand für mich fest, einmal in deinem Leben würdest du auch gerne „Sieger“ in solch einem Fall werden und dafür deine Abneigung gegen sozialistische und kapitalistische Wettbewerbe überwinden.

Vorläufig hatte aber erst etwas anderes Vorrang. Es mußte die „Politische-Voraussetzung“ geschaffen werden, daß ich solch einen Bock auch erbeuten konnte. Dazu gehörte zu allererst die Möglichkeit der Einflußnahme auf jagdliche Dinge, denn bis jetzt waren aus politischen Gründen Volkspolizisten, Mitarbeiter des Partei- und Staatsapparates, oder sonstige Personen des Vertrauens von SED und Polizei, die Jagdleiter und Verteiler der volkseigenen Waffen. Es war notwendig, die Anerkennung aller Jäger zu erlangen, denn die Förster waren in allen bisherigen Gesellschaftsordnungen Diener der herrschenden Klasse und deshalb saß das Mißtrauen tief. Viele von denen, die jetzt auf der Grundlage des DDR Jagdgesetzes die Jagd ausübten, durften bisher nicht zur Jagd gehen, da sie zu den Besitzlosen gehörten, sie hatten weder Boden noch Geld von ihren Vätern ererbt. Übten sie trotzdem die Jagd aus, wurden sie daran von den Förstern behindert und als Wilddiebe verfolgt. Bei diesen Jägern mußte ich durch offene und ehrliche Arbeit Vertrauen erlangen und als ein Mitglied in diese bodenständige Gemeinschaft aufgenommen werden. Das ist mir auch gelungen, daß ich dann später zunehmend ein Diener der Herrschenden geworden bin, konnte/wollte ich nicht verhindern und war mir einerlei, denn ich bekam dadurch ein hohes Maß an Freiheiten für meine fachlichen Entscheidungen. Die vorerst erworbene Vertrauensstellung schaffte mir eine größere Möglichkeit der persönlichen Jagdausübung alleine dadurch, daß ich häufiger eine Waffe ausleihen konnte.

Zu dieser Zeit glaubte ich noch an die „Hege mit der Büchse“. So stellte auch das Streben nach diesen „Hegeerfolgen“ ein wichtiges Motiv dar, Einfluß auf die Wildentwicklung zu bekommen, um viele Trophäen ernten zu können.

Bisher konnte nicht von einer Bewirtschaftung im Sinne einer „Aufartung des Rehwildes" gesprochen werden. Es ging bei den jagdlichen Bemühungen um die Beschaffung von Fleisch und um die Verringerung von Wildschäden. Für die Jagdausübenden kam es darauf an, überhaupt ein Stück Wild zu bekommen und das war schwierig genug, denn es gab auch noch 1960 entsprechend des Besatzungsbefehls nur Flinten, aus denen man starke Schrote, sogenannte Posten, Flintenlaufgeschosse, die gewaltigen Bleibrocken, oder ähnliches verschießen konnte. Die Betonung liegt auf verschießen konnte, denn mit dem Treffen gab es Probleme. Bis dreißig Meter ging es noch , ab „einunddreißig" wurde es zunehmend eine Sache des Zufalls. Und wenn nun so ein Jäger auf dem Bauch rutschend bis auf dreißig Meter an einen Rehbock herankroch, ohne daß dieser schreckend ausriß, oder wenn solch ein Tier aus Leichtsinnigkeit in den Schußbereich eines lauernden Jägers kam, sollte dieser auf den Schuß verzichten, nur weil der Bock vielleicht ein Jahr zu jung ist? Das konnte keiner einsehen , wozu sollte dies gut sein, einen alten Bock kann man schwer zu einem zarten Braten machen.

Die Einflußnahme auf Planung und Abschußgestaltung wurde für mich sehr wichtig. Es gelang relativ schnell, daß ich den Abschußplan für das Jagdgebiet aufstellen konnte. Der Wahlabschuß bildete darin den wesentlichen Inhalt. So wurde er auch akzeptiert, da nicht nur bei mir das Gedankengut der Möglichkeit einer positiven Einflußnahme auf die Trophäenqualität vorhanden war. Auf den jährlichen Pflichttrophäenschauen spielte zunehmend die Verteilung von „roten und grünen Punkten" eine bestimmende Rolle. Keiner wollte sich sagen lassen, er verhindere durch ungenügenden „Wahlabschuß" die Produktion großer Mengen von starken Trophäen. Um dieses Konzept auch umsetzen zu können, benötigten wir mehr und qualitativ bessere Jagdwaffen. Aber hier etwas zu verändern , wurde durch das Sicherheitsbedürfnis der Partei- und Staatsführung sehr schwierig. Sie ließen nur einen geringen Bestand an Waffen zu, etwa eine Flinte auf drei Jäger.

Aber wenigstens wurde die Qualität der Munition bald verbessert und auf die Flinten montierten wir uns einfache Zielfernrohre, so daß man auf die sagenhafte Entfernung von fünfzig Meter schießen konnte, allerdings nicht aus jeder Waffe. Die Flintenläufe reagierten auf diese Geschosse sehr individuell. Besonders eine ist mir noch in düsterer Erinnerung, die Nummer dreiunddreißig. Um zu treffen, mußte man neben das Ziel halten. Mit diesem Ding wurde nur unser Jäger „Schrubbe" fertig. Wie er dies gemacht hat, ist bis zum heutigen Tag sein Geheimnis. Er hatte dadurch den

Vorteil, daß er immer eine Waffe hatte, wir mußten uns den Rest teilen und oft ging einer von uns leer aus. Viel später bekamen wir auch einzelne Kugelwaffen und die Bestimmungen wurden gelockert, so daß wir die Waffen nicht noch abends beim Jagdleiter einschließen lassen mußten , sondern erst morgens nach der Jagd.

Aber Jagd war dies auch, denn um Beute zu machen, mußte man sich schon tüchtig Mühe geben und hatte man Erfolg, wurde das Selbstbewußtsein gewaltig gestärkt und das Essen schmeckte noch einmal so gut.

Um jeden erlegten Bock veranstalteten wir vorerst ein ellenlanges Palaver und haben durch diesen Unsinn bei so manchem Jäger die Freude am Jagderfolg verdorben. In kleinen Schritten haben wir uns vom „Wahlabschuß" getrennt, denn einen Erfolg unserer Bemühungen sahen wir nicht. Zuerst nahmen wir keine Einteilung in Qualitätsklassen mehr vor und benutzten die Altersklassen bei der Aufstellung des Abschußplanes. Für uns gab es nur noch Kitze, Jährlinge, mittelalte Böcke und alte Böcke, bzw. weibliche Kitze, Schmalrehe, junge Ricken und alte Ricken. Dies war einfach. Allerdings beschäftigten wir uns jetzt mit den theoretischen Alterspyramiden und ihren so geringen Variationsmöglichkeiten. Daraus zogen wir den Schluß, unsere Abschußanteile müßten genau den Modellberechnungen entsprechen. Aber auch dies erwies sich als graue Theorie, denn wir hatten weder eine annähernd genau Kenntnis über die Bestandeshöhe noch über eine natürliche Sterberate und die abwandernden Stücke.

Vom Beginn unserer Bewirtschaftungsversuche bis auf den heutigen Tag und dies alle Jahre wieder, hatte ich das unlösbare Problem, die Bestimmung des aktuellen Wildbestandes. Es ist mir zu keiner Zeit gelungen, ihn exakt heraus zu bekommen. Aber mit den Jahren hat mich dies immer weniger aufgeregt. Ich nahm das „Problem", wie es ist, denn es ist keins. Da ich einen Plan mit einer mindestens zu erlegenden Stückzahl aufzustellen hatte – eine Erhöhung nach oben war jederzeit möglich – und die Anzahl in den einzelnen Altern aus den Modellen der Alterspyramide ableitete, dauerte die Aufstellung des Abschußplanes auf dem entsprechenden Formular nicht lange. Ich konnte mich in der eingesparten Zeit der Jagd widmen. Da der Abschußplan außerdem für die Jagdgesellschaft aufgestellt und abgerechnet wurde und nicht für ein Jagdgebiet, waren meist Plankorrekturen ohne Antrag beim Bewirtschaftungsorgan (Forstbetrieb) möglich, denn irgend ein Jagdgebiet hatte in der Regel immer mit der Erfüllung seines Abschußplanes Schwierigkeiten. Es gab ausreichend Raum für aktuelle und individuelle Gestaltungen.

In den Jahren von 1964 bis 1991, also in 28 Jahren wurden 1680 gezählte Rehe im Jagdgebiet erlegt. Damit schossen wir im Durchschnitt 55 Rehe pro Jahr. Dies entspricht einer Nutzung von 8 Rehen pro 100 Hektar Waldfläche. Nach den strengen Wintern 1969/70 und 1970/71 sowie 1979/80 sind wir mit dem Abschuß auf 5 bis 3 Stück auf 100 Hektar/Wald heruntergegangen, weil wir glaubten, besonders durch die Schonung des weiblichen Wildes den Bestand schnell wieder anheben zu müssen. Wie spätere Auswertungen gezeigt haben, war dies unnötig, die Winterverluste hatten nur unseren zu geringen Abschuß des Zuwachses korrigiert.

In diesen 28 Jahren gab es neben unseren geringen Strecken nach den harten Wintern, periodische Schwankungen. In Zusammenfassung der Jahre erlegten wir in der Periode von 1964 bis 1970 etwa 70 Rehe, dann von 1974 bis 1979 75 Rehe und von 1981 bis 1986 65 Rehe jährlich. Ab 1986 bis 1991 sank die Strecke auf 40 Stücken. Die ersten drei Perioden unterscheiden sich nicht, nur für die letzte Periode läßt sich spekulieren, daß der sich erhöhende Rotwildbestand das Rehwild zurück gedrängt hat. Es können aber auch die erhöhten Schwarzwildbestände gewesen sein, die die Zahl der Kitze gezehntet haben. Oder auch ganz simpel die nachlassende Bejagung dieser Tiere, um die Hirsche nicht zu stören. Dies wird es wohl hauptsächlich gewesen sein.

So hatte auch der Abschuß im Jahresverlauf mit dem Rotwild zu tun. Wir versuchten möglichst viele Böcke (besonders die Jährlinge) im Mai zu erlegen. Die Vegetation ist nicht sehr hoch, man kann die Böcke gut ansprechen und schießen. Sorge, daß ich die deutsche Waidgerechtigkeit verletze, weil die Böcke noch nicht rot verfärbt sind, hatte ich nicht. Viel wichtiger war mir weiter eine große Strecke im Mai/Juni, damit die Feisthirsche im Juli ihre Ruhe hatten. Selbst die Blattjagd habe ich aus diesem Grund nur sparsam ausgeübt. (Aber nicht nur deswegen, sondern weil mir auch die Jagd auf das mit der Erhaltung seiner Art beschäftigte Tier nicht gefallen hat.) Sofort nach der Hirschbrunft beeilten wir uns, das weibliche Rehwild im Oktober zu erlegen.

Das aus den Alterspyramiden abgeleitete Bewirtschaftungsmodell sah vor, daß die Rehwildstrecke zu 25 % aus männlichen Kitzen, aus 45 % Jährlingen, 10 % 2-4 jährigen Böcken und aus 20 % alten Böcken bestehen sollte. Beim weiblichen Wild legten wir fest, das 50 % Kitze, 10 % Schmalrehe und 40 % Ricken zu planen sind.

Ich habe für die Darstellung unserer festgelegten Abschußanteile durch die Auswertung der Klepelshagener Rehwildstrecke in den Jahren 1964-1991 von E.Spielmann eine Grafik zur Verfügung, die besser als

Die Gemeinschaft macht die Jagd schön – und Hunger gibt es auch

Worte das Ergebnis der Altersverteilung an der Gesamtstrecke verdeutlicht. Besonders gut gelang uns die Schonung der 2-3 jährigen Böcke. Dafür lag ein großer Anteil am Abschuß bei den 4 jährigen Böcken, was gar nicht unsere Absicht gewesen ist. Das hat sicherlich seine Ursache darin, daß der 4 jährige Bock oft vom 2-3 jährigen noch in seiner Körperentwicklung zu unterscheiden ist und daß der jüngere Bock meist noch nicht einen festen Einstand bezogen hat, oft seinen Standort verändert und so durch die in der Regel auf den Bock ausgeübte Ansitzjagd mehr Überlebenschancen hat. Dafür ist die Unterscheidung des 4 jährigen vom 5 jährigen nicht möglich.

Ob allerdings der Aufwand bei der Auswahl der Abschußkriterien bei den Böcken gerechtfertigt ist, läßt beim Anblick der weiblichen Verteilung an der Strecke begründete Zweifel entstehen. Durch unseren „wahllosen" Abschuß haben wir ausgeglichene, entsprechend anteilige Stückzahlen an der Alterspyramide erreicht.(s.Grafik)

Noch aus einem anderen Grund sind übertriebene Bemühungen zur Selektion nicht zu realisieren, denn auch bei uns konnte der 3 jährige Bock schon 90% des Endgewichtes seines Gehörns erreichen. Wenn dann noch eine herausragende Körperentwicklung hinzukommt , ist eine Ansprache ob er 3 , 4 oder 5 jährig ist, nicht mehr möglich.

(Wozu also der Streit auf den Trophäenschauen?).

Bei der Auflistung der Körpergewichte zeigte sich keine Tendenz einer Veränderung, weder beim Jungwild noch bei den adulten Tieren, auch wenn man sie getrennt nach Geschlechtern untersucht. Die Böcke wogen 17 kg und die Ricken ein Kilo weniger.

Nur bei den Gehörngewichten zeigte sich nach den 28 jährigen Statistiken eine signifikante Gewichtszunahme. Sie betrug bei den über 3 jährigen Böcken in den 28 Jahren 39 g. Von durchschnittlich 199 g auf 238 g.

Aber wie dies mit Statistiken so ist, es kommt oft nur auf die Interpretation in der Auswertung an und schon kann man sehr viel beweisen. So auch in diesem Fall. Denn im Laufe der Jahre sind wir von dem Prinzip nur ja keinen „falschen" Bock zu schießen, er könnte ja noch beser werden, abgerückt. Wir hatten uns geärgert, wenn wir im folgenden Jahr einen Bock mit einem starkem Gehörn nicht wieder finden konnten und da wir bestätigt fanden, daß die Böcke nicht unbedingt in ihrer Gehörnentwicklung bis zum altersbedingten Zurücksetzen jedes Jahr stärker werden, versuchten wir zukünftig im Jagdjahr jeweils den „Besten" zu bekommen, ohne uns um sein Alter zu kümmern. Auch waren wir nicht mehr unbe-

1981. Konsultationspunkt und Försterei Georgenthal/Gehren

dingt darauf aus, nur die „Geringen“ zu erlegen, sondern freuten uns über jedes stärkere Gehörn. Dabei gaben wir uns jedenfalls große Mühe, in der Klasse ab dem 5.Lebensjahr zu ernten, da die körperliche Entwicklung der Böcke dann als abgeschlossen gilt und auch jetzt die stärksten Trophäen zu erwarten waren.

Es gibt womöglich aber noch einen anderen Grund, daß die Trophäen in der Masse schwerer wurden. So könnte die Überdüngung der Äcker mit den wichtigen Elementen für die Knochenbildung, einen meßbaren Erfolg gehabt haben. Das Reh lebt schließlich als Waldrandbewohner gern auf/ vom Acker, besonders wenn Deckung vorhanden ist.

Um etwas gründlicher hinter diese Geheimnisse der Bestandeshöhen, Zuwachs, Trophäenausbeute u.ä. zu kommen, habe ich auf einem großen Stück weißem Papier an langen Winterabenden in Rückrechnung der Streckendaten versucht, wenigstens etwas darüber zu erfahren. Entsprechend des geschätzten Alters habe ich das erlegte Stück dem Geburtsjahr zugeordnet. Ohne zu wissen, wie hoch der natürliche Abgang gewesen ist, bin ich auf Dichten von mindestens 10 bis 20 Stück pro 100 Hektar/Wald gekommen. Da bei einem Rehlebensalter von 7-8 Jahren auch erst nach dieser Zeit die Höhe des Geburtsjahrganges sichtbar wurde, hatte das Ganze einen eher statistischen Wert. Nur soviel ist dabei herausgekommen, daß bei natürlichen Bestandesschwankungen von 100 – 200 % die Rehwilddichte für das aktuelle Jahr nicht ermittelbar/schätzbar ist. Die Bestandeshöhe schwankte zwischen 80 und 150 Rehe. Daß die sicherlich noch etwas höher gewesen ist, haben Beispiele bei Totalabschüssen bewiesen.

In diesen achtundzwanzig Jahren gelangen uns rund 120 Hektar Buchen-Naturverjüngungen. Diese in jedem Fall ohne Zaun. Hier besonders eindrucksvoll der Komplex aus dem Jahr 1982 von 50 Hektar im Rhämel. Zu dieser Zeit hatten wir nach meiner Schätzung einen Rehbestand von 140 Tieren, das sind 18 Stück/100 ha.

Der von mir betriebene Großschirmschlag entspricht dem Modell eines Altersklassenwald, dieser konnte neben dem Rotwild auch noch das Rehwild ernähren. Welche Nachteile für die Forstwirtschaft und für den Lebensraumschutz aus diesem Betriebssystem entstanden sind, darauf werde ich im folgenden noch gründlicher eingehen.

Es ist so, daß die Rehe Schäden an den jungen Waldbäumen anrichten, durch intensiven Verbiß entstehen abnormale Wuchsformen, der Zuwachs geht oft verloren und sie selektieren die forstlich erwünschten Edellaubhölzer und Nebenbaumarten u.U. erheblich. Da mindestens seit 1960 die Grenzen waldverträglicher Rehwildbestände überschritten waren, mußten alle Pflanzungen entweder umzäunt, oder die Kulturen mit Wildverbißmitteln geschützt werden. Auch in diesem Revier wäre die Artenvielfalt der Vegetation größer und die Schäden am vorhandenen Baumbestand geringer, wenn weniger c.capreolus Kapriolen gemacht hätten. Das Reh wäre uns trotzdem als jagdbares Wild erhalten geblieben.

Wieviel Rehe es denn sein dürfen/sollen, ist eine viel diskutierte Frage. Auch in Klepelshagen, wie auch in der ganzen DDR, waren um 1960 die Rehwildbestände (alle anderen Schalenwildarten ebenfalls) so angewachsen, daß es 1964 zu einer Festlegung der Zielbestände für die Schalenwildarten kam. Diese auf wissenschaftlicher Grundlage basierende Bonitierung der Waldgebiete (Direktive Nr.2/64) von H. J. Müller wurde z.T. für das Rehwild auch in Klepelshagen erarbeitet. Er betrug 4 Stück pro 100 Hektar Wald. Die Zielbestände wurden in der Praxis jedoch bald überschritten. Eine neue Direktive setzte 1970 ohne weitere Begründung die Zielbestände herauf. 1979 wurde in der Verfügung vom 2.7.79 die Bo-

Ein „guter" Bock – erlegt in der Klepelshagener Feldmark (v. links: Revierförster Heinz Lenkat, Erleger Werner Felfe, Forstmeister Klaus Puppe)

nitierung der Jagdgebiete neuerlich verfügt. Jetzt sollte die Dichte für uns bei 10 Rehe/100 Hektar liegen.

Bonitierungsgrundlagen waren die vorhandenen Baumarten, ihr Alter, die Waldrandlänge, Bodenvegetation (Begrünungsprozente) und die von Wald umschlossenen Äsungsflächen (Wiesen, Weiden, Felder, Ödländereien etc). Aus der Auflistung wurde nach einem Punktesystem eine mögliche Wilddichte pro 100 Hektar/Wald festgelegt.

Daß auch dies graue Theorie war, zeigte die weitere Wildbestandsentwicklung. Wie ich es schon sagte, hatten wir zu diesem Zeitpunkt 15-20 Rehe/100 ha. Wo nun die Bestandeshöhe zu finden ist, kann nur der Wald beantworten. Sicherlich stimmt die Dichte, wenn sich die Hauptbaumarten (Baumarten mit wenigstens 10% Flächenanteil) ohne besonderen Schutz natürlich verjüngen.

Am Anfang des Kapitels habe ich von meinem Wunsch berichtet, einmal Wettbewerbssieger bei der Erlegung eines starken Bockes zu werden. Ich wurde es. Es ist der Stärkste während meiner bisherigen Tätigkeit im Revier erlegte. Geschossen habe ich ihn 1961 an der Wildbahn. Sein Wildbretgewicht betrug 24 kg. Sein Gehörn wog 416 Gramm. Vor Stolz wog ich eine Woche lang auch sehr viel. Ich habe aber auch einen über 3 jährigen Bock mit der geringsten Trophäe von nur 60 g erlegt.

Am Ende des Kapitels ist es notwendig, eine Beurteilung über die Auswirkungen unserer jagdlichen Nutzung des Rehwildes vorzunehmen: Wir wollten viele starke Trophäen ernten und dabei sollten unsere Bestände zwar nicht ausufern, aber die Möglichkeiten des Lebensraumes wollten wir auch maximal nutzen.

Zur Entwicklung des gestreckten Teiles der Population gibt die Grafik (E.Spielmann) über die Bestandsmodellierung (Rückrechnung auf das Geburtsjahr) und die Jahresstrecken im Zeitraum von 1973 bis 1984 einen sehr guten Überblick. Ich konnte daraus ablesen, daß wir <u>nicht</u> wirksam die Höhe unserer Bestände beeinflußt haben. Es wurde von uns lediglich ein Teil des Zuwachses erlegt, es erfolgte zu keiner Zeit eine Reduktion der Bestände. Wenn also nicht ernsthafte Anstrengungen gemacht werden, wirken sich die bisherigen Jagdmethoden nicht wesentlich auf die Populationsentwicklung aus. Für mich stellte dieses Ergebnis eine Überraschung dar, habe ich bisher geglaubt, wir würden wenigstens an der Höhe des Wildbestandes einen Einfluß gehabt haben, denn darüber , daß bei den Punktzahlen der Trophäen und bei der Erhöhung des Wildbretgewichtes nichts heraugekommen ist, habe ich berichtet. So folgten die Jahresstrecken der Bestandentwicklung jeweils um ein Jahr verzögert. Wir ha-

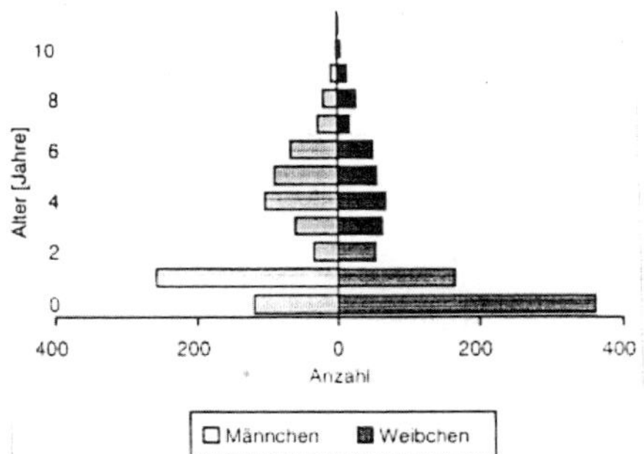

Altersverteilung in der Gesamtstrecke. Dargestellt ist die Anzahl der erlegten männlichen und weiblichen Tiere in den einzelnen Altersklassen. n=1667

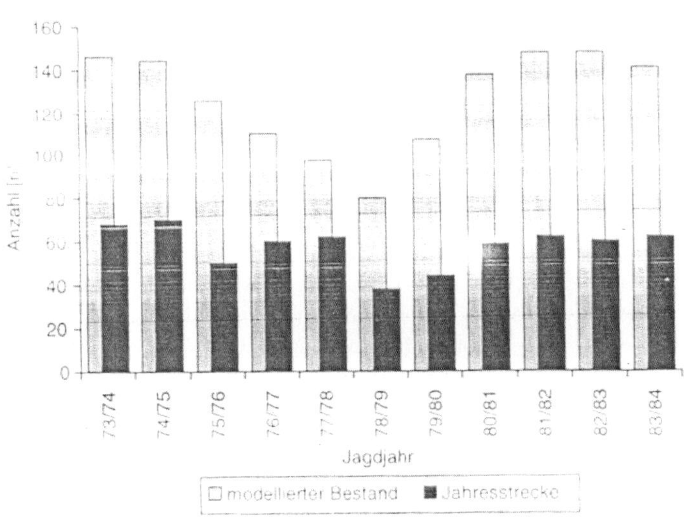

Entwicklung der modellierten Bestandsgrößen sowie der Jahresstrecken im Zeitraum 1973 bis 1984

ben also das erlegt, was wir ohne zusätzliche Anstrengungen bekommen konnten. Die große Freiheit unseres Abschußplanes und die Vernachlässigung der Wildschadensbewertung hat dies zugelassen.

Bei der Betrachtung der graphischen Darstellung der Populationsdichte ist auch zu sehen, daß selbst nach den strengen Wintern die Bestandshöhen noch über den durch die Bonitierung festgelegten Zielbeständen lagen. So betrug 1979/80 der Bestand 12 Rehe/100 ha Wald, bei einem Zielbestand von 10 Rehe/100 ha Wald.

Da die Datenreihen der Jahresstrecke und der Geburtenzahl eine erstaunlich deutliche Parallelität zeigen, kann, vorausgesetzt es werden ähnliche Jagdmethoden angewendet, die jährliche Streckenhöhe Rückschlüsse auf die Bestandshöhe zulassen. Der Bestand lag über viele Jahre um das 2,2fache höher als die Jahresstrecke.

Unsere beinahe ausschließlich ausgeübte Einzeljagd auf Rehe durch Ansitz und Pirsch hat nicht ausgereicht, eine Bestandskontrolle oder gar eine Reduktion zu gewährleisten. Welche Jagdmethoden zu wählen sind, müssen die Verhältnisse bestimmen, Empfehlungen gibt es genug. Die Höhe des Wildbestandes ist wichtig, er wird aber bestimmt durch die Gestalt des Lebensraumes, nicht durch den Abschußplan und schon gar nicht durch die Menge der Trophäen.

Das auch in Zukunft bei der Rehjagd eine „Ordnung“ gelten muß, ist selbstverständlich. So müssen die Anteile am männlichen und weiblichen Wild eingehalten werden. Unsere Strecke der 28 Jahre betrug nach Geschlechtern aufgeteilt, 787 männliche und 895 weibliche (GV=1:1,14 m:w). Es sind 108 mehr weibliche als männliche.

Diesen ungleichen Abschuß machten wir, weil eine Reihe der jüngeren Böcke abwandern und weil die natürliche Sterberate beim männlichen immer größer ist. – Ich glaube, die Strecke würde sich über einen längeren Zeitraum, nach einem Verhältnis von 1:1 ausgleichen, wenn die Jagd ohne Beachtung der Geschlechter ausgeübt wird.

Die Einhaltung einer Altersverteilung hat einen Einfluß auf die innere Struktur und damit sicherlich eine Bedeutung für das Wohlbefinden der Rehe. Beim weiblichen Teil ist es relativ einfach, dort werden die Kitze scharf bejagd und der Rest verteilt sich alleine. Beim Rickenabschuß gab und sollte es immer ein heiliges Gesetz geben: Auf gar keinen Fall wird eine Ricke, zu welcher Jahreszeit auch immer, vom Kitz weggeschossen. Wenn man es gelernt hat, schnell und treffsicher zu schießen, bekommt man meist Kitz und Ricke.

Der stärkste Bock – erlegt vom Oberförster Karl Wilke

Stärkste Bock vom Verfasser

Bei den Böcken hat man eine lange Jagdzeit zur Verfügung. Wenn nicht im Herbst die Bockkitze erlegt wurden, kann man sie jetzt als Jährlinge bejagen. Um auch den entsprechenden Anteil zu bekommen, haben wir nur solche mit einem Sechsergehörn geschont. Richtige Knopfspießer waren so selten, daß es immer ein großes Holla gab, wenn einer zur Strekke kam. Daß es nicht möglich ist, den vierjährigen vom fünfjährigen Bock zu unterscheiden, daß man selbst den zweijährigen und sogar den einjährigen nicht mit Sicherheit ansprechen kann, ist jedem Rehjäger bekannt. Selbst am Abschliff der Zähne beim erlegten Bock kann man sich auf das genaue Alter nicht festlegen. Wozu auch? Sehr wohl lernt man es bald, (wenn man es will), den jungen Bock vom alten zu unterscheiden und dies genügt vollauf. Wenn die an Körper oder Gehörn geringeren zuerst erlegt werden (Körper- und Gehörngewicht korrelieren sehr eng) kann es auch nicht schaden. Wir haben diese Reihenfolge möglichst beachtet. Vielleicht war dies ein Grund, daß immer eine ausreichende Anzahl älterer Böcke mit starken Körper- und Gehörngewichten vorhanden waren.

An unseren Statistiken konnten wir bestätigen, daß das Körperwachstum bis zum Alter von 6 Jahren bei unseren Böcken, bei den Ricken bis 4 Jahre, anhielt und auch das Geweihgewicht bis zu diesem Alter zunahm. Daraus eine komplizierte Abschußrichtlinie entwickeln zu wollen, habe ich aufgegeben. Unser „Wahlabschuß" hat nichts gebracht. Im Rückblick bei gewachsenen Einsichten, bin ich auch froh, daß es so ist. Die Gentechniker und Tierzüchter mischen sich schon genügend in die Evolution ein.

Unsere Jagdmethoden/Abschußrichtlinien des Ansitzes und der gelegendlichen Erlegung des weiblichen Wildes und Kitzen auf Drückjagden, hat unser Rehwild nicht in seiner Dichte reguliert und die Gehörne haben nicht an Punktzahlen zugenommen. Ich glaube auch nicht mehr daran, daß man es in diesem Sinne regulieren kann, ich bin der Meinung man soll es auch nicht.

Die Jäger müssen aus dem vernünftigen Grund zur Jagd gehen, um die Lebensräume gesund zu erhalten. Diese Lebensräume bestehen ohnehin all zu oft nur noch aus mehr oder weniger leckgeschlagenen Archen. Diese Archen so zu gestalten, das sind aus forstlicher Sicht, sich natürlich verjüngende Wälder, in denen auch die Tiere einen nachhaltig gesicherten Lebensraum behalten. Die Jäger haben die Pflicht, die Landnutzer zu motivieren, daß sie mit naturnahen Wirtschaftsweisen ihr legitimes Recht ausüben. Wenn durch die jagdliche Arbeit die Stirnwaffe des Rehbockes für den Jäger als ein Erinnerungsstück übrig bleibt, ist es für ihn auch Ansporn.

Das Kapitel über die Rehe zu beenden, ohne sich daran zu erinnern, wie gut uns eine in Milch eingelegte, mit Zwiebelringen und Apfelscheiben von einem sauren Boskop belegte, zu Rührkartoffeln mit Petersilie gebratene Leber schmeckt , wäre undankbar. Selbst abends kalt zu Brot ist sie noch eine Delikatesse. Als Festessen eine Rehkeule mit gebratenen Bananen oder auch als ganz großes Sonntagsessen in Öl marinierte, in heißem Fett schnell gebratene Rehrückenmedaillons mit Konfitüre aus roten Johannisbeeren und dazu frische Kartoffeln und würzigen Grünspargel. Aber auch mit Lorbeerblatt und Piment gekochte und in kleine Würfel geschnittene Herzen zu frischen, weichkochenden mehlig aufplatzenden Pellkartoffeln und süß-saurer Soße ist ein vorzügliches Essen. Daß zu den großen Gerichten eine Flasche guter Rotspon gehört, ist selbstverständlich. Daß das Gemüse und die Kartoffeln aus dem eigenen Garten sein müssen, versteht sich auch, denn was man in der Regel zu kaufen bekommt, sieht zwar so aus, schmeckt aber nicht danach.

Wenn ich mich dann mit dem Rest in der Rotsponflasche zurückziehe kann ich in Erinnerung die Trophäen an den Wänden betrachten. Die Erlebnisse sind für mich unvergeßlich.

Zum Schwarzwild

Diese Wildart hat mir als Waldbauer am wenigsten Probleme bereitet. Nur wenn die Bestände zu hoch waren, sie die Mast vollständig aufnahmen, störten sie die natürliche Verjüngung des Waldes. Aber als zeitweiliger „Feldjäger" haben Auseinandersetzungen mit den Landwirten, von wegen der verursachten Mißernten, beinahe zu Handgreiflichkeiten geführt. Es ist die natürliche Eigenart des Schwarzwildes, auch in der Erde nach seinem Fraß zu wühlen. Machen sie es auf dem Acker, wird seine Anwesenheit sofort sichtbar und jeder Schaden an den Feldfrüchten auch. Die Höhe dieser Schäden ist eine subjektive Sache, aber daraus eine Geldforderung zu gestalten, dazu reicht es immer. Dieses schwebende, scharf geschliffene Damoklesschwert über den vorwiegend auf dem Feld jagenden Jägern erzeugt nun zwei Dinge, erstens werden die Sauen nachts bejagt und dabei wahllos geschossen, und zweitens wird solch eine Jagdausübung dann mit dem Hinweis auf diese Zahlungsforderungen allzugern gerechtfertigt.

Die Nachtjagd hat neben der zwar notwendigen Schadensverringerung aber u.a. einen nicht in jedem Fall gewollten selektiven Effekt. Die im Frühjahr aus den Rotten abgedrängten männlichen Frischlinge bzw. Überläufer sind als Einzelgänger relativ leicht zu überlisten und zu schießen. Damit verringert sich der Anteil an männlichen Stücken im Bestand. Die Folge sind zu wenig alte Keiler. Dies ist bei der ausgeprägte Sozialstruktur der Wildschweine für ihr wohlbefinden sehr ungünstig.

Wenn dann noch bei einer wahllosen und/oder nächtlichen Bejagung die Führungsbachen geschossen werden – was leider viel zu oft der Fall ist – werden auch die Strukturen in den Familienverbänden zerstört. Das Ergebnis ist uns allen bekannt: Immer neue Rangordungsauseinandersetzungen in den Rotten, das Einsetzen der Rausche zur Unzeit, Frischlinge werden dadurch zu allen Jahreszeiten geboren und die Erhöhung der Feldschäden durch führungslose Frischlings- und Überläuferrotten.

Als nächstes kommt der große Lebensraum auch dieser Tiere. Wie weit deshalb die Grenzen einer gemeinsamen Bewirtschaftung gezogen werden müssen, haben wir durch unsere Wildmarkierungen gesehen. Besonders die jungen männlichen Stücke ziehen sehr weit. So hatten wir Rückmeldungen aus allen unmittelbaren Nachbarrevieren, aber auch aus erstaunlich weit entfernten Gebieten. Unter anderem eine Meldung von einem erlegten männlichen Überläufer kurz vor den Toren von Prenzlau, bis dahin sind es über zwanzig Kilometer. Ein anderer wurde bei Bellin/ Ueckermünde erlegt, dies sind etwa fünfundzwanzig Kilometer. Die weiteste, fast unglaubliche Entfernung legte allerdings eine Bache mit ihren vier Frischlingen zurück. Die ganze Familie wurde eine Woche nach der Markierung in der Nähe von Angermünde erlegt, dies sind immerhin sechzig Kilometer Luftlinie.

Beim Vorhandensein von Schwarzwild ist eine möglichst genaue Planung aller jagdlichen Maßnahmen unerläßlich. Da aber Wildzählungen, wie auch bei allem anderen Wild, beinahe aussichtslos sind, müssen große Flächen mit ihren exakt erfaßten Strecken zu statistischen Rechnungen verwendet werden. Dies funktionierte in den Jagdgesellschaften.

Diese Statistik belegte deutlich, daß bei uns die Schwarzwildbestände zu zahlreich waren. Damit konnten die negativen Auswirkungen überhöhter Bestände nicht verhindert werden. Die Schäden an den landwirtschaftlichen Marktfrüchten waren erheblich. Seuchenhafte Erkrankungen wurden gefördert. Es erfolgte keine wildtiergerechte Bejagung. Dem Bemühen von einzelnen verantwortungsbewußten Jägern stand eine allgemeine landesweite Tendenz in der ehem. DDR entgegen. So war die Möglichkeit einer entsprechenden Auslegung der „Verfügung über die Einführung von Rahmenrichtlinien für die Bewirtschaftung der Schalenwildbestände" von 1980 und 1984 sehr willkommen. In ihr wurde festgelegt, daß die Wildbretproduktion zu erhöhen ist. Bei der Führung der Wettbewerbe in den Jagdgesellschaften war die gebrachte Fleischmenge ein wichtiger Abrechnungspunkt. Diese gesetzliche Grundlage und die mangelnde persönliche Zahlungspflicht für die Erstattung von Wildschäden – diese wurden vom Staatlichen Forstwirtschaftsbetrieb bezahlt – war eine wesentliche Ursache der hohen Wildbestände. Für manche Jäger war dieser Zustand sehr gewinnbringend, denn dem Erleger standen 30% des erlösten Wildbretertrages als Schützenanteil zu. Dies konnte für erfolgreiche Jäger eine erhebliche finanzielle Einnahme sein. – Ein aktiver Jäger konnte es auf 50 erlegte Wildschweine im Jahr bringen. Bei einem Durchschnittsgewicht von 30 kg sind dies 1500 kg, davon 30% sind 450 kg X 3,86 Mark/ Kilogramm Wildbret = 1737 Mark. Dies war sehr viel Geld. Ein 1,5 kg schweres Brot kostete 0.98 Mark.

Die Bestände schwankten erheblich. Dies wurde durch örtlich und zeitlich bedingte unterschiedliche Bejagungsintensitäten verursacht. Waren die Schäden an einer Stelle gar zu groß, wurden durch Jägerkonzentration und intensive Bejagungsmethoden die Stückzahlen verringert. Lokal wurden bei uns die unterschiedlichen Streckenhöhen natürlich noch durch die Mastjahre bestimmt. Gaben die Eichen oder Buchen Mast, so kamen die Wildschweine aus der Heide dazu. Die Nachweisbücher registrieren dies genau.

Unsere Abschußstatistiken ermöglichten auch bei dieser Wildart eine Bestandsrückrechnung. Über die Bestimmung des Geburtsjahres jeden einzelnen Tieres konnte errechnet werden, wie viele Frischlinge der Gesamtstrecke in den jeweiligen Jahren geboren worden waren. Dieser Einblick in die Bestandeshöhen ermöglichte, die Schätzungen zur Erstellung des Abschußplanes etwas genauer zu gestalten. So betrug der Frühjahrsbestand seit 1980 drei bis fünf Stück je einhundert Hektar Wald. Aus ihrem Zuwachs (140 % des Schwarzwild-Frühjahrsbestandes) ergab sich die Zahl zu erlegender Sauen, dies war im Jagdgebiet Klepelshagen ein Zuwachs von 90 – 150 Stück. So mußten in manchen Jahren mindestens zehn Sauen pro Jäger erlegt werden und wenn es im Jagdgebiet noch einige inaktive Jäger gab, konnten es eben 50 Stück und mehr sein.

Da das Revier Klepelshagen rings von Feldern umgeben ist, war es nicht zu verhindern, daß diese von den Sauen aufgesucht wurden, um nach Fraß zu suchen. Besonders wenn die Landwirte im Frühjahr den Mais in der Erde vergruben, wurde die Sache schlimm. Da die Schwarzkittel den Trick mit den Drillmaschinen sofort heraus hatten und die eine Reihe hoch und die nächste Reihe herunter wühlten, sah solch ein Acker nach einem ungestörten nächtlichen Angriff furchtbar aus. Natürlich waren die Redewendungen der erbosten Bauern über die Wildschweine und die Jäger dann nicht stubenrein.

Den Mais lieben die Sauen über alles. Ich habe den Eindruck, wie „andere" nach Wodka oder Haschisch sind sie richtig süchtig danach. Wir versuchten, durch Ablenkfütterungen die Schäden zu begrenzen. Um die Einstände grubberten wir einige hundert Meter lang in Streifen die Erde auf und arbeiteten Mais mit der Scheibenegge ein. Die Bachen konnten wir so über viele Stunden an diese Stellen binden. Die Überläufer suchten aber trotz Elektrozaun die Äcker auf.

Aber auf den Läufen waren wir. Nach einem Wachplan vertauschten wir freudig unsere Betten mit dem Acker und drehten unsere Runden auf diesen oft riesigen Flächen bis zu einigen hundert Hektar. Waren wir oben, waren die Sauen unten. Trotzdem wurden viele unsere Beute. Es dauerte nur etwas länger. Oft war es schon grauer Morgen, wenn wir dann solch einen erlegten Wühler an einem Strick vom Acker zogen, ihn versorgten und in der Wildsammelstelle beim Jagdleiter ablieferten. Dann war es meist Zeit gleich zur Arbeit zu gehen. Das wiederum hatte den Vorteil, daß wir nicht verschlafen konnten. Hoch lebe das fröhliche Jägerleben!

Die Sauen haben sonst auch noch so ihre Art und Weise, die Jäger in Schwung zu halten besonders wenn es um weiter nichts geht, als die kleinen Frischlinge vor neugierigen Blicken zu schützen.

Mit meiner DD-Hündin „Gilka" kamen wir auf dem „Steindamm" des Weges und wollten nach Hause zum Mittagessen, da stand plötzlich der Hund vor, als würde ein Volk Hühner oder ein Hase hinter dem kleinen Strauchhaufen liegen. Aus Übermut hetzte ich die Hündin an und natürlich kam aus dem Strauch kein Hase, sondern eine Überläuferbache, die dort ihren Wurfkessel hatte. Da meine „Gilka" ja von den Frischlingen gar nichts wollte, die Bache dies aber nicht glaubte, wetzte sie gewaltig mit ihren Zähnen und hatte auch sonst noch eine Menge zu bemerken. Was macht mein liebes Hündchen, kommt natürlich zu mir und ist der Meinung, ich könnte uns das wütende Tier vom Leibe halten, da ich die größeren Stiefel an hätte. Da wir aber sowieso zum Mittagessen wollten, weil wir großen Hunger hatten und es auch keiner gesehen hat, habe ich den besseren Teil der Tapferkeit gewählt, mich daran erinnert, daß ich einmal sehr sportlich war und bin wie selten rechtzeitig zum Mittagessen gekommen. Von meiner Frau wurde ich noch für meine Pünktlichkeit gelobt.

Über meinen Freund Dr. Briedermann mußte ich mich doch wundern, weil der in seinem Buch über das Schwarzwild geschrieben hat, solche Angriffshandlungen wären sehr selten. Mir jedenfalls ist es noch einige Male geschehen, daß mich die Bachen ganz gewaltig auf Trapp gebracht haben. Es kann aber auch sein, daß viele Jäger dies nicht erzählt haben, weil von ihrer heroischen Figur nichts abblättern sollte. (Ich selbst habe es bis jetzt ja auch nicht zu oft erzählt.) Und daß die Bachen bei diesen Attakken nur wütend brummen, kann ich auch nicht bestätigen, die Klepelshäger Sorte machte jedenfalls immer einen erschreckenden Lärm.

Die Wildschweine haben aber noch mehr Eigenarten. Unter anderem haben sie einen unglaublich sensiblen Geschmackssinn, sie sind rechte Feinschmecker. Zum Beispiel können sie Kartoffelsorten auf die Staude genau auseinander halten. Würde ein Bauer auf die Idee kommen, z.B. die holländischen festkochenden „Bindjes“ hier in Mecklenburg-Vorpommern anzubauen, keine Sau würde seinen Acker aufsuchen. Diese wie eine Kartoffel aussehende Frucht ist auch nach stundenlangem Kochen wirklich nicht zu genießen. Meine Frau hatte aus reiner Neugierde davon gekauft und versucht, sie als Pellkartoffeln auf den Tisch zu bringen. Mir ist beim Pellen eine auf den Fußboden gefallen und zu meinem grenzenlosen Staunen ist sie wie ein Tennisball hochgesprungen.

Jedenfalls solche Erdäpfel waren es nicht, die der Schmiedemeister Prepernau aus Schwarzensee in seinem Garten angebaut hatte. Es muß eine der alten uckermärkischen Kartoffelsorten gewesen sein. Es war zu der Jahreszeit, als sie in voller Blüte standen, als mich meine Frau händeringend erwartete und mir sagte, ich sollte sofort nach Schwarzensee fahren, dort wäre etwas unerhörtes geschehen. Ich brachte meinen Trabi auf der Kopfsteinstraße auch gefährlich in Schwung und sah wirklich schon von weitem etwas seltenes: dort standen am Garten vom Schmiedemeister etwa fünfzehn Autos. (Im ganzen Ort gab es damals – ach wie schön – nur drei).

Über den Gartenzaun hing dichtgedrängt eine wahre Menschenansammlung. Mit ernstem Gesicht wurde ich vom zweiten Sekretär der SED Kreisleitung Strasburg und vom Vorsitzenden der Parteikontroll-kommission begrüßt. Noch eine ganze Reihe von Persönlichkeiten aus Partei und Regierung waren vertreten, u.a. der Vorsitzende der Katastrophenkommission, der Sekretär der Kreisjagdbehörde, der Sekretär für Land- Forst- und Nahrungsgüterwirtschaft, der Vorsitzende der Gesellschaft für Sport und Technik, der Leiter des Volkspolizeikreisamtes und der Stabschef vom Rat des Kreises. Eine Gasse tat sich auf und ich durfte auch über den Gartenzaun blicken. Was ich dort sah war allerdings auch für mich erprobten Kämpfer in vielen Wildschadensschlachten etwas einmaliges. Hier gab es nichts zu streiten, die Kartoffeln vom Träger des Vaterländischen Verdienstordens in Bronze, des Schmiedemeisters Prepernau, waren weg. So ratzekal weg, daß nicht einmal eine Kartoffel zu finden war, um sie evtl. auf ihren Geschmack probieren zu können. Als gesellschaftlich ranghöchste Persönlichkeit sah mich der zweite Sekretär scharf an und fragte, „nun Förster, was sagst du jetzt ?“ So ein Blödsinn dachte ich, was soll ich dazu sagen. Gesagt habe ich: „ Die Jagdgesellschaft-Wildforschungsgebiet und im besonderen das Jagdgebiet Klepelshagen wird ab sofort einen Wachplan im Rahmen des sozialistischen Wettbewerbs für den Garten aufstellen, daß im nächsten Jahr so etwas nicht wieder geschehen kann.“ – Erlegt haben wir an dem Gartengelände kein Wildschwein, denn der Schmied hatte im nächsten Jahr seinen Zaun dicht gemacht.

Auch einen „Braten“ wissen die Sauen zu schätzen. So haben sie mir einmal drei Rehe aufgefressen. An einem sehr schönen Dezembertag bei Schnee habe ich bei einer ganztägigen Pirsch sechs Rehe geschossen. Da ich abends erst recht spät losfahren konnte, um das Wild zu holen, hatten sie mir inzwischen drei dieser Rehe glatt aus der Decke geschlagen und aufgefressen. Wie sauber sie das Wildbret aus der Decke geholt haben, hat mich sehr erstaunt. Erst habe ich gedacht, ein stiller Teilhaber wäre am Werk gewesen. Seit dieser Zeit lege ich kein Wildbret mehr auf die Erde, sondern hänge es immer an einen Ast.

Trotz allen Ärgers, wenn ich wieder einmal auf dem Acker in knietiefen Löchern gestanden habe, in denen das Schwarzwild nach alten Maiskolben o.a. gebuddelt hatten, und mir mit grimmigem Gesicht die Landwirte landesweite Hungersnöte voraussagten, haben sie mich im Wald für vieles entschädigt. An spielenden Frischlingen konnte ich mich nie satt sehen, und was für ein Bild, wenn in einer Rotte alle Bachen zugleich ihre Frischlinge säugten. Oder wenn man sie aus versehen bei der Aufnahme ihres Fraßes überraschte und nach dem lauten „wuff“ alles lautlos verschwand, so daß man oft noch eine ganze Weile gestanden hat, um zu horchen, sie aber schon lange weit weg waren.

Zu einer Jahreszeit besonders haben sie oft mein „menschliches“ Mitgefühl angesprochen. Immer dann, wenn der Winter besonders lang und die Fröste im Februar streng waren und sie ihre Frischlinge im Wurfkessel haben. Wurden sie dabei von den Suchern nach den Abwurfstangen der Hirsche aus ihren warmen Kesseln gejagt, erfroren viele Frischlinge. Um gegen diese Leute nicht tätlich zu werden, bedurfte es immer meiner ganzen Beherrschung. Daß mich bisher keiner wegen ungebührlicher Beschimpfung angezeigt hat, wundert mich.

Daß die Wildschweine zu keiner Jahreszeit eine Schonzeit haben, hat mich immer gestört. Wenigstens zur Rauschzeit sollte man die Keiler nicht bejagen. Das Wildbret von ihnen kann man jetzt nicht essen. Und es über die Wildhändler ahnungslosen Leuten anzudrehen, ist unverschämt. So machten zwei zu Besuch weilende Frauen aus Frankfurt/Oder nicht gerade begeisterte Gesichter, als meine Frau sagte, es gibt Wildschweinbraten zum Sonntagsessen. Nachdem sie natürlich mit großem Appetit einen Rollbraten gegessen hatten, gewürzt mit gestoßenen Wachholderbeeren und Pfeffer, Salz, Senf und guten Räucherwurstwürfeln, zu mehlig kochenden Kartoffeln der Sorte Adretta und einen Portugieser von der Unstrut dazu getrunken hatten, erzählten sie: Sie haben gehört, daß Wildbret ein sehr wohlschmeckendes und gesundes Nahrungsmittel ist, nun hätten sie als Festtagsbraten davon gekauft und wollten es zubereiten. Nach einiger Zeit hätte sich aber so ein eigentümlicher Geruch bemerkbar gemacht. Es sind sehr höfliche Menschen und wollen keinem etwas nachreden, sonst hätten sie gesagt, daß es penetrant nach Urin gerochen hat. Der Geruch wäre so intensiv gewesen, daß sie auch den Topf nicht mehr gebrauchen konnten. Zu dieser Geschichte bemerkte mein Freund, der Fleischerobermeister Erich Thrun, zu Wurst verarbeiten könnte man auch solch Wildbret, allerdings im Verhältnis einen Keiler zu zehn Mastbullen mit vielen scharfen Gewürzen.

Zu dieser Wildart haben einige Weidgenossen ein gestörtes Verhältnis, denn sonst kann es nicht vorkommen, da immer wieder führende Bachen geschossen werden. Dies ist tierquälerisch! Groß war mein Entsetzen, als ich 1991 nach unserer jüngsten gesellschaftlichen Veränderung im Revier eine Rotte von fünfundzwanzig Frischlingen traf, ohne eine einzige Bache. Mit keiner Begründung kann man so etwas entschuldigen.

Um eine möglichst natürliche artgerechte Population des gesellig lebenden und sozial hoch organisierten Schwarzwildes zu erhalten, hatten wir uns eine Abschußrichtlinie zurecht gelegt. Wir versuchten, an der Gesamtstrecke 75 % Frischlinge zu schießen, 15 % Überläufer und je 5%

Bachen und Keiler. Es wurde aber einfach nichts, wie auch landesweit in der ehem. DDR nicht. Wir schafften die Anteile bei den Frischlingen an der Gesamtstrecke zu höchstens 50%. Zum einen ist die mögliche Jagdzeit auf die Frischlinge nicht ausreichend und außerdem gewinnt die Bache mit jedem ihrer erlegten Frischlinge an Erfahrung und weicht der Gefahr aus. Wir mußten deshalb jede Gelegenheit nutzen, um auch die Überläufer zu erlegen. Damit nahm das Übel aber seinen Fortgang, mit dem schon beschriebenen Selektionseffekt bei den männlichen Mitgliedern. Unser damaliges Ziel, „viele" alte Keiler zu haben, erreichten wir nicht, ganz zu schweigen von solchen, die für ihre Waffen eine Medaille erhielten. Dieser Anteil blieb bei 1:20.

Es war nicht möglich, die Trophäenproduktion günstig zu gestalten. Das Schwarzwild hatte dafür von allen Schalenwildarten die „schlechteste Produktivität". An einem simplen Rechenbeispiel machten wir uns dies schließlich deutlich. Es kam also nur eine Medaille auf 20 erlegte Keiler. Die notwendige Gesamtstrecke dafür wiederum betrug 400 Stück. Da es auch keine Möglichkeit gab, gezielt die Keiler, zum Beispiel mit Spezialfuttermittel, zur starken Trophäenbildung anzuregen, bestand wenigstens bei dieser Wildart nur unser Bemühen darin, die Bestandeshöhen zu kontrollieren um die Schäden auf dem Acker in Grenzen zu halten und für eine etwa natürliche Alterszusammensetzung zu sorgen. Leider betrieben wir diese Erkenntnis nicht mit der notwendigen Konsequenz, und hatten darum zu allen Zeiten zuviel Schwarzwild und die entsprechenden Probleme.

Die Anzahl der vorhandenen Bachen und auch schon viel zu oft die weiblichen Überläufer bestimmten die Höhe des Zuwachses und damit die Schäden auf dem Acker. Der jährlich immer wieder geübte Abschuß des neuen Frischlingsjahrganges an sogenannten Kirrungen bei Mondschein, ist kein geeignetes Mittel, die Bestandeshöhen zu begrenzen. Ein jährlich neu zu bestimmender Anteil von zu erlegenden Bachen gehört dazu.

Wenn es sich für den Einzelnen auch kaum „lohnt", weil er in seinem ganzen Jägerleben kein Hauptschwein erlegen wird, so muß eine ordentliche und naturgerechte Jagdmethode zum Selbstverständnis gehören. Eine Trophäenjagd kann niemand bezahlen.

Weil eben viele in ihrem ganzen Jägerleben keinen alten Keiler erlegen, nicht einmal einen zu sehen bekommen, so kann man sicherlich verstehen, wie groß die Sprachlosigkeit der Jägerwelt bei folgender Geschichte war.

Es war noch in den grauen Zeiten vor der Existenz der Jagdgesellschaften im Jahr 1953, da kamen die Verkehrspolizisten und sonstige Angestellte des Kreispolizeiamtes Templin auf die schöne Idee, eine Wildschweinjagd zu veranstalten. Dazu hatten sich auch noch Gäste angesagt. Unter anderem der 1. Sekretär der SED Leitung von Groß Berlin, Waldemar Schmidt. Dieser hatte einen Fahrer, der für eine Waldjagd bei dreißig Zentimeter Schnee eine geradezu abenteuerliche Ausrüstung an hatte. Er trug Halbschuhe, karierte Strümpfe und Knickerbocker. Dies sind jene seltsamen Hosen, die man auf halber Wadenhöhe zubindet. Auf dem Kopf trug er eine Baskenmütze. Da er erklärte, er habe noch nie eine Jagd mitgemacht, bekam er eine überzählige Flinte, von der das Korn verloren gegangen war. Jemand hatte mit einem abgebrochenen Streichholz diese notwendige Zieleinrichtung repariert. Die Jägerei wurde nun im Gelände verteilt und unsere „Geilfußfigur" bekam auf einem Bahndamm, nicht weit vom Auto, ihren Stand. Die Schienen waren als Reparationsleistung für die Sowjetunion abmontiert. Heimlich grinste alles, denn der Damm hatte rechts eine fünfundzwanzig und links eine noch um zwei Meter tiefere Böschung. Keiner wollte glauben, das hier jemals ein Stück Schalenwild des Weges käme. Nach dem Treiben von ferne schon zu erkennen, lag etwas großes dunkles im Schnee mitten auf dem Bahndamm. Jetzt grinste keiner mehr, denn was dort lag, war ein gewaltiges Hauptschwein, groß wie ein Bär. Ich habe bis heute viele, nein sehr viele Wildschweine gesehen, aber dies ist das größte geblieben.

Er hatte ein bahnamtliches Gewicht ohne Gebräch von 210 Kilogramm. Daneben stand frierend dieses Häufchen Mensch, schaute durch seine dicke Brille und konnte nicht verstehen, warum die Jäger wortlos seine Beute betrachteten und einer nach dem anderen ehrfürchtig seine Kopfbedeckung abzog. Er hätte doch nur mit seinem Schießprügel in die Richtung dieses Tieres gehalten und abgedrückt. Die olle Flinte hätte furchtbar geknallt und an seiner Schulter geruckt, aber das Tier wäre auch dafür auf der Stelle umgefallen und hätte sich nicht mehr gerührt.

Von den etwa einhundert älteren Keilern, die hier in meiner Dienstzeit im Revier erlegt wurden, war nur ein wirklich sehr schweres Stück. Es wog mit Haupt 149 Kilogramm. Sonst lagen die Gewichte zwischen 100 und 125 Kilogramm.

Ich habe in all den Jahren siebzehn alte Keiler geschossen, darunter nur einen, der für seine Trophäe eine Medaille erhielt, er wog 105 kg. Meine Gesamtstrecke betrug über 900 erlegte Wildschweine.

Unsere Jagdmethoden brachten, wie ich schon bemerkte, etwas ausgesprochen Negatives mit sich. Viele begnügten sich damit, ihre Jagdlust zu befriedigen und zu jeder Monscheinperiode „Beute“ zu machen. Das führte u. a. auch dazu, daß alles Wild einem ständigen Jagddruck ausgesetzt war. Besonders für das Rotwild war dies sehr negativ, da es vom Besuch der Äcker abgehalten wurde und nun unerträgliche Schäden im Wald verursachte. Da das Waldnahrungsangebot aus der Mast der Bäume für den hohen Sauenbestand nicht ausreichte, waren eben auch die Feldschäden oft unerträglich hoch. Das es bei uns zu keiner Zeit zum Ausbruch der Schweinepest gekommen ist, war sicherlich nicht unser Verdienst. Wir haben Glück gehabt.

Und was es alles an kuriosen „ Festlegungen“ gegeben hat, um die Zuwachsraten abzuschöpfen. So kamen ein paar Schlaumeier auf die Idee anzuweisen, Saufänge einzurichten. Diese Saufänge funktionieren, wenn sie an den richtigen Stellen angelegt und mit Mais für die ewig hungrigen Wildschweine beschickt werden, sofort. Alle Sauen des Einstandes werden sehr schnell gefangen. Um diese Tiere aber töten zu können, bedarf es einer großen Gemütsrauheit und ich habe keinen Jäger erlebt, der dies mehr als einmal ertragen hätte.

So haben wir dieses auch nur einmal praktiziert, um diese abscheuliche Anweisung der Jagdbehörde zu erfüllen. Die Fangeinrichtung hatten wir aus einer alten Anlage wieder hergerichtet. Sie hatte in der Zeit des großen Hungers nach dem letzten großen Völkermord 1945 dazu gedient, Nahrungsmittel zum Überleben zu beschaffen. Bestehend aus zweieinhalb Meter hohen Palisaden hatte sie zwei gegenüberliegende sehr schwere Falltüren. In diese Anlage ist aus Neugierde meine alte Freundin „Piepenanna“ aus Rothemühl hineingegangen, hat natürlich die Türsicherungen ausgelöst und mußte eine böse kalte Herbstnacht darin verbringen. Es wäre ja alles nicht ganz so schlimm gewesen, wenn ihr nicht der Tabak für ihre Pfeife ausgegangen wäre, berichtete sie am nächsten Morgen, als man sie an Stelle gefangener Sauen befreite.

Dies und noch vieles mehr erzählte sie mir, wenn ich mit ihr ein Schwätzchen hielt, derweil sie die Kühe hütete. Ich suchte ihre Freundschaft, denn erstens war sie ein nettes altes Mädchen und zweitens konnte sie die Menschen „beböten“ (besprechen), kurz sie kannte die schwarze Kunst und klar ist, daß ich davon natürlich auch gerne manches gekonnt hätte. Aber leider ist sie darüber gestorben, als sie etwas tiefer mit mir in diese dunklen Geheimnisse eindringen wollte. Einmal habe ich sie so richtig in Aktion erlebt, als sie bei einem Schlachtefest den großen Kessel „besprochen“ hat, indem die Blut- und Leberwürste schwammen, damit diese beim Kochen nicht platzten. Dies hat aber nicht meine Zustimmung gefunden, denn das Kochwasser gab es als sogenannte Wurstsuppe am nächsten Tag zum Mittagessen und sie war um so dünner, je weniger Würste ihren Inhalt in die Brühe entließen.

Später diente dieser Saufang noch dem Fang von Wild, um es zu markieren. Eine Reihe von Einrichtungen waren zusätzlich notwendig. So wurde eine Schleuse installiert und selbstauslösende Fangkisten eingebaut. Besonders die Fangkisten waren sehr wichtig, denn sie verdunkelten sich automatisch wenn sich ein Stück gefangen hatte, dadurch beruhigten sie sich schnell. Mit einer fahrbaren Einrichtung zum Markieren, in der das einzelne Stück festgeklemmt wurde, ging die Prozedur einigermaßen zügig und für Tier und Jäger ungefährlich vonstatten.

Als eines Sonntagsmorgens telefonisch die Meldung kam, daß sich Sauen im Fang befänden, eilten wir schleunigst dorthin. An seinem Torweg lehnte unser Kutscher Weisig und fragte, ob er denn nicht mit dürfte. Natürlich durfte er.

Im Fang befand sich eine Bache mit ihren sechs Nachkommen. Schnell hatten wir erstere in einer Fangkiste ruhig im Dunkeln stehen. Nun wollten wir die Frischlinge in unsere Markiereinrichtung treiben, hatten aber Bedenken, daß sie uns durch das daran befindliche Gitter rutschen würden. Unser Kutscher erklärte, er würde in der Schleuse die „Ferkel“ greifen und sie uns einzeln rausreichen. Schließlich hätte er ja seine Erfahrung mit Tieren. Nun ja, dachten wir bei uns, mit zahmen Haustieren. Aber wir wollten die Frischlinge haben, also ließen wir ihn reingehen. Er bückte sich um den ersten zu fangen. Das geht zu weit, erklärten die Empörten und griffen vereint seine Hosen an. Und da es ihnen vollkommen gleichgültig war, ob sie auch etwas von der Wade zu fassen bekamen, sahen die Sprünge unseres Kutschers sehr lustig aus. Wir standen ja hinter dem Zaun. Wir sollten ihn sofort aus der Kammer lassen, rief er, aber dies ging natürlich auch nicht, denn dann wären die Frischlinge ausgerissen. Wir versuchten, sie in die Fangkiste zu treiben, derweil hängte sich der „Schweinegreifer“ an eine Querstange und da er nicht mehr so sportlich war, beide Beine hoch zu ziehen, ließ er mal das eine und dann das andere hängen. Sofort stürzten sich die erbosten kleinen Bestien darauf und zogen an den Manschesterhosenbeinen. Endlich hatten wir die Bache und ihre schneidigen „Frösche“ markiert und in die Freiheit entlassen. Jetzt holten wir auch unseren Kutscher „Onkel Weisig“ aus der Kammer und besahen den Schaden. Es war doch Sonntag und er hatte aus diesem Grund seine neue Hose an, die ihm seine Oma aus dem Westen geschickt hatte. Sie war nicht mehr zu gebrauchen.- Aus beiden Beinen waren große Stücke gerissen. Seine Waden, die nicht so schön waren, wie die von Marlene Dietrich, bluteten ein wenig, ließen sich aber mit Pflaster reparieren. Nun trösteten wir ihn und sagten, die Hose hätte eine häßliche braune Farbe gehabt und jetzt könnte er sie doch als modisches Utensil, als Fransenhose, an seine Kinder verschenken. Vor allen Dingen sollte er sich nun erst einmal seine Zigarre, Marke Jagdkammer, mit der schneeweißen Asche, wieder anstekken, die bei der Aktion ausgegangen war. Er hatte sie nicht aus dem Mund gelassen, denn sie kam auch aus dem Westpaket der Oma.

Zu einem weiteren Ereignis spielte „Onkel Weisig“ nochmals eine Hauptperson. Ich will sie erzählen, da sie zum Kapitel vom Rotwild überleitet.

Wir hatten als Gast das Politbüromitglied Paul Fröhlich und der hatte einen Hirsch erlegt. „Onkel Weisig“ sollte ihn nun zur Försterei Nettelgrund holen und bekam als Wegzehrung eine Flasche doppelt gebrannten Wachholderschnaps vom stolzen Jäger. Diese Flasche stammte aus dem Kofferraum seines Dienstautos und wie wir sofort sahen, aus zwei dort deponierten erfreulich großen Kartons. Unser Jagdgast kam nämlich noch im Ausgehrock von der „agra“ aus Leipzig und als Gastgeschenk hätte er diese Flaschen zum Verkosten erhalten, wie er uns erzählte. Es wäre eine neue Sorte aus der Schnapsbrennerei Nordhausen und für den Export in das NSW (Nichtsozialistische Ausland) bestimmt.

“Onkel Weisig“ bestätigte die Qualität des Getränkes mit einem großen Schluck und zockelte mit seinem Pferd Lotte wie stets im Schritt los.

Nach relativ kurzer Zeit war er mit dem Hirsch zur Stelle, aber was machte er für ein Gesicht ? Nach dem Abladen erkundigten wir uns nach dem Grund der Verstimmung. Er sagte uns dazu: Nur am Oberförsterdamm und am Lehmkulschenweg hätte er noch einen Schluck aus der Flasche genommen und sie dann hinter sich auf den Wagen gestellt. Dann hätte er aber, da er nichts von den zu erwartenden Feierlichkeiten versäumen wollte, seine Lotte zur ungewohnten Eile angetrieben. Dabei ist natürlich die besagte Flasche umgefallen und ausgelaufen. Da er der Meinung war, er müßte sich nun etwas „an don“ (Hand an sich legen), trösteten wir ihn damit, daß in den Kartons des Dienstwagenkofferraumes noch viele solcher Flaschen wären und wir schon dafür sorgen wollten, daß ihr Inhalt nicht in falsche Hände käme, denn Alkohol soll schädlich sein.

Da uns die Menge der Kofferraum-Flaschen doch sehr groß erschien, als daß sie von uns wenigen Revier- und dem Oberförster, die mit der Führung zu tun hatten ohne gesundheitlichen Schaden zu nehmen, hätte versorgt werden können, wir aber auch rechte Sorge hatten, daß durch das ewige Geschüttel im Auto das edle Getränk hätte schlecht werden können, hielten wir es geradezu für unsere Pflicht, uns darüber zu erbarmen.

Wir ließen unsere „Buschtrommeln" rasseln und hatten in kürzester Zeit den größten Teil unserer Jäger beisammen. Wir überzeugten den Erleger des Hirsches auch noch davon, eine Tonne Bier zum trockenen Schnaps holen zu lassen und nachdem von den Jägerfrauen etwas zum Essen zubereitet worden war, konnte das Schüsseltreiben beginnen. Es hatte auch bald Volksfestcharakter und die Begleiter (Personenschützer) hatte alle Hände voll zu tun, den Überblick zu behalten. Da das ganze unter den hohen Buchen bei der Försterei im Schein eines Lagerfeuers stattfand, der Wachholderschnaps sehr hochprozentig und sehr reichlich war, konnte es nicht ausbleiben, daß der Gesang herrlicher Jägerlieder aus über dreißig rauhen Männerkehlen weit in das Land schallte. Ein Begleiter schlich mit seiner „Makarow" (sowjetische Pistolenmarke) in das Dunkel des Waldes und hatte ein scharfes Auge auf uns. Der Schütze und wir fanden das Fest aber als sehr gelungen, nur für die unnötigen Personenschützer war es eben nicht sehr „fröhlich".

Nun zum versprochenen Kapitel über die Hirsche. Viele werden nur diesen Buchabschnitt lesen, sie tun meinem Anliegen aber damit unrecht, denn nicht nur das Rotwild bestimmt den Reiz dieser Landschaft. Ich gebe zu, keine andere Tierart hat solch einen gewaltigen Einfluß auf die Entwicklung unserer Landschaft und darüber hinaus auf vieles in ganz Deutschland gehabt. Beinahe alle noch zusammenhängenden großen Wälder in Mitteleuropa haben ihre Existenz der Jagdleidenschaft der Herrschenden zu verdanken und damit letztendlich dem Hirsch. Viele Gesetze haben ihren Ursprung in der Regelung der Jagdausübung, die ersten Gesetze überhaupt waren Jagdgesetze. Was wäre, wenn die Deutschen den Hirsch und nicht den Adler als ihr Wappentier gewählt hätten. Ich habe mir dies schon des öfteren vorgestellt, wenn eine gewaltige Hirschtrophäe an der Wand im Bundestag hängen würde.

Im folgenden Kapitel habe ich in Kurzform noch einmal einige schon behandelte Dinge beschreiben müssen, ich glaube dadurch gelingt der Überblick besser.

Unser Hirsch-Paradies

Es ist schon etwas Besonderes, dieses größte noch bei uns lebende Säugetier in der freien Wildbahn zu erleben. Die Jagd auf dieses Wild ist für viele Jäger ein ersehntes Ziel – Krönung allen jagdlichen Strebens. Für uns, die wir in diesem „Paradies der Hirsche“ leben, arbeiten und jagen durften, gab es neben viel Freude auch viel Ärger. Es gibt eben mehr Jäger als Hirsche und bei der Aneignung der Tiere kommt es viel zu häufig zu Zank und Streit, zu Mißgunst und Intrigen. In den über 35 Jahren, in denen ich in diesem Revier als Revierförster und Jagdleiter meine Arbeit ausübte, mußte ich erleben, wie es unter den Jägern darüber zu Auseinandersetzungen kam, die für manchen dramatisch endeten. Trotz alledem bemühen sich die Jäger um diese Tiere ganz im Besonderen.

Das Rotwild kann große Schäden in der Land- und Forstwirtschaft verursachen. Sein durchschnittliches Lebensalter ist im Vergleich zu anderen Wildarten hoch. Bis zur körperlichen Reife vergehen mindestens zehn Jahre. Neben dem großen Lebensraum, den es benötigt, muß dieser auch noch seinen Ansprüchen gerecht werden.

Bei uns gab es dies alles. Das Jagdgebiet Klepelshagen lag mit seinem größten Flächeanteil im nord-östlichen Zipfel der Uckermark, im Dreiländereck von Mecklenburg, Vorpommern und Brandenburg. Jedes dieser drei Länder spendete ein Stückchen für uns und man muß sagen, geizig waren sie nicht, denn wir bekamen wunderschöne Landschaftsteile. Im Jahre 1962 hatte sich auf der Grundlage des demokratischen Jagdgesetzes der DDR das Jagdgebiet Klepelshagen als Teil der Jagdgesellschaft Rothemühl/ Wildforschungsgebiet gebildet. Es war etwa 3.500 Hektar groß, davon 1.000 Hektar Wald. Wir besaßen ein herrliches, beinahe grenzenloses Jagdrevier zur Betreuung und Jagdausübung. Die Jagdgesellschaft hatte eine Jagdfläche von 9.300 Hektar, und später schlossen sich, als es mehr Rotwild gab, angrenzende Jagdgesellschaften zur gemeinsamen Bejagung in dem Einstandsgebiet dieser Population von 25.000 Hektar zusammen. Das war eine logische Folge der gewachsenen Erkenntnisse über die Größen der von dieser Wildart besiedelten Lebensräume.

Wenn durch die Folgen des Krieges nach 1945 das Rotwild auch im Jahre 1962 in Klepelshagen noch nicht wieder lebte, so hatten wir doch günstige Bedingungen für eine Neubesiedlung und unseren Willen, diese Entwicklung zu unterstützen. Dieses traditionelle Rotwildgebiet mit dünner Besiedlung, wenig Straßen und kaum Verkehr, einer Bevölkerung, die das Wild akzeptierte, hatten dazu ein Jagdgesetz, das eine einheitliche Leitung und Bewirtschaftung ermöglichte und wild- und jagdfreundliche Behörden.

Wir glaubten fest daran, daß aus den Resten des ehemals reichen Rotwildbestandes, die noch in der näheren Umgebung lebten, ein zu bejagender Bestand zu entwickeln war. Mit Eifer machten wir uns an die Arbeit. Es zeigte sich bald, daß es unter den oben genannten Bedingungen gar nicht so lange dauerte, bis es kopfstarke Bestände gab.

Das Rotwild überlebte die wilden Kriegs- und Nachkriegsjahre in den urwaldartigen Teilen der „Friedländer Großen Wiese". Dies war eine Landschaft von etwa 15.000 Hektar Größe. Hier existierten noch unerschlossene Wälder aus Birken, Kreuzdorn, Erlen und Eschen, darunter standen meterhohe Gräser und Kräuter. Im Zentrum der Wiesen und Wälder liegt der Galenbecker See, mit 600 Hektar Wasserfläche und mit seinen unübersehbaren 400 Hektar großen Schilfflächen. Diese in großen Teilen unberührte Natur übte auf mich einen unbeschreiblichen Reiz aus, ich fand sie wunderschön. Leider wurde sie melioriert und zu einer landwirtschaftlichen Industriesteppe gemacht, nur Reste sind noch erhalten. Auch in unseren Wäldern auf dem Rücken der „Rosenthaler Endmoräne" und in der „Rothemühler Heide" fand das Rotwild heimliche Ecken. Das wichtigste für das Überleben des Rotwildes war aber sicherlich seine enorme Anpassungsfähigkeit, die es ihm ermöglichte, dem übermäßigen Jagddruck dieser Zeit auszuweichen.

Wie unser Einfluß bei der Entwicklung dieser Rotwildpopulation gewirkt hat, was wir sonst noch alles unternommen haben und was dabei herausgekommen ist, will ich weiter aufschreiben. Neben dem geschichtlichen Wert hoffe ich, daß die gesammelten Erfahrungen bei der Bewirtschaftung von Wildbeständen von bleibendem Interesse sind.

Das Jahr „Null"

Das Jahr „Null" soll in diesem Kapitel das Jahr 1963 sein. Tatsächlich erlegten wir in diesem Gründerjahr auch ein Stück Rotwild. Einen vierjährigen kranken Hirsch, der zuvor von einem Angehörigen der Besatzungsmacht, einem Sowjetsoldaten, im Nachbarrevier angeschossen und dann nicht ordentlich nachgesucht worden ist. Im ganzen Wildforschungsgebiet Rothemühl betrug damals die Jagdstrecke sieben männliche und vier weibliche Stücke Rotwild.

Zur Ausstattung unserer Jagdgebiete im Wildforschungsgebiet gehörten in diesen ersten Jahren bescheidene 5,4 ha Wildäcker, auf denen wir Hafer, Lupine, Seradella, Roggen und Kartoffeln anbauten. Vom Rotwild wurden diese Flächen zwar angenommen, vom Schwarzwild aber der größte Teil abgeerntet. Ich will erwähnen, daß die Sauenstrecke des gesamten Wildforschungsgebietes in diesem Jahr 65 Stücke betrug, wie gesagt gegenüber 11 Stück Rotwild.

Gefüttert wurde nicht, wir hatten nichts. Wir glaubten, den Tieren die Nahrungsaufnahme erleichtern zu müssen, deshalb wurde im Winter 1962/63 mit dem Schneepflug in den Heide- und Blaubeerflächen der hohe Schnee weggepflügt. Damals gab es noch Heide- und Blaubeerbestände, heute sind sie auf großer Fläche verschwunden. Die Gründe dafür liegen in der Abnahme der Altholzbestände in der Kiefernheide und in den Veränderungen der Bodenvegetation durch die starken Stickstoffeinträge über die Luft. Für diese Überdüngung sorgte u.a. die Abdriftung von Künstdünger bei seiner Ausbringung mit Flugzeugen auf die landwirtschaftlichen Nutzflächen. Diese Art der Düngerversorgung erfolgte mit steigender Intensität in den 70iger Jahren. Einen noch größeren Einfluß hatte aber die gewaltige Viehkonzentration in den Dörfern um die Friedländer Große Wiese, die nach deren Melioration in den 60iger Jahren begann. Zeitweilig betrug die Rinderhaltung in diesem Raum 44.000 Stück. Die bei den anfallenden riesigen Güllemengen entweichenden Stickstoffverbindungen, die im besonderen in die Wälder der Jagdgebiete Rothemühl und Grünhof geblasen wurden, waren sicherlich auch für die neu entstandenen Pflanzengesellschaften verantwortlich. Durch diese Verbesserung der Nährkraft im Oberboden und die dadurch mögliche, sehr starke Entwicklung von Gräsern, wurden die Beerkraut- und Heideflächen verdrängt.

Salzlecken hatten wir auf je 400 Hektar eine. Mit den Jahren wurde dieses Netz dichter und immer wurden sie gut vom Wild angenommen.

Wir glaubten, auch die vorhandenen Suhlen einmal gründlich „verbessern“ zu müssen, deshalb suchten wir Kontakt zum Munitionsbergungsdienst, einer Sondereinheit der Nationalen Volksarmee und überzeugten sie davon, gegen entsprechende Naturalien, in Nettelgrund eine Mulde auszusprengen, damit sich darin das Regenwasser besser sammeln konnte. Sie kamen auch eines nachmittags, stocherten in der Erde herum und versteckten dort etwas. Dann stellten sie sich und wir auch, gar nicht weit weg davon hinter einen Baum. Nach der Zündung gab es einen gewaltigen Krach, der Modder flog höher als die hundertjährigen Buchen und in Rothemühl klirrten die Fensterscheiben. Der Bevölkerung mußten wir eine Geschichte erzählen, was da so gekracht hat und ich mußte mich mitten in der Woche baden, da der Schlamm nicht in der Luft blieb und obendrein übel roch.

Die Sprengmeister sagten uns, sie hätten noch etwas von dem Zeug übrig und würden es gerne auf diese Art und Weise entsorgen. – Ihnen hatte sicher unsere Zuwendung für die Arbeit gefallen.– Wir stellten uns aber taub – d.h. ich habe drei Tage lang auch wenig gehört – bedankten uns vielmals und haben nie wieder etwas von uns hören lassen. Danach haben wir ganz in herkömmlicher Art, mit einer Harke die Suhlen von Ästen gesäubert.

Schon ein Jahr später, 1964, gab es wieder eine Hirschbrunft in Klepelshagen. Das Brunftrudel bestand aus einem Hirsch und fünf Stück Kahlwild. Dazu gesellte sich sporadisch noch tageweise ein junger Beihirsch.

In den Haupteinständen des Rotwildes zeigten sich jetzt die ersten Schälschäden. Der Rotwildbestand betrug etwa ein Stück je einhundert Hektar Waldfläche. Oft wird die Meinung vertreten, daß vergleichsweise solch „geringe“ Besiedelungen nicht zur Rudelbildung neigen, dem war nicht so. Besonders auffällig wurden für uns die Kahlwildrudel. Sie wechselten in den Herbst- und Wintermonaten zur Äsung auf die Zuckerrübenschläge in die Gemarkung Spiegelberg und Blumenhagen und wir konnten sie bei der damaligen miserablen Bewaffnung, die ja beinahe nur aus Flinten bestand, schlecht bejagen. Gerne hätten wir einige Stück mehr erlegt, da uns einfache Modellrechnungen zeigten, daß dies ohne wesentliche Minderung der Bestandesentwicklung möglich gewesen wäre.

An dieser Stelle möchte ich nochmals besonders hervorheben, daß wir die Jagd mit Leihwaffen ausübten, die wir vom Staat über die Staatlichen Forstwirtschaftsbetriebe als deren Besitzer, geliehen bekamen. Diese Waffen waren bei den Jagdleitern der Jagdgebiete deponiert. Sie hatten für ihre ordnungsgemäße Aufbewahrung in Sicherheitsschränken und für die technische Sicherheit und Pflege zu sorgen. In einem Quittungsbuch wurde die Aus- und Einlagerung von Waffen und Munition geführt. Die Einhaltung der umfangreichen Sicherheitsbestimmungen wurde von der Volkspolizei streng kontrolliert und Verstöße drastisch bestraft.

Die sowjetischen Soldaten und die Funktionäre der Partei- und Staatsführung der DDR hatten ein großes Sicherheitsbedürfnis und deshalb erfolgte eine Erhöhung der Stückzahl, und dies besonders bei den Kugelwaffen, über viele Jahre sehr zögerlich. Die dramatische Wildschadensentwicklung auf den Feldern erzwang dann aber die Zuführung von neuen Jagdwaffen.

Seit 1956 konnten sich eine beschränkte Zahl von Forstleuten zu günstigen Preisen eine Waffe kaufen. Auch ich gehörte 1963 zu diesem Personenkreis, der eine Freigabe für den Waffenkauf erhielt. In Suhl erwarb ich eine Doppelflinte mit dem Kaliber 12. Ich führte sie viele Jahre und habe eine Menge Wild damit erlegt. Sie hatte extra für das Brennekegeschoß gearbeitete Läufe, die bis 30 m ein sehr gutes und bis 50 m ein gutes Trefferbild hatten.

Die Waffe ist für den Jäger das wichtigste Handwerkzeug und nur durch ständigen Gebrauch bekommt man erst die notwendige Sicherheit und Perfektion. Da zu dieser Zeit die Bewaffnung für uns Jäger in der ehemaligen DDR nicht ausreichte, kam es vor, daß man oft eine andere Waffe ausgeliehen bekam, oder auch leer ausging. Die Waffen, die wir zur Verfügung hatten, teilten wir uns jedoch redlich, besonders die Kugelwaffen, da mit ihnen natürlich leichter ein Jagderfolg möglich war. Hätten wir dies nicht getan, wäre uns der Wildbestand über den Kopf gewachsen und außerdem ein Leben in unseren Jagdgemeinschaften unerträglich geworden. Sehr wohl wurden wir gezwungen zu erkennen, daß nur gegenseitige Rücksichtnahme Vorteile bringt und uns ein jagdliches Leben erst ermöglicht. Nach anfänglichen Problemen haben wir uns schnell, erfolgreich und auch gerne an diese Art des Zusammenlebens und der Jagdausübung gewöhnt.

Anfang der achtziger Jahre besaßen wir dann soviel Jagdwaffen für den Ausleih, daß jedem Jäger, neben den persönlichen „Waffenträgern“, ständig eine Waffe zur Verfügung stand, wenn es oft auch nur eine Flinte gewesen ist. Die notwendige wöchentliche Quittungsunterschrift für den Waffenausleih beim Jagdleiter wurde zum Auffüllen der Munition und zum willkommenen Informationsaustausch genutzt. (Alle Jäger haben ein großes Bedürfnis, ihre meist einmaligen Erlebnisse anderen mitzuteilen, – oft reicht die Geduld der Ehefrau nicht aus, und so waren diese Zusammenkünfte recht willkommen.)

Der Leser mag mir diese Abschweifung verzeihen. Ich will zum Jahr 1964 zurückkehren: In diesem Jahr gab es bei uns noch nicht viele Hirsche, wir fanden aber im Jagdgebiet Nettelgrund den ersten bei den

Brunftkämpfen tödlich verunglückten. Sein Alter betrug etwa sieben Jahre, sein Geweih hatte zwölf Enden bei fünf Kilo Gewicht. In den folgenden Jahren haben solche Unfälle zugenommen, aber die Anzahl der Hirsche hatte sich dann auch vergrößert.

Mehrmals habe ich bereits Beispiele aufzählen müssen, bei denen die Macht einzelner Personen im öffentlichen Leben der DDR zu Mißbrauch bei der Ausübung der Jagd führte. So will ich noch ein weiteres hinzufügen. 1963 wurde im Revier Nettelgrund ein großer Wildfang ausgebaut und 1964 konnten die ersten sechs Stück Rotwild gefangen werden. Drei entkamen, aber ein männliches Kalb, ein Schmaltier und ein Alttier wurden in das Sonderjagdgebiet des Ministers für Staatssicherheit Mielke in der Schorfheide bei Angermünde zur Bestandeserweiterung geliefert.

Wildaussetzungen in solch geringen Stückzahlen ist für die große Schorfheide ein unsinniges Vorgehen, trotzdem wurde für unser „Wildforschungsgebiet“ solch eine Maßnahme angeordnet, sicher in der Hoffnung, mit vielen Trophäenträgern die Jagdleidenschaft des Genossen Minister schneller erfüllen zu können.

Eine andere, diesmal positive Anordnung, unserer wissenschaftlichen Leitung sollte für die weitere Arbeit unvergleichlich wichtiger werden. Vom erlegten Schalenwild wurde die Körperlänge, die Körperhöhe und der Brustumfang gemessen, das Gewicht ermittelt und von vielen Stücken die Schädel präpariert. Dazu sammelten wir alle Abwurfstangen.

Neben der Datensammlung, deren Ergebnisse immer erst über eine Auswertung in einem längeren Zeitraum für die praktische Arbeit zur Verfügung sind, stellte die Stangensammlung etwas sofort Greifbares, etwas für den täglichen Gebrauch dar.

Wenn Ende Januar der Jagdbetrieb eingestellt wurde, begann die Suche nach den Abwurfstangen. Das heißt nicht, daß wir die Zeit dazu gehabt hätten, selber zu suchen, dies erledigten die „Stangensammler“. Im Grunde meines Herzens habe ich diese Spezies zu allen Teufeln gewünscht, denn was sie für Unruhe im Jagdgebiet verursachten, indem sie in jede Ecke des Waldes krochen und dies mehrmals am Tag und in dieser mageren Zeit den Hirschen und natürlich auch noch allen anderen Tieren, die letzten Fettreserven abjagten, ist unverantwortlich. Es gab und gibt keine Möglichkeit, diesem Treiben Einhalt zu gebieten. Durch eine hohe Finderprämie erhielten wir aber von unseren Hirschen etwa 85 % der jährlichen Abwürfe. Dies war das einzig Tröstliche an der Sache.

Die ersten Stangen im Jahr sind in der Regel die interessantesten, da sie von den älteren Hirschen stammen. Hatten wir eine, sausten wir auf den Sortierboden im Konsultationspunkt in Georgenthal und versuchten sie in eine vorhandene Abwurfreihe einzuordnen. Ich freute mich darüber sehr, wenn dies gelang. Abends wurde per Telefon die Neuigkeit an die interessierten Jäger verbreitet.

Durch eine ganze Reihe von Hirschtrophäen, die im Wildforschungsgebiet bewertet wurden, sammelten wir die Erfahrung, daß viele Hirsche vor ihrem „Reifealter“ erlegt wurden. Es gibt in der freien Wildbahn *keine* Körpermerkmale beim Rotwild, die ein wirklich sicheres Ansprechen ermöglichen. Deshalb ist ohne Abwurfstangen eine Jagd auf den Rothirsch nicht möglich, wenn es dabei auf die höchstmögliche Punktzahl für die Trophäe ankommt.

Die Beurteilung des Hirsches nach Alter und dem Entwicklungstand seiner Trophäe erfolgt sonst mit großen Unsicherheiten. Deshalb unternahmen wir große Anstrengungen, von jedem einzelnen Hirsch die Daten seiner Abwurfstangen zu sammeln, um den Höhepunkt in seiner Entwicklung mit größter Sicherheit festlegen zu können.

So war bei dem in der DDR und dem auch noch anderswo betriebenen Kult mit der Trophäe, für den Erleger jeder erreichte Punkt von großer Bedeutung, nicht zuletzt zur Darstellung seiner gesellschaftlichen Stellung. Diese Forderung in der Rotwildbejagung, die Trophäenproduktion zum obersten Ziel zu erklären, wurde nicht erst in der ehem. DDR erfunden, sondern ist schon viele Jahrzehnte alt, fand aber in der DDR eine späte Blütezeit.

Aus dieser Trophäenproduktion eine Wirtschaftlichkeit nachweisen zu können ist uns nicht gelungen. Es wurden von den Verantwortlichen auch solche Aufrechnungen nicht gewünscht, denn dann wäre sichtbar geworden, was der Allgemeinheit ein Kilo Geweih gekostet hat. Zu diesen Kosten gehören alle zusätzlichen Aufwendungen für die Führung einer Forstwirtschaft, in der eine Trophäenwirtschaft betrieben wird. Unsere Wirtschaft war sehr teuer und hat nichts für den Erhalt des Waldes und der Wildarten geleistet. Bei der Diskussion nach 1990 über unsere Jagdmethoden kam es zu Feststellungen über ihre Folgen. Es war an der Zeit, öffentlich darüber zu sprechen, was der Gesellschaft der Erhalt der jagdbaren Tiere kostet. Da diese Kosten lange Zeit verheimlicht wurden, war der darüber geäußerte Unmut groß und das Mißtrauen zu den Jägern, daß sie auch weiterhin dieses Ziel verfolgen, wird für viele Jahre kaum zu überwinden sein.

Trophäenwirtschaft

Ich will nun über unsere Trophäenwirtschaft berichten. Erst mit der jährlichen mathematisch-statistischen Auswertung der Abwurfstangen wird die Trophäenentwicklung des jeweiligen Hirsches sichtbar. Wenn genügend Daten gesammelt sind, können sie gebündelt werden, und die Trophäenleistung der Population für die einzelnen Alter sichtbar gemacht werden.

Durch das Einprägen der für jeden Hirsch typischen Stangenmerkmale ist uns mit der Trophäe ein hervorragendes Mittel gegeben, einzelne Hirsche ganz individuell in der Natur zu erkennen. Für unsere Jagdmethode wurde dieses „Wiedererkennen" , möglichst über viele Jahre, die wichtigste Entscheidungsfindung für die Festlegung des Erlegungszeitpunktes, denn wir wollten mit unserer Selektion möglichst Exemplare fördern, die auch schon von der Natur begünstigt waren.

1964/65 kannten wir nur einen wirklich alten Hirsch. Mit großer Freude fanden wir auch seine Abwürfe. Die Vermessung seiner Trophäe ergab, daß er eine Bronzemedaille erhalten würde. Um so größer sollte unsere Enttäuschung sein, als im nächsten Jahr dieser Hirsch mit Hilfe eines käuflichen Revierförsters, vom Oberst der Staatssicherheit G. heimlich erlegt, zur Schorfheide gefahren und als dort geschossen nachgewiesen wurde. Aber auch dieses Erlebnis konnte uns nicht um unseren Optimismus bringen, denn jetzt lebten im Wildforschungsgebiet doch schon eine ganze Reihe guter bis sehr guter mittelalter Hirsche.

In diesen Jahren waren wir zutiefst von der Richtigkeit unserer Gestaltung der jagdlichen Zukunft überzeugt und nicht nur in dieser, sondern auch in der gesellschaftlichen Zukunft. Um die allgemeine Stimmung dieser Zeit zu beschreiben, erscheint es mir wichtig zu erwähnen, daß Forstmeister Dr. Gottschlich in seinem Jahresbericht für 1965 schrieb: „so ist doch die Einstellung aller Kameraden zum Forschungsgebiet und seinen Aufgaben wesentlich besser geworden. Die Diskussionen in unseren Versammlungen sind mit denen früherer Jahre überhaupt nicht zu vergleichen."

Unsere Rotwildbestände nahmen zu dieser Zeit in der Quantität gewaltig zu, auch die Qualität der Trophäen entwickelte sich zwar langsamer, aber stetig nach oben.

Bei der starken Bestandszunahme glaubten wir zuerst nicht, daß sich unser eigener Bestand so rasant entwickelte, sondern waren davon überzeugt, daß wir aus anderen Gebieten, besonders in den Herbst- und Wintermonaten Zuwanderungen erhalten hätten. Dies stimmte nur zum geringsten Teil. Aus den kleineren Wäldern des Kreises Strasburg sollte angeblich bei den herbstlichen Holzeinschlägen der Bauern und durch die großen Treibjagden das Rotwild in unsere Wälder gedrängt worden sein. Natürlich ist es sicher, daß bei intensiver Beunruhigung das Wild über den Acker zu uns wechselt und umgekehrt, dies sind aber zeitlich begrenzte Wildverschiebungen, die nichts mit unserer damaligen Wildentwicklung zu tun hatten. Wir wußten einfach noch zu wenig über unsere Rotwildpopulation. Im Rückblick habe ich auch den Verdacht, daß nach den „Fleischjagden" der Kriegs- und Nachkriegszeit mehr Rotwild übrig geblieben ist, als vermutet. Auch heute ist es noch so, daß der „Wildbestand die große Unbekannte" ist.

Erst viel später sind wir durch unsere Stangensammlung dahinter gekommen, daß die sagenhaften „Wanderhirsche" weder die Regel sind, noch daß wir ein Becken gewesen wären, in dem sich der Zuwachs aus anderen Gebieten gesammelt hat. Die uns „bekannten" Hirsche wurden, bis auf die genannten Ausnahmen, im Einstandsgebiet Rothemühl erlegt. Auch dann, wenn sie für eine gewisse Zeit „untergetaucht" waren. Warum sollte es beim Kahlwild anders gewesen sein?

Wie groß der eigentliche Lebensraum (wenn er nicht von unüberwindbaren Hindernissen begrenzt wird – Autobahn, Siedlungen o.ä.) eines einzelnen Stückes bzw. einer Population ist, haben wir nicht herausbekommen. Darum glaubten wir, mit der Grenzziehung von Friedland bis Strasburg, weiter nach Jatznick und zurück auf der nördlichen Seite des Waldgebietes und der Endmoräne nach Ferdinandshof und wieder bis Friedland mit 25.000 Hektar Jagdfläche das Einstandgebiet dieser Teilpopulation soweit erfaßt zu haben, daß eine einheitliche Bewirtschaftung des überwiegenden Teils des Wildes möglich ist.

Natürlich waren uns Wechsel zu den Revieren Spantekow, Schönbeck, Daberkow, Wolfshagen und von dort aus nach Hinrichshagen und in die Feldberger Reviere bekannt. Auch daß Verbindungen bestehen in die Mützelburger Heide sowie in die Reviere um Ueckermünde konnten wir an einzelnen Hirschen nachweisen, von denen wir die Abwürfe hatten und die in diesen Jagdgebieten erlegt wurden. Auch ist es bei Schnee möglich, die Wildwechsel in diese fernen Reviere zu verfolgen. Wie viele Hirsche oder auch Kahlwild und zu welcher Jahreszeit sie solch einen Ortswechsel vornehmen und wie lange sie diese Ausflüge ausdehnen, dies herauszubekommen, ist uns nicht gelungen.

(siehe Übersichtskarte).

Diese Wildwechsel mit Hilfe der Telemetrie verfolgen zu können und damit auch bessere Angaben über die Höhe des Wildbestandes zu erhalten, sollte bei den heutigen technischen Möglichkeiten genutzt werden. Viele Diskussionen über Wilddichten würden sicherer, aber auch sachlicher werden, denn da die Reviere heute sehr klein sind, kann sich kaum jemand einen ausreichenden Überblick über den tatsächlichen Bestand verschaffen, dadurch bleibt ein großer Spielraum für ganz persönliche Beurteilungen. Auch wir hatten zu keiner Zeit exakte Angaben über die Zahl der vorhandenen Tiere.

Da es durch die Abwurfreihen möglich wurde, die Hirsche im Revier wieder zu erkennen, blieb es nicht aus, daß wir ihnen auch Namen gegeben haben, um uns schnell untereinander verständigen zu können. Diese ergaben sich oft von allein, sie entstanden aus den vielfältigsten Anlässen. So zum Beispiel der „Basthirsch“, weil er immer sehr spät fegte, „Daberkow“, weil seine erste Stange aus dem Daberkower Wald kam, „Karli“, weil ihn der Jäger und Fleischermeister Karl Finsterbusch aus Strasburg erlegen sollte.

Es wuchs nicht zuletzt durch unsere eigene Bodenständigkeit, bis auf wenige, wohnten alle Jäger des Wildforschungsgebietes im nahen Umkreis, eine persönliche Beziehung zu den Hirschen und zu allem Wild. Diese Naturbindung wurde auch auf Familienmitglieder sowie Verwandte und Bekannte übertragen und trug lange Zeit zu der positiven Einstellung der Bevölkerung zur Jagd und zu uns Jägern bei. Erst mit den übertriebenen Maßnahmen zur Trophäenproduktion im Staatsjagdgebiet wurde dieses gute Verhältnis getrübt. – Große Schäden an den Feldfrüchten, Beschneidung der Rechte der örtlichen Jäger durch den Machtmißbrauch von Funktionären aus Partei- und Regierung, waren die hauptsächlichen Ursachen.

Auf der Grundlage des Jagdgesetzes von 1953 konnte nach erfolgreicher Ablegung einer strengen Prüfung jedermann Jäger werden, es sei denn, er demonstrierte eine nach außen sichtbare ablehnende Haltung gegen den Staat. Es waren geringe finanzielle Mittel nötig, um zur Jagd gehen zu können. Die Erlegerprämie eines Winterfuchses (100,-Mark) reichte aus, um die notwendigen Versicherungen und Beiträge bezahlen zu können. Die Jagdgesellschaften entsprachen in ihrer Größe i.d.R. den Wildeinstandgebieten meist 4.000 – 8.000 Hektar, zur Verwaltung wurden sie in Jagdgebiete von 1.000 bis 3.000 Hektar aufgeteilt.. Darin wurden sogenannte, unterschiedlich große Pürschbezirke ausgeschieden, sie stellten Sicherheitsbezirke dar, in denen die Jäger vom Jagdleiter zur Jagdausübung eingeteilt wurden. Diese Bezirke änderten nichts am Prinzip der gemeinsame Bejagung des Jagdgebietes. Meist standen je Jäger bis 250 Hektar Jagdfläche zur Verfügung. Es war bei der Jagausübung immer eine gegenseitige Kontrolle vorhanden, dadurch herrschte eine hohe Disziplin bei der Einhaltung der Gesetze und Regeln. Da die Jagdflächen auch oft Arbeitsfelder für die in der Landwirtschaft Beschäftigten waren, bestand zumindest bei den Bauern ein ganz persönliches Interesse daran, keine Wildschäden entstehen zu lassen, denn das wäre ja eine Verringerung der Ergebnisse ihrer Arbeit gewesen.

Die Zerschlagung dieser gut funktionierenden Organisationen ist ein sehr bedauerlicher Akt im Zuge der Vereinigung der beiden deutschen Staaten. Er ist um so tragischer, da nach den Beteuerungen durch den DJV-Präsidenten Dr. Frank auf der „Grünen Woche" 1990, solch eine Entwicklung nicht zu zulassen, es trotzdem geschehen ist. Er sagte, auch Jägervereinen könnte man das Jagdrecht als Träger übertragen, es sei nur notwendig, das BJagdG in diesem Punkt zu ergänzen.Diese Chance scheiterte an der historisch konservativen Haltung des DJV, der von sich nicht oft genug betonen kann, er sei der wahre Vertreter aller Jäger.

Wenn aber hier die bodenständigen Jäger von der Jagd aus finanziellen Gründe ausgegrenzt werden, hat die Jagd keine Zukunft. Die revierfern wohnenden, höchstbietenden Jagdpächter kleiner Reviere können die Probleme der jagdlichen Zukunft nicht lösen.

Ich möchte mit meiner obigen Feststellung nicht den Eindruck erwekken, daß es keine Unterschiede in den Privilegien in der ehem. DDR gegeben hat. Es gab zwar für jeden die Möglichkeit die Jagd auszuüben, aber mit erheblichen Unterschieden in der Ausstattung der Jagdgebiete. So entstanden in vielen wildreichen Landesteilen Sonderjagdgebiete, in denen eine gehobene Schicht von Funktionären aus Partei und Regierung zur Jagd ging. Zu allem Überfluß gab es dann auch noch die gesetzliche Möglichkeit, bis zu 20% des Abschußplanes in den „normalen" Jagdgesellschaften als sogenannte Abschußvorbehalte für besonders „verdiente Bürger" zu reservieren. Wie weit in unserer Gesellschaft die Schichtung in „reiche und arme Privilegien" entwickelt war, kann am Beispiel der Abschußfreigaben beschrieben sein. Zum Aufgang der Hirschjagd bekam der Leiter des Jagdgebietes die Abschriften der Einladungen, auf denen z.B. stand, daß es sich für den Weidgenossen X. um die Freigabe eines „jagdbaren Hirsches" handelt. Mündlich wurde dem Jagdleiter aber noch die Rang- und Reihenfolge der Gäste mitgeteilt. Nach dieser Einteilung erfolgte die Festlegung, welcher Gast auf welchen Hirsch, nach den von uns ermittelten wahrscheinlichen Trophäenpunktzahlen, schießen durfte. Der Minister bekam also die Möglichkeit auf den Hirsch mit einer evtl. Goldmedaille zu jagen, der Staatssekretär auf einen Hirsch mit einer Silbermedaillentrophäe und für einen sonstigen Mitarbeiter blieb die Möglichkeit der Erlegung eines Bronzemedaillenhirsches.

Wollten wir unseren Beruf ordnungsgemäß ausüben, mußten wir sehr genau über unser Wild Bescheid wissen. Durch die Größe unseres Gebietes hatten wir ausreichende Gelegenheiten, Erfahrungen zu sammeln. So konnte ich den Hirschen, die im Revier Klepelshagen regelmäßig als Bast- und Feisthirsche gestanden haben, auf ihren Wegen in andere Gebiete der Jagdgesellschaft folgen, oder habe Informationen über ihren Verbleib erhalten. Diese Möglichkeit den Hirschen im Laufe der Jahreszeit – dies im besonderen in die Brunftreviere – folgen zu können, war die höchste und schönste Zeit meines Jägerlebens.

Bei diesen Erfahrungen, die wir sammelten, sind mir nur sehr wenige alte Hirsche bekannt, über deren Verbleib wir nichts wußten. Einige wurden mit Sicherheit gewildert, denn Angehörige der Roten Armee jagten ohne Kontrolle regelmäßig bis in das Jahr 1989 in unserem Gebiet. In der Regel ging es dabei ums Fleisch. So wurde es vor Feiertagen immer besonders schlimm, wenn der Kommandeur wahrscheinlich versuchte, die Moral seiner Mannschaften zu verbessern, indem er dafür sorgte, das etwas mehr Fleisch in den Topf kam. So ist es wahrscheinlich, daß der eine oder andere „verschwundene“ Hirsch dieser Verwendung zugeführt wurde.

Um den Faden nicht zu verlieren, zurück zum Jahr 1966. In diesem Jahr konnten wir 14 Hirsche mit ihren Abwürfen nachweisen, die etwa ein Alter von acht Jahren hatten. Alle Abwurfpaare erreichten ein Gewicht von über 6,5 kg. – Was für ein gewaltiges Ergebnis. Wog doch der vor Wildforschungszeiten vom Revierförster Hansen aus Nettelgrund erlegte, bis dahin stärkste Hirsch seit Menschengedenken und gefeiert als überragendes Ereignis 7.0 kg mit 14 Enden.

Diese Stangengewichtszunahmen bei den erst sieben- bis achtjährigen Hirschen ließ bei uns die Hoffnung aufkommen, daß wir noch lange nicht am Ende der Entwicklung angekommen waren, daß Trophäengewichte von 10 kg nicht unerreichbar wären, wenn wir die Hirsche nur älter werden lassen würden. Dies wurde auch bald Wirklichkeit. Bei der Freude über diese Entwicklung machten wir aber erst einmal folgenschwere Fehler bei der Aufstellung unserer Abschußrichtlinie.

Aus dem einfachen Rechenbeispiel, wenn unsere Hirsche älter werden sollen – wir setzten als Reifealter das 14. Lebensjahr fest – müßte man in den Altern 1 bis 4 scharf eingreifen, der Streckenanteil sollte 40 % betragen (einschließlich der Kälber 80%).

Wir erlegten alle Spießer, die nicht handbreit über die Lauscher geschoben hatten. Beim zweiten Kopf bis zum Achter mit wenigstens 10cm langen Enden und beim dreijährigen bis zum Zehner. Beim vierjährigen Hirsch erlegten wir alles, was nicht beiderseits eine Krone hatte.

Später als wir ausreichendes statistisches Material hatten, mußten wir feststellen, daß man mit dieser Richtlinie bis auf wenige Ausnahmen, alles schießen konnte. Da wir nun auch noch in den Altern 5-9 die Anforderungen zu hoch stellten, wurden hier zu viele Hirsche als sogenannte Abschußhirsche erlegt. Dazu kamen dann noch die sonstigen Abgänge: Erlegung außerhalb des Gebietes der Wildforschung, Todesfälle durch Brunftkämpfe u.a. In den siebziger Jahren bekamen wir dann die Quittung dafür, es gab zu wenig alte Hirsche.

1967 verloren wir den einzigen uns bekannten alten Hirsch. Wir hatten ihn den „Schmitseicher" getauft, weil er am Rand unseres Gebietes und im Revier Schmitseiche an der Landstraße 109 seinen Einstand hatte und dort auch verludert gefunden wurde. Die Todesursache konnte nicht mehr festgestellt werden. Die Trophäe wog beinahe 9 kg und erhielt 209 Punkte, lange Jahre haben wir sie aufgehoben.

Für unser Gebiet zu einer rechten Sensation wurde im selben Jahr die Erlegung eines Kronenspießers. Der Erleger hielt ihn für einen zweijährigen Hirsch. In den folgenden Jahren waren solche Spießer mit meist gegabeltem Spieß keine große Seltenheit mehr und so hatte die Erlegung auch etwas gutes, wir zeigten zu jeder Gelegenheit dieses Geweih vor und erreichten, daß solch ein Hirsch nicht mehr geschossen wurde.

Im Jahre 1968 bestätigten wir wieder nur einen starken Hirsch, hatten aber viel zu viel Kahlwild. Das Geschlechterverhältnis betrug etwa 1:1,4. Durch den entsprechend hohen Zuwachs wuchs der Bestand sehr schnell. Auf diese rasante Entwicklung waren wir nicht vorbereitet, einmal wegen unserer nicht ausreichenden Bewaffnung und zum weiteren, weil uns auch genügende Erfahrungen und Kenntnisse fehlten. Die Kontrolle über die Bestandeshöhen ging uns zunehmend verloren. Für 1969 planten wir die Erlegung von 100 Stück Rotwild. Tatsächlich erlegt wurden 87 Stück, davon 49 weibliche.

Daß es nun bei diesen Wildbeständen und der vorhandenen Anzahl über fünfjähriger Hirsche auch eine laute Brunft gab, erfreute unsere Ohren sehr. Die mittelalten Hirsche machten gewaltigen Lärm, wie es in diesem Alter bei Tier und Mensch (zur „Disko") so üblich ist. Im Revier Klepelshagen ging es zwar auch laut zu, aber nicht vergleichbar mit den Revieren Nettelgrund und Johannisberg, wo sich seit jeher das Hauptgeschehen abspielte. Warum das so ist? Ich kann darüber auch nur Vermutungen anstellen: Es wird einfach daran liegen, daß ihre Waldflächen durch die angrenzenen Reviere Johannisberg durch Brohm und Nettelgrund durch Spiegelberg, Hammelstall, Grünhof und Rothemühl vergrößert werden und dadurch mehr Lebnsraum zur Verfügung steht. Im besonderen findet das Kahlwild hier mehr Möglicheiten sein Sicherheitsbedürfnis zu befriedigen. Da Rotwildrudel Interessengemeinschaften mit einer individuell täglich neu bestimmten Zugehörigkeit zu ihr sind, die Platzhirsche unentwegt versuchen ein Rudel zusammenzuhalten und diesen Besitzanspruch mit dem bekannten Schreien anmelden, geht es eben entsprechend arteigen laut zu. Wenn dann durch den größeren Raum mehrere Kahlwildrudel nebeneinander bestehen, machen die dazu gehörenden Hirsche mit ihren Brunftschreien die Sache so eindrucksvoll. Das innerhalb der Gebiete bestimmte Plätze intensiver aufgesucht werden, hat sicher auch etwas mit einem traditionellem Verhalten zu tun, denn bei den Feisthirschen z.B. werden ja ebenfalls seit langem bekannte Einstände bevorzugt.

Das laute Schreien der Hirsche hatte auch noch eine andere Wirkung. Es wurde von Jägern gehört, die von der „legalen" Möglichkeit des DDR-Jagdgesetzes, „Abschußvorbehalte" auszusprechen, Gebrauch machten und sich bei uns als „Jagdgäste" einweisen oder sich einladen ließen, je nach dem Grad ihrer Machtstellung in der gesellschaftlichen Ordnung.

So erlegte im Jahr 1969 der Minister für Staatssicherheit, Mielke, einen sehr guten Silbermedaillenhirsch und das Mitglied des Politbüros, Paul Fröhlich, einen starken Hirsch, dessen Erlegungsgeschichte ich an anderer Stelle schon erzählt habe.

Mein erster alter Hirsch

Der Hirschbestand erreichte mittlerweile solche Stückzahlen , daß für uns auch etwas übrig blieb. Der Platzhirsch in Klepelshagen hatte das Alter von 12-14 Jahren und sollte von mir erlegt werden. Die Mitgliederversammlung der Jagdgesellschaft gab ihn mir für meine „herausragenden gesellschaftlichen und fachlichen" Verdienste frei. Da diese Freigabe erst im Spätherbst ausgesprochen wurde, freute ich mich zwar über diese schöne Geste, hatte aber natürlich nur geringe Aussichten ihn auch zu bekommen. Nun gut, dachte ich, im nächsten Jahr wird er ja auch noch leben und bis dahin machst du in der Kampfgruppe vorbildlichen Dienst, als Gemeindevertreter sprichst du mehrmals zur Diskussion und beim Forstbetrieb lieferst du selbst die albernsten Meldungen pünktlich in der Verwaltung ab. Dann wird keiner die Möglichkeit haben, dir die Freigabe wieder wegzunehmen.

Aber beinahe wäre alle meine Mühe umsonst gewesen. Ein ortsbekannter ehemaliger Wilddieb, dann „Kollektivjäger" (ein ordentlicher Jäger im Sinne des DDR-Jagdgesetzes und Mitglied des Jagdkollektivs eines Jagdgebietes) beschoß des nachts bei „Viertelmond" den Hirsch mit einem Bleibatzen aus der Flinte, an einer Silagemiete bei Schönhausen. Er hatte ihn irrtümlich als ein Stück Kahlwild angesprochen.

Vorsorglich wurden nämlich bei der Gründung der Jagdgesellschaft die bekannten Wilddiebe in unser „Jagdkollektiv" aufgenommen, so hatten wir sie unter Kontrolle und sicherlich uns viel Ärger erspart. Es klappte auch, nur manchmal nahmen sie es mit den Regeln und Gesetzen nicht so genau. Mit den Jahren verbesserten sie sich, viele von ihnen wurden hervorragende Jäger.

Das Mondschein-Brenneke-Flintenlaufgeschoß blieb meinem Hirsch unter der Decke hängen. Der Schuß muß spitz von hinten auf den Hirsch abgegeben worden sein, sonst konnte man sich den Sitz der Kugel nicht erklären. Der Schußkanal wurde eine Fistel und sein neues Geweih abnorm. Der schlauchförmige Schußgang reichte von kurz hinter der Keule bis zur Blattschaufel. In einem Hohlraum lag das Geschoß. Aus der Öffnung in der Decke trat eine wässerige Flüssigkeit.

Keiner erhob Einspruch und ich hatte den Hirsch 1970 frei, diesmal mit Beginn der Jagdzeit. So konnte ich schon im Juli mit der Bestätigung des Hirsches beginnen. Aus den Reviererfahrungen meines Vorgängers Oberförster Wilke, wußte ich, daß man damit nicht früh genug im Jahr beginnen kann. Er sagte mir: „Sollten sie einmal einen Hirsch zum Abschuß frei haben, so müssen sie versuchen, ihn bis zum sechsten August zu erlegen, danach wandern viele Feisthirsche in ihre Brunftreviere Nettelgrund, Rothemühl und Johannisberg".

Dieses magische Datum hat bis heute seine Gültigkeit. Anfang August lösen sich die Feisthirschrudel auf. Nachdem die Rotwildbestände zugenommen hatten, ist Klepelshagen nämlich wieder zu dem Winter- und Feisthirscheinstand geworden, das es schon während der Dienstzeit meines Vorgängers war. Es standen auf dem Höhepunkt dieser Entwicklung, etwa ab 1985, 100 bis 150 Basthirsche im Revier, aber immer nur wenig Kahlwild. Wie weit sich einzelne Hirsche von diesem zeitweiligen Einstand der Bast- und Feistzeit verteilt haben, konnten wir nicht in jedem Fall ermitteln. Einzelne Nachweise lassen aber vermuten, daß der von uns vermutete Lebensraum von 25.000 Hektar weit größer ist.

Daß diese Tiermengen den Klepelshagener Wald nicht mit Stumpf und Stiel weggetragen haben und daß mir auch noch große Naturverjüngungen gelungen sind, hat seinen wichtigsten Grund in der Art der Ackerwirtschaft des Volkseigenen Gutes Klepelshagen und der Landwirtschaftlichen Produktionsgenossenschaften Gehren und Neuensund. Für die Auslastung der Technikkomplexe und zur Erzeugung gewaltiger Mengen preisgünstiger landwirtschaftlicher Produkte erfolgte die Einteilung der Felder in große Einheiten, selten kleiner als 150 Hektar. Auf diesen Flächen fand das Rotwild beinahe ganzjährig optimale Lebensbedingungen. Diese großen Felder verließen die Hirsche im Sommer bei entsprechender Deckung durch hochwachsende Feldfrüchte nicht mehr am Tage, da sie hier auch die notwendige Ruhe fanden die ihnen sonst nur noch im Wald geboten wird.

Nach der Ernte des Getreides wurde von den Landwirten zur Verbesserung der Bodenfruchtbarkeit sog. Zwischenfrüchte angebaut, dies war ein Gemisch von Sonnenblumen, Saubohnen und Peluschken. Sie kamen gerade als eiweißreiche Äsung für das Kahlwild zur Brunftzeit zurecht und verringerten weiterhin Baumschäden. Allerdings sind Verbißschäden an den jungen Waldbäumen zu dieser Jahreszeit nicht mehr so nachhaltig schädigend, da die jungen Triebe durch ihre Verholzung nicht so stark verbissen werden. Zur Winteräsung schließlich zog das Rotwild auf die Rapsschläge und Roggenflächen. Letztere wurden für die Frühjahrs- Viehfutterversorgung schon im zeitigen Herbst angebaut und waren deshalb zum Winterausgang eine ausgezeichnete Nahrung.

Diese Feldeinstände des Rotwildes machten es möglich, auch am Tage in den Rudeln die durch ihre Abwurfstangen bekannten Hirsche herauszufinden bzw. die in das siebte Lebensjahr hineinwachsenden neuen „Thronfolger“ anzusprechen. Neben der Pflicht hat uns „Hirschjäger“ diese Aufgabe natürlich jedes Jahr neu gefesselt.

Ich will aber darauf zurückkommen, daß ich den oben erwähnten, damals ältesten Hirsch von Klepelshagen, zum Abschuß frei hatte. Inzwischen wußte ich, daß der Hirsch ein abnormes Geweih trug. Nun kam der erste August und es regnete morgens und bis zum siebten August auch noch am Abend. Ich besaß an Kleidung nur das, was meinen Adoniskörper täglich schmückte und dies konnte durch den Daueransitz nicht mehr trocknen.

Um meine Jagdkleidung wenigstens etwas vor der triefenden Nässe zu schützen, trug ich am siebten August abends den alten Gummimantel eines Kradmelders der deutschen Wehrmacht , mit ein paar Löchern, damit das Wasser ablaufen konnte, dazu meinen weißen Motorradhelm, zur Tarnung mit dem grünen Kopftuch meiner Frau. Der Hirsch kam und wurde von mir sauber erlegt. Ich hatte zu dieser Zeit eine Bock-Büchs-Flinte im Büchsen-Kaliber 7x57. Die Kugel, ein Teilmantelgeschoß von 11,2 Gramm der Firma Sellier & Bellot, saß Hochblatt und ließ den Hirsch sehr schnell verenden. Zur Bergung hatte ich nur mein Motorrad, so bin ich erst nach Gehren gefahren, um Hilfe zu holen.

Die Landwirtschaftliche Produktionsgenossenschaft hielt gerade eine Versammlung ab. Der Vorsitzende gehörte zu meinen Jagdfreunden und da der Feldbaubrigadier der LPG das einzige Auto weit und breit fuhr, das eine Pritsche hatte, stellte er mir großzügig dieses Gefährt mit Fahrer zur Einholung des Hirsches zur Verfügung. Auch die Versammlung zeigte sich sofort einverstanden, diese abzukürzen d.h. abzubrechen – viele haben sich sowieso gelangweilt und waren sicherlich froh nach Hause gehen zu können -.

Die Heimfahrt mit dem Hirsch nach Georgenthal führte mit einem kleinen Umweg an der Gastwirtschaft vorbei, dabei verging die Nacht bei der Auswertung der Ereignisse, es wurde uns beinahe Morgen, als wir endlich das Gehöft nach ein paar notwendigen Unterbrechungen – zur Befriedigung ganz menschlicher Bedürfnisse – erreichten, wo wir den „Geweihten“ sauber zur Strecke legten.

Ein Nachspiel gab es auch noch. Ich mußte auf eine neue Regenkleidung weiterhin warten, da der Gastwirt mein ganzes erspartes Geld haben wollte, und dem Felbaubrigadier wurden zwei Einheiten von sei-

Natürlich Goldmedaille

nem Lohn abgezogen. Die LPG hatte nämlich beschlossen, wer aus Gründen des überreichlichen Alkoholgenusses nicht zur Arbeit gehen kann, dem werden von dem Jahresgewinn der Genossenschaft zwei Geldeinheiten nicht ausgezahlt. Und mit dem „Gehen“ hatte nämlich der Brigadier seine Probleme. Er kam am nächsten Morgen nur bis zu seinem Gartenzaun, dann lehnte er sich darüber und rief immer nach einem gewissen „Ulf“, den keiner kannte.

So wuchsen mit unseren Erlebnissen die Kenntnisse über das Wild. Diese Erfahrungen haben wir nicht für uns behalten, sondern durch Veranstaltungen und Vorträge vielen Jägern Hilfe bei der Wildbewirtschaftung vermitteln können. So suchten unser Wildforschungsgebiet allein 1970 etwa 460 Personen auf. Auch beteiligten wir uns mit einer Rotwild-Lehrschau an der Ostseemesse in Rostock. – Unsere Besucherzahl wurde auf 30.000 geschätzt.

Bis zur Auflösung unseres Wildforschungsgebietes 1990 gingen über 50 fachliche Veröffentlichungen aus unserer Arbeit hervor. Darunter solche herausragenden Beiträge wie: Dr.H.J. Gottschlich, „Wann erscheint der M3 ?“, „Biotop und Wuchsform, eine kraniometrisch- allometrische Studie an Europäischen Populationen von Cervus elaphus“ und zur „Altersbestimmung des erlegten Rotwildes“. Von Dr.M.Anke eine Reihe von Arbeiten über „die Mengen- und Spurenelementegehalte von Wildtieren“. Von Dr.L.Briedermann zu vielen Fragen der „Schwarzwildbewirtschaftung“ und zur „Zählung des Wildbestandes“. Von Dr.Lockow „Biomathematische Untersuchungen von Abwurfstangenserien des Rothirsches im WFG Rothemühl ..“. Von Dr. Ludwig „eine mathematisch-statistische Auswertung von Abwurfstangen einer ostmecklenburgischen Rotwildpopulation“. Von Prof.Dr. Wagenknecht zu den Problemen der „Bewirtschaftung der Schalenwildbestände“. Für eine ganze Reihe weiterer Werke leisteten wir in der vielfältigsten Art und Weise Zuarbeit. Auch wurden wir bei der Erarbeitung von gesetzlichen Grundlagen zur Wildbewirtschaftung um Rat gefragt. Viele unserer Erkenntnisse sind eingegangen in den allgemeinen Fundus der Jagd.

Unsere Abwurfstangensammlung hatte 1970 einen Umfang angenommen, daß ihre Aussagekraft über unser örtliches Interesse hinaus lehrreich wurde. Von jetzt an veranstalteten wir zum Jagdbeginn auf den Hirsch in jedem Jahr eine Stangenschau für alle Jäger. Viele Interessierte kamen, um sich über den aktuellen Stand in der Entwicklung eines bekannten Hirsches zu informieren, oder aber auch nur ganz allgemein, um sich mit den Wachstumsabläufen des Hirschgeweihs vertraut zu machen.

Das von den Jagdgesellschaften Johannisberg-Lübbersdorf-Kotelow und Rothemühl-Wildforschungsgebiet, dem Armeegebiet Heinrichswalde, der Jagdgesellschaft Strasburg-Schönhausen und Ferdinandshof-Wilhelmsburg gegründete Rotwildeinstandsgebiet bewährte sich. Die Abstimmung über die Rotwildbewirtschaftung, im besonderen über die Freigabe der alten Hirsche, hatte Erfolg. Die Disziplin verbesserte sich und Fehlabschüsse bewegten sich in befriedigenden Grenzen. Immer besser gelang es uns, unsere zahlreicher werdenden Gäste auf alte Hirsche mit starken Trophäen zu Schuß zu bringen.

Ich möchte noch vom Jahr 1970 berichten, in dem wir wieder eine Reihe von Jagdgästen hatten.

Von Nachsuchen und dem Muffelwild

Unter anderem hatten wir als Gast den Minister für Außenhandel, Dr. Schalk-Golodkowski. Sehr viel Aufhebens wurde nach der Vereinigung der DDR mit der BRD von den Gerichten, der Presse und dem Funk von ihm gemacht, weil er als der Devisenbeschaffer, größter Wirtschaftsspion, Offizier im besonderen Einsatz des Ministerium für Staatssicherheit und als vertrauter Verhandlungspartner vom CSU-Chef Franz Josef Strauß, dem Geschäftsmann Josef März aus Rosenheim und anderen „Größen" bekannt wurde. Er schoß einen kapitalen Hirsch glatt vorbei. Da aber der Schütze und auch wir es gerne anders gesehen hätten, herrschte zwei Tage lang große Unruhe im Revier Nettelgrund, weil wir mit über 20 Beschäftigten der Oberförsterei den Hirsch gesucht haben. Es blieb dabei, dies war ein Fehlschuß. Im nächsten Jahr hat er die Sache aber besser gemacht. Zwei Tage nachdem sein Chef, Minister Erich Mielke, seinen Hirsch bei uns erlegt hatte, schoß auch er einen, der für seine Trophäe eine gute Silbermedaille bekam.

Weil ich gerade bei dem Thema „Nachsuchen" bin, möchte ich über eine denkwürdige vom gleichen Jahr erzählen. Diese endete aber nicht am beschossenen Stück, sondern an meiner Trophäenwand. Und es ging auch nicht um einen Hirsch sondern um einen Rehbock.

Der damals noch nicht Minister für Land- Forst- und Nahrungsgüterwirtschaft , Staatssekretär Kuhrig, besuchte uns in Begleitung des stellvertretenden Ministers für Landwirtschaft der Sowjetunion, um zur Jagd zu gehen; sie hatten im Feriendorf Bellin bei Ueckermünde eine Besprechung.

Der sehr nette, aber schon recht betagte sowjetische Minister beschoß in Begleitung des wissenschaftlich-technischen Leiters des Wildforschungsgebietes, Dr.Gottschlich, einen Rehbock im Revier Klepelshagen. Und was sicherlich recht selten ist, der Rehbock tat sich unmittelbar nach dem Schuß nieder, obwohl er ja die Kugel in seiner Nähe hat pfeifen hören.

Der Jagdführer dachte sich, es kann ja erst einmal nicht schaden, wenn ich erkläre, der Bock ist getroffen, ob es wirklich so ist, kann ja später entschieden werden. Dem Minister machte er mit Hilfe der Zeichensprache und den wenigen russischen Vokabeln, die er als Hauptmann der Artillerie im Rußlandfeldzug des zweiten Weltkrieges hat sammeln können, klar, es dürfte nicht gleich nachgesucht werden, um den Bock bei einer noch eventuellen Flucht nicht zu verlieren. Es sei notwendig, einen Schweißhund zu holen.

Nun hatte Staatssekretär Kuhrig in meiner Begleitung gleich zwei Böcke geschossen, und allen tat es leid, dem Minister sagen zu müssen, er hätte vorbeigeschossen.

Wir waren davon überzeugt, daß es kein großes Verbrechen sein kann, wenn man solch einem netten alten Herrn ein Erfolgserlebnis vermittelt und ihm zum Andenken eine Trophäe überreicht. Erstens hatte bei den sowjetischen Jägern die Trophäe nicht so einen hohen Stellenwert wie bei uns Deutschen und zweitens konnte man sich bei der Übergabe wegen mangelnder russischer Sprachkenntnis und fehlerhafter Übersetzung fein rausreden.

So geschah es denn auch. Auf der Straße bei Ferdinandshof stoppte ich den Autokonvoi, der am nächsten Vormittag vom Tagungsort Bellin nach Berlin wollte und überreichte dem überraschten und erfreuten Minister eine vor vielen Jahren schon von mir erbeutete, jetzt etwas mit Wasserstoff aufgehellte Rehbocktrophäe.

Möge mir dies vergeben werden.

Unsere Arbeit begann Früchte zu tragen. Viele Jäger fanden Interesse an den Ergebnissen unserer Arbeit und das Wildforschungsgebiet wurde ein Ort, wo man sich über viele Dinge des Jagdwesens informieren konnte. Dafür erhielten wir von der Obersten Jagdbehörde 1971 eine Ehrenurkunde.

Auch in diesem Jahr beteiligten wir uns mit einer Ausstellung an der Ostseemesse in Rostock. Die Veranstaltung hatte die doch recht bemerkenswerte Überschrift „ Jagd- Gesellschaftlicher Auftrag". Von der Bevölkerung wurde die Aussage angenommen und als Verantwortliche hatten wir viele Fragen zu beantworten.

Für das Einstandsgebiet sollte 1971 ein bemerkenswertes Jahr werden, wurde doch vom Oberförster Willi Milke in seinem Revier Johannisberg der Hirsch „Wapiti" erlegt, der die erste Goldmedaille des Einstandsgebietes bei seiner Bewertung nach der internationalen Formel erhielt. Weiter hatte noch ein anderes Ereignis Langzeitwirkung. Es hat zwar nicht unmittelbar mit dem Rotwild zu tun, sollte aber unter anderem dazu beitragen, unseren Jagdgästen zu einem jagdlichen Erlebnis zu verhelfen, wenn es auf einen Hirsch nichts wurde. Unter der Leitung des Revierförsters Börner wurde im Revier Rothemühl ein Eingewöhnungsgatter für Muffelwild gebaut.

Die Einbürgerung von Muffelwild wurde von der Obrigkeit gewünscht. Die Überschrift dafür hieß: „Mehrartenwirtschaft". Von der Wissenschaft in Eberswalde fanden die landesweiten Aktionen ihre Begleitung, und wir wurden für unsere Heldentat gelobt.

Den größten Teil des Muffelwildes bekamen wir geschenkt, z.T. aus dem Wildforschungsgebiet Alexisbad und dem Tierpark in Prenzlau. Professor Dr.Dathe, der Direktor des Berliner Tierparks, wollte ebenfalls einen Beitrag zum Aufbau unseres Muffelbestandes leisten und schenkte uns einen echten korsischen Widder. Dieses Geschenk kam deshalb zustande, weil er und Dr. Gottschlich Mitglieder der Arbeitsgruppe Wildforschung waren und beim gemütlichen Teil einer Tagung als Gesprächsthema u.a. unseren Muffelwildbestand hatten.

Der Widder sollte kommen und am Vortage erlegte das Mitglied unserer Jagdgesellschaft , Weidgenosse Fey auf Veranlassung von Dr. Gottschlich „unseren Widder". Im Gatter hatten wir ein dreijähriges kräftiges Tier. Unser Doktor glaubte, zwei Widder würden sich beim Liebesleben nur ständig stören, und ein „echter" Mufflon hätte eben den Vorrang.

Der „Korse" stieg aus der Transportkiste und bestaunte sein neues zu Hause und die anwesenden „Damen". Am nächsten Vormittag rief uns der Betreuer des Muffelwildes, Hans Bohn, dringend zum Gatter, denn mit dem „Neuen" sollte etwas nicht stimmen, er läge völlig erschöpft am Zaun. Der eilends herbeigerufene Tierarzt untersuchte ihn gründlich und erklärte uns verdutzten Zuschauern, der Widder wäre sehr alt und bei ihm würden auch die besten Potenzmittel nicht mehr helfen, er hätte sich einfach übernommen und dies zum letzten mal so gründlich, das es nun mit ihm zu Ende sei.

Neben der Moral von der Geschichte: Im vorgeschrittenen Lebensalter die Liebesnächte nicht zu intensiv zu betreiben, mußten wir uns nun auch noch einen neuen Widder besorgen.

Nachdem das Muffelwild nach drei Jahren aus dem Gatter entlassen wurde, es waren 13 Stück, haben sie sich nicht sehr vermehrt, sind aber wirklich noch vorhanden und wenn man Glück hat, sieht man auch welche. Ich bekam bei meinem Ausscheiden aus dem Landesforstdienst im Jahr 1995 in feierlicher Form die Freigabe eines Widders überreicht. Ich habe ihn aber nicht bekommen, denn diese Tiere haben es sich angewöhnt, nicht zweimal hintereinander an der gleichen Stelle zu sein und damit steigt ihre Überlebenschance enorm. Ich will auch eingestehen, so übereifrig bin ich nicht gewesen, denn die Leber eines alten Widders zu essen hatte ich schon einmal versucht.

Auf der Freigabe stand Widder und nicht Jährling oder Schmalschaf, das wäre etwas anderes gewesen. Einen Gulasch daraus, zubereitet von meiner Frau, mit Nudeln der Firma „Möwe" und darüber geriebenen alten Parmesan, das ganze mit einem bulgarischen Rotspon Marke „Zar Simeon" angefeuchtet, hätte mich zu längeren Dankschreiben veranlaßt.

In meiner Betrachtung bin ich nun im Jahr 1972. In diesem Jahr kamen wir zu dem Schluß, daß die oberste Grenze in der Wilddichte beim Rotwild erreicht sein sollte. Als Bestand schätzten wir 4 Stück bezogen auf 100 Hektar Waldfläche. Nun war es aber schon lange zu spät, mit den bisher bei uns üblichen Methoden der Jagdausübung, mit Ansitz und Treibjagden auf kleiner Fläche von 50-100 Hektar, den Wildstand regulieren zu können. Die Bemühungen, das Rotwild in der Stückzahl möglichst genau zu erfassen, um dann den Abschußplan realer festlegen zu können, wurden zum Teil dadurch erschwert, daß die Jäger außerhalb des großen Waldgebietes alles unternommen haben, auch in dem kleinsten Feldgehölz sich einstellendes Rotwild vor jagdlichen Beunruhigungen zu schützen, in der Hoffnung, daß sie dann zur Jagdzeit ein Stück erlegen können.

Die Besiedelung außerhalb des Waldes ist keineswegs etwas negatives, sondern etwas natürliches, es ist eine wichtige Voraussetzung unsere Rotwildpopulation bewirtschaften zu können. Die Möglichkeiten des Lebensraumes werden besser ausgenutzt und die Schäden werden nicht auf kleine Waldflächen konzentriert.

Sehr ungünstig ist heute die Umkehr dieser Bewirtschaftungsweise, da sich die Pächter keine Wildschäden auf den Feldern leisten wollen, erlegen sie alles Rotwild in den Randzonen, das Wild bleibt im Schutz des Waldes und wechselt sehr zögerlich und nur bei völliger Dunkelheit dort heraus, um dem Jagddruck auszuweichen. Dies führt dann zu den bekannten irreparablen Verlusten an der Vegetation der Einstände und die Wald-Wildproblematik wird verschärft.

1973 erlegten wir im Wildforschungsgebiet 101 Stück Rotwild, aber damit immer noch zu wenig. Wenn in diesen Jahren das Moosbruch im Kern des Einstandsgebietes mit seinen rund 300 ha Wiesenflächen nicht melioriert und stark gedüngt worden wäre, hätten die Wildschäden sicherlich schon bedrohliche Formen angenommen. Aber sie waren auch so hoch genug und dies besonders in den Einständen des Waldes, was uns sehr beunruhigte. Unser ernsthaftes Bemühen erbrachte ein Jahr später eine Jagdstrecke von 160 Stück Rotwild, davon 97 Stück Kahlwild, das entsprach einer Nutzung von 2 Stück je einhundert Hektar Waldfläche.

Auch mit den alten Hirschen hatten wir 1975 weiter unsere Sorgen, es waren tatsächlich nur drei Stück, der „Basthirsch", der „Ferdinand" und das „Pferd" als reife Hirsche bekannt. Über eine von uns vermutete Ursache habe ich schon gesprochen, unsere Anforderungen an die Trophäenleistung der jungen Hirsche waren viel zu hoch, es sind zu wenig in das mittlere Alter eingewachsen, weil wir sie beinahe alle im Alter von 1-4 Jahren erlegt haben.

Aus gesammelten Daten unserer Stangensammlung, die auf 80 Reihen angewachsen war, entwickelten wir schrittweise eine neue Abschußrichtlinie für die Trophäenansprache.

Trophäenwirtschaft zweiter Teil

Unsere Hirsche brachten alle wenigstens eine Bronzemedaille, und dies spätestens ab dem siebten Kopf. Es kam uns darauf an, möglichst viele Hirsche in das entsprechende Alter wachsen zu lassen. Wir glaubten mehr Hirsche der Alter 1 bis 4 alleine dadurch zu schonen, daß wir uns Mühe gegeben haben, nur noch bis zum Mittelwert der Trophäenleistung im jeweiligen Alter zu selektieren und damit für einen gleichmäßigen Nachschub zu sorgen. Das auch dieses Modell noch entscheidende Fehler hatte, erkannten wir erst später, wie ich dies bei der Analyse der Reduktionsabschüsse erläutern werde.

Die besonders starken Silbermedaillenhirsche sollten in die Goldmedaillenklasse hineinwachsen. Wenn wir glaubten, daß sie die fehlenden

Punkte noch bekommen könnten, wollten wir sie bis zum 14. Lebensjahr alt werden lassen. Dies vergrößerte allerdings die Möglichkeit, daß uns diese Hirsche durch Unfälle oder Erlegungen außerhalb des Wildforschungsgebietes verloren gingen. Um solchen Verlusten vorzubeugen, warteten wir mit der Erlegung dann nicht länger, sobald ein Hirsch in die Goldmedaillenklasse hineingewachsen war. In solch einen Fall kümmerten wir uns nicht um das erreichte Alter. Wir kannten aus den intensiven Vermessungen der Abwurfstangen und aus den Auswertungen der erbeuteten Trophäen die Grenzen der zu erwartenden Punktzahlen. Ohne Fütterung brachten sie es auf 205 I-Punkte. Der Goldmedaillenhirsch blieb also auch bei uns die Ausnahme.

1975 erfolgte die Übernahme des Wildforschungsgebietes durch die Inspektion Staatsjagd beim Ministerium für Land-, Forst- und Nahrungsgüterwirtschaft, wie ich es an anderer Stelle schon gesagt habe. Für die Hirsche sollte dies keineswegs ein Unglück sein. Ab sofort dienten wir nur noch einem Herrn und die überhöhten Anforderungen an den Hirschabschuß nahmen ab. Unsere Vorschläge für die Abschußplanung wurden beachtet.

Etwas später wurden die Hirsche auch noch zusätzlich gefüttert, was sich positiv auf den gewünschten Effekt der Steigerung der Trophäenpunkte auswirkte. Gefüttert wurde vom Herbst (Eingewöhnung) bis in das späte Frühjahr (Hauptwachstumszeit der Kolben), ein Mischfutter aus Sojaschrot oder Sesamkuchen, Mais, Hafer, Kalk und Mineralstoffgemisch in Form von Pellets. Eine Nahrung mit einem hohen Eiweiß- und Kalkgehalt in günstiger Zusammensetzung für Wiederkäuer. Gereicht wurde es in halbautomatischen Magazinen. Im Jagdgebiet Klepelshagen wurde nicht gefüttert, wegen seiner Randlage zum Kern des Wildforschungsgebietes. Die Futterrationen waren in der Menge begrenzt und reichten nicht aus, um den ganzen Bestand zu versorgen, schon gar nicht im ganzen Einstandsgebiet, deshalb wurden die Fütterungen in den Hirscheinständen der Jagdgebiete Nettelgrund und Hammelstall errichtet.

Die Jäger, die behaupten, eine geringe Trophäe hätte für sie den gleichen Wert wie eine starke, mögen im Einzelfall recht haben, wenn sie dabei ein besonderes Erlebnis hatten, aber sonst werde ich immer an die Fabel vom Fuchs, dem die Trauben zu hoch hingen, erinnert. Außerdem, warum soll eine starke Trophäe nicht erstrebenswert sein? Allerdings darf dies nicht durch Fütterungen und überhöhte Bestände auf Kosten des Waldes erreicht werden, sondern stark ist relativ, nämlich das, was die Hirsche in der jeweiligen Landschaft bei einer wildtiergerechten Bejagung hervorbringen.

Daß mit unserer Selektion – die ja in der Praxis nur beim männlichen Wild möglich ist – ein züchterischer Effekt erreicht werden könnte, glaubten wir nicht. Dazu war die Population zu groß und ein Austausch einzelner Exemplare mit weiter entfernten Einstandsgebieten möglich.

Wenn es nicht schadet, kann man immer ehrlich sein. So will ich es jetzt schon gestehen, daß nicht nur dieses ausgedachte theoretische Modell beim Abschuß von 80 % Jungwild und 20 % ab dem Alter 5, die Futtergaben und unsere Gott ähnlichen Entscheidungen bei der Selektion die alleinigen Gründe für die späteren enormen Angebote von starken und stärksten Hirschen seine Ursache hatte, sondern es lag an der allgemeinen Erhöhung der Äsungsqualität. Das Rotwild lebte beinahe ganzjährig in dem von der Landwirtschaft zur „Verfügung" gestellten Schlaraffenland. Durch sehr hohe Düngergaben auf den Äckern waren die Feldfrüchte reich an Eiweiß, Kalk und Phosphor.

Diese „Wildäcker" sahen oft furchtbar aus. Aber diese Schäden haben ja „nur" einen Ertragsausfall für den jährlichen landwirtschaftlichen Haushalt zur Folge, sie erzeugen keinen bleibenden Schaden wie im Wald und sie lassen sich mit Geld ausgleichen. Die Schäden im Wald lassen sich nicht kurzfristig reparieren. Sie entscheiden über den wirtschaftlichen Erfolg in dem großen Zeitraum der Baumgeneration überhaupt und können die Vegetation so stark schädigen, daß die Nachhaltigkeit und die Diversität nicht gesichert ist. Die Schäden auf dem Acker wurden aus dem Topf des Staatlichen Forstwirtschaftsbetriebes Torgelow bezahlt. Für die Schäden im Wald hat man uns aber ganz persönlich an den Ohren gezogen und als Waldbauer hat es uns nicht gefallen, daß unsere Arbeit zu stark beeinträchtigt wurde, und deshalb unternahmen wir jetzt alle Anstrengungen, die hohen Kahlwildbestände zu reduzieren.

So kamen wir auf die Idee, eine Jagd mit über 150 Schützen ganztägig im Waldgebiet des Wildforschungsgebietes auf 6.500 Hektar zu organisieren. Wir besetzten alle wichtigen Hochsitze, ließen ein großes Jagdhelferaufgebot nach festen Plänen die Einstände beunruhigen, organisierten alles andere auch noch militärisch und waren vom Ergebnis nicht nur erfreut sondern auch erschrocken. War doch das Ergebnis mehr als erfolgreich: auf der Jagdstrecke lagen 174 Stück Rot- und Schwarzwild. Davon über 100 Stück Kahlwild. Das hatten wir nicht gewollt. Unser entscheidender Fehler: Die Jagd dauerte vom Morgengrauen bis zur Nacht. Dies ist barbarische Tierquälerei. Das sich im Kreis drehende Wild wurde unentwegt einen ganzen Tag lang beschossen. So etwas haben wir nicht mehr organisiert.

Maximal 3-4 Stunden darf solch eine Jagd dauern. Damit hatten wir aber eine wirksame Jagdmethode gefunden, die wir „Ansitz-Drückjagd" genannt haben. Wir fanden viele Nachahmer.

Mit dieser Jagdmethode hätten wir viele Probleme der Rotwildbewirtschaftung unter Kontrolle haben können. Unser Handeln war aber nicht konsequent genug. Gleichmäßig ließen wir die Bestände und damit Wildschäden ansteigen. Dies war aber nicht nur bei uns so, sondern auch im ganzen Bezirk Neubrandenburg und in anderen Teilen des Landes.

Denn dies ist ja eine wichtige Voraussetzung viele Trophäen ernten zu können, <u>ein hoher Wildbestand</u>.

Warum sich dies so auswuchs ? Ich denke, in unseren Köpfen lebte die Saat von Wilhelm II. und des Reichsjagdgesetzes. Wir verstanden als „Hege des Wildes" die Erhöhung der Bestände zur maximalen Trophäen- und Wildbretproduktion. Unsere Gesetze und hier zumindest bei der sogenannten Hege des Wildes, wurden aus dem Gedankengut des Reichsjagdgesetzes entwickelt, dazu kam die Anerkennung durch die Machtausübenden und auch die Befriedigung der persönlichen Wünsche bestärkten uns im Glauben an die Richtigkeit unserer Jagdmethoden.

Von den Verantwortlichen der Partei- und Staatsführung wurde diese Entwicklung in allen Gebieten geduldet und gefördert, da so auch die übermäßige Wiltierhaltung in den Staatsjagdgebieten verdeckt wurde. Des weiteren konnte auf den nationalen und internationalen Trophäenausstellungen mit den errungenen Medaillen allgemeine Aufmerksamkeit erregt werden. Damit wurde auch die Trophäe zum Leistungssymbol unseres Landes.

Der Trophäenjagd wurden ganze Wälder und gewaltige Geldmittel geopfert. Waldsukzessionen und Pflanzungen von Waldbäumen mußten durch Zäune geschützt werden. Alternative Waldbewirtschaftungsmethoden zum Altersklassenwald ließen sich nicht anwenden. Das von Hermann Krutsch am Beispiel der Reviere Bärenthoren und Hohenlübbichow weiter entwickelte Prinzip einer vorratspfleglichen Waldwirtschaft, dessen Kernstück das Nutzungsprinzip der Einzelstammpflege ist, wurde zwar 1951 zum generellen Waldbauprogramm in der DDR erhoben, aber neben den zeitbedingten hohen Abnutzungssätzen zur Erfüllung der Forderungen der Nachkriegswirtschaft sowie der schematischen Anwendung, waren es wohl auch die „Hegeerfolge" des Schalenwildes, die alsbald den

Dauerwaldgedanken wieder durch den Altersklassenwald ersetzen ließen. Zur generellen Durchsetzung einer naturgemäßen Waldwirtschaft in den Staatlichen Forstwirtschaftsbetrieben wäre eine entsprechende Forstpolitik und eine konsequente sachliche Kontrolle notwendig gewesen.

In dem in vielfacher Hinsicht fortschrittlichen „ersten Jagdgesetz" der DDR vom Jahre 1953 mit seinem ersten Grundsatz „die Jagd gehört dem Volke", wurde die Zusage gemacht, allen Bürgern das Jagdrecht einzuräumen. Mit einer Flut von Durchführungsbestimmungen wurde der Grundsatz eingeschränkt und durch das „zweite Jagdgesetz" vom 15.06.1984 gewandelt. Die entsprechende Formulierung im neuen Gesetz hieß: „Das Jagdwesen wird staatlich geleitet" und „die Wildbewirtschaftung erfolgt durch die staatlichen Forstwirtschaftsbetriebe".

Ich möchte zurückgreifend darauf hinweisen, das im genannten ersten Jagdgesetz von 1953 u.a. schon sehr vorsorglich die Bildung von Sonderjagdgebieten ermöglicht wurde . Wie schon an anderer Stelle beschrieben, wurde auf dieser Grundlage das Wildforschungsgebiet Rothemühl 1958 eingerichtet. In der Zusammensetzung der sozialen Herkunft seiner Jäger und in der Möglichkeit im WFG Mitglied zu werden, bestand damals kein Unterschied zu den anderen Jagdgesellschaften. Nun allerdings bekamen auch wir gleichzeitig mit dem Jagdgesetz von 1984 in seiner zweiten Durchführungsbestimmung: „Staatliche Jagdgebiete und Wildforschungsgebiete" vom 15.06.84 neue Formulierungen zur Einrichtung und Verwaltung. Es wurde geregelt, daß alle Belange durch die zuständigen zentralen Staatsorgane bestimmt werden. Damit war auch unser Gebiet de jure endgültig den normalen Jägern entzogen, denn „die Jagderlaubnisse für die in den staatlichen Jagdgebieten und Wildforschungsgebieten jagdberechtigten Personen werden durch das Ministerium für Land-, Forst- und Nahrungsgüterwirtschaft erteilt" §5(2), hieß es dort. Es war aber nur der letzte Akt, denn wie schon bemerkt, hatte sich unsere Jagdgesellschaft ja schon 1982 aufgelöst und die nun noch vorhandenen Jäger unterlagen der genannten Kontrolle.

Die Staatsjagd- und Wildforschungsgebiete in der ehem. DDR sind beinahe deckungsgleich mit den historischen Jagdgebieten des Kaiserreiches und des Nationalsozialistischen Reiches, die zu allen Zeiten der Befriedigung der Jagdleidenschaft von Partei- und Staatsgrößen dienten.

So machte die Restauration der jagdlichen Gesetzgebung und Jagdausübung nach der Revolution von 1848 auch nicht vor dem „Sozialismus" der DDR halt. Die Entwicklung konnte nicht durch die ablehnende Haltung der neuen Jagdherren, die aus dem Arbeiter-, Bauern- oder Handwerkerstand kamen und bisher nur Treiber oder abhängig Jagdausübende waren, aufgehalten werden. Der schon zitierte Grundsatz des ersten DDR-Jagdgesetzes von 1953 „die Jagd gehört dem Volke“ wurde nur zu schnell zur schönen Überschrift.

Es ist mir nicht möglich, alle die Staatsjagdgebiete, Armeejagdgebiete, Wildforschungsgebiete, Grenzsperräume, Gästegebiete u.s.f. aufzuzählen, dies muß ich einem anderen überlassen. Ich möchte nur feststellen, daß sie eins alle gemeinsam hatten, in ihnen jagten oft fernab wohnende Privilegierte, Jäger mit politischer oder wirtschaftlicher Macht. Das eigentliche jagdliche Handwerk wurde viel zu oft von uns Förstern erledigt.

Einen großen Einfluß auf unsere Ziele bei der Wildbewirtschaftung hatten die zahlreichen Trophäenschauen, auf denen der Wettbewerb um das stärkste Ausstellungsstück den wichtigsten Platz einnahm. Spitzentrophäen wurden gleichgesetzt mit besonderer Tüchtigkeit des betreuenden Forstangestellten. Diese Tradition hat bekanntlich ihren Ausgangspunkt in der ersten deutschen Geweihaustellung 1895 in Berlin, die von Wilhelm II. eröffnet wurde und auf der die gefütterten Hirsche des Fürsten Pless die höchsten Preise errangen.

Diese mit hochwertigem Futter aus den geringen schlesischen Hirschen produzierten Spitzentrophäen wurden zur Richtschnur auch aller unserer sogenannten „Hegebemühungen“. Nur einige Jahre nach der Gründung unseres Wildforschungsgebiet stand als Programm die Forderung, starke Trophäen ohne zusätzliches Futter zu erwirtschaften. Diese Linie wurde im WFG 1982 verlassen. In den Staat- und Armeejagdgebieten wurde schon weit vor dieser Zeit oft intensiv gefüttert. In den benachbarten sozialistischen Ländern hatten die zur Jagd gehenden Staats- und Parteichefs, inklusive zahlender Jagdgäste aus den nichtsozialistischen Ländern, mit ihren aus gefütterten Hirschen hervorgegangenen Trophäen, die besten der DDR um Längen überholt. Es bestand Nachholbedarf. (In der DDR gab es keine „Devisenjagd“, die Sicherheitsorgane hatten Angst vor unkontrollierbaren Kontakten und außerdem hätten die Staatsjagdgebiete als die „Trophäenreichsten“ geöffnet werden müssen. Gäste aus den westlichen Ländern blieben die Ausnahme).

Unsere Abwurfstangensammlung bekam für die Kontrolle der Ziele der Jagdwirtschaft eine zunehmende Bedeutung. Neben einer Grundlagenforschung hatte die Auswertung der Meßdaten darin ihre für uns wichtige Aussagekraft, daß sie Angaben über die Punktzahlen der Trophäe der lebenden Hirsche liefern konnte; für unseren täglichen Jagdbetrieb die wichtigste Information. Es gelang uns, den Höhepunkt in der Geweihentwicklung für fast jeden Hirsch mit hoher Genauigkeit zu bestimmen. Um das notwendige Zahlenmaterial zu erhalten, wurden die Abwurfstangen entsprechend der gültigen internationalen Anleitung für Hirschtrophäen vermessen. Daneben wurden auch Schädelknochen ohne Geweih von erlegten Hirschen gewogen, um die ermittelten Gewichte näherungsweise zu den Stangengewichten rechnen zu können. Nur bei der Auslage waren wir auf Schätzungen angewiesen. Wenn wir dann noch vorhandene Werte für den möglichen Zuwachs aus unseren statistischen Untersuchungsergebnissen dazu rechneten, hatten wir sehr genaue Angaben über das Geweih, welches der jeweilige Hirsch gerade trug. Jetzt konnten wir auf den aktuellen Hirschbestand gezielten Einfluß nehmen.

Etwa ab dem Jahr 1975 hatten wir auf dem Dachboden des ehem. Konsultationspunktes in Georgenthal (dessen Entstehungsgeschichte ich an anderer Stelle schon bschrieben habe) 100 bis 160 Abwurfreihen älterer, lebender Hirsche und dies machte die Sache so wertvoll. Zwar fehlte bei der einen oder anderen Reihe in einem Jahr einmal eine Stange oder der ganze Jahrgang, das minderte die Aussage aber nicht entscheidend. Durch die jahrweise Zuordnung und die Aufhängung an extra angefertigten Stellagen oder auch durch die einfache Lagerung auf dem Fußboden des riesigen Bodens konnte man sich einen ausgezeichneten Überblick jederzeit verschaffen. Bei entsprechender Übung gelingt es recht schnell, gefundene Abwurfstangen den Abwurfreihen zuzuordnen. Nur bei Stangen, die sich sehr ähnlich sind (wie es z. B. bei den Zwölfern der Fall ist) hatten wir unsere Probleme bei der Sortierung. Für eine längere Zeit lagen diese dann als Einzelstangen im Depot. In der Regel waren dies Stangen von Hirschen, die mit dem siebten Jahr zwar schon ein gutes Geweih trugen, aber sich als „Thronfolger“ gerade anmeldeten. Wenn sie dann älter wurden, wurde eine Zuordnung möglich. Eine weitere Ausnahme bildeten solche mit sehr ungleichen Stangen, bei denen es erst eine Weile dauerte, bis man hinter ihr Geheimnis kam.

Das Wichtigste bei der Auswertung der Stangen für unsere Entscheidungsfindung, ob der Hirsch erlegt werden sollte, war die Feststellung des Alters und die Masse seines Geweihs. Das Alter ist wichtig zur Beurteilung seines positiven oder negativen Standes zum Mittelwert und seine Masse zur Feststellung der erreichten Punkte.

Um das Alter möglichst genau bestimmen zu können, gaben wir uns große Mühe, besonders die jungen Abwurfjahrgänge den Reihen zuzuordnen. Die Aussagekraft solch einer Reihe, die am günstigsten mit dem zweiten Jahr beginnt, ist natürlich enorm groß und das nicht nur für den einzelnen Hirsch, sondern für die Beurteilung der jeweiligen Population.

Auf diese Sammlung waren wir sehr stolz und außer vielleicht in Rominten oder beim Fürsten Pleß in Schlesien wird es solch eine komplette Zusammenstellung anderweitig nicht gegeben haben.

Es läßt sich zwar nicht vermeiden, daß dieses oder jenes Thema mehrere Jahre unserer Entwicklung mit einschließt, aber ich wollte versuchen, in diesem Kapitel in der Reihenfolge der Jahre zu bleiben.

Als Kuriosum für das Jahr 1976 gilt der Fang eines Polarfuchses in einem Mardereisen in der Abteilung 6 des Reviers Hammelstall. Die Herkunft konnte nie geklärt werden, er wird aus menschlicher Gefangenschaft ausgerissen sein, ein Fußmarsch aus seiner Heimat in Richtung „Goldener Westen“ wäre sicherlich etwas zu weit.

In diesem Jahr mußten wir unsere Rotwildbestandsschätzung ein neuerliches Mal revidieren und feststellen, daß nun 8 Stück pro Hundert Hektar Waldfläche existierten, mit steigender Tendenz. Wir hatten also auch weiterhin viel zu tun, denn in einer Festlegung durch den Leiter der Inspektion Staatsjagd, Oberstlandforstmeister Johannes Richter, wurden 6 Stück/100 ha als Bewirtschaftungsziel bestimmt.

Bei Brunftkämpfen verletzten sich im Jahr 1976 fünf Hirsche tödlich und zwei verbuchten wir als „Spitzen-Hirsche“. Sie hatten zwar noch nicht das Alter, gaben aber zu den größten Hoffnungen Anlaß, die Hirsche „Primus“ und „Sekundus“. Der Lebensweg dieser Beiden ist insofern bemerkenswert, weil sie nicht auf dem Höhepunkt ihrer Trophäenentwicklung geschossen wurden, wie es unsere Absicht war. Der Hirsch „Primus“ überschritt weit seinen körperlichen Höhepunkt, lag auf einem Zuckerrübenfeld bei Matzdorf, konnte vor Schwäche nicht auf die Läufe kommen und erhielt als „Sterbehilfe“ eine Kugel. Der Hirsch „Sekundus“ zeigte bei seiner Erlegung noch nicht so einen starken körperlichen Verfall, stand um die Weihnachtszeit mit anderen Hirschen im Revier Spiegelberg und konnte vom Leiter des Gebietes, Forstmeister Puppe, erlegt werden. Beide Hirsche hatten ihr Höchstalter erreicht und waren etwa 16 bis 18 Jahre alt und obwohl ihre Geweihe stark zurückgesetzt hatten, trugen sie noch in diesem hohen Alter „Bronzemedaillentrophäen“. (Es war erfreulich, daß bei allem „Wollen“ wir doch einige heimliche Verstecke nicht unter Kontrolle hatten.)

Noch zwei weitere Hirsche erreichten in folgenden Jahren ein sehr hohes Alter. Den einen nannten wir den „Wiesenhirsch“, er wurde mindestens 18 Jahre alt. Einige Jahre trug er eine gute „Silbermedaillentrophäe“, hatte seinen Einstand im Revier Rothemühl und wurde auch dort, wahrscheinlich kurz vor seinem natürlichen Tod erlegt. Die Kauflächen seiner Zähne waren so weit heruntergeschliffen, daß sie kaum noch ein Wiederkäuen der Nahrung ermöglichten. Sein Geweih bestand nur noch aus ca. 50 cm langen Stümpfen. Das Wildbret hat der Forstbetrieb nach Berlin in ein exklusives Hotel verkauft. Der Koch muß ein sehr scharfes Messer gehabt haben, wenn er überhaupt ein Stückchen Fleisch abschneiden konnte. Die Gäste werden sich an der Beilage satt gegessen haben, denn das Fleisch muß zäh wie Sattelleder gewesen sein. Ein wahrlich exquisites Vergnügen.

Der zweite Hirsch von ca. 18 Jahren hatte die „Hirschbuchnummer 133". Er wurde vom wissenschaftlichen Direktor des Institutes für Forstwissenschaften in Eberswalde, Prof. Dr. Schütze, erlegt. Unser Spezialist, Hans Bohn, kochte das Haupt ab und setzte die Trophäe gleich auf ein Schädelbrett. Bei dieser Prozedur fielen einige Zähne und Zahnteile dieses

Immer noch eine Goldmedaille – aber schon „Neuzeit“

überalterten Hirsches aus dem Kieferknochen. Diese wurden von unserem Hans sorgsam in eine Tüte gesammelt und mit der Bemerkung: „ausgefallene Zähne von Prof. Schütze“ beschriftet und bei Gelegenheit mit der Hirschtrophäe überreicht. – Der Professor hat verdutzt gekuckt und wir uns sehr gefreut.

Wir erlegten 1978 im Wildforschungsgebiet 285 Stück Rotwild, dazu kamen noch 634 Stück anderes Schalenwild und 176 Stück Raubwild bzw. Raubzeug. Auf die Jäger in unserem Gebiet berechnet, bedeutete dies je Weidgenosse eine Erlegung von 18 Stück Schalenwild. Mit dieser zu erlegenden Wildmenge war bei den meisten Weidgenossen die zur Verfügung stehende freie Zeit restlos aufgebraucht. Denn zusätzlich zum Beruf hatte man oft noch eine „gesellschaftliche Tätigkeit“ in den bewaffneten Organen (hier besonders in den Kampfgruppen), als Helfer der Volkspolizei, Reservist der Nationalen Volksarmee oder in den verschiedensten ehrenamtlichen Funktionen der örtlichen Verwaltungen und betrieblichen Einrichtungen zu erledigen. Besonders diese ehrenamtlichen Posten verbrauchten viel Zeit, da man bei den Jägern eine vorbildliche Mitarbeit voraussetzte. Wollte man dies als Waffenträger nicht und bezeugte dem Staat nicht seine Loyalität, konnte man sich bei vielen Dingen hinten anstellen und hätte sich in der Neuzeit als „Opfer“ feiern lassen können.

Da immer ein Teil der Weidgenossen ihren Anteil an der Strecke von 18 Stück Schalenwild zur Erfüllung des Abschußplanes aus persönlichen oder anderen Gründen nicht bringen konnten, blieb für die aktivsten Jäger ein großer Teil übrig. Dies war nicht nur erfreulich, sondern oft harte Arbeit, denn es konnten über 100 Stück Wild sein, die vom Einzelnen zu versorgen waren. Ich schoß in dieser Zeit regelmäßig über 150 Stück Schalenwild jährlich. Da auch ich Mitglied der Kampfgruppe und Ratsmitglied meiner Wohngemeinde war, blieb mir wenig andere Zeit.

Die oben genannten 919 Stück erlegtes Schalenwild erbrachten 29,2 Tonnen Wildbret. Bezogen auf unsere Waldfläche waren dies etwa 500 kg/100 ha. Gerichte aus Wildbret schmecken gut und man braucht auch keine Sorge vor der Rinderseuche oder ähnlichem zu haben. Aber der gezahlte indirekte Preis war/ist dafür hoch. So ergaben von mir angestellte Schätzungen über die Aufwendungen zur Trophäenjagd, durch direkte Ausgaben an Futtermittel/Wildschäden und Betreuungsaufwand aber im besonderen durch indirekte Kosten, durch den Zwang keinen naturnahen Waldbau betreiben zu können, bis über 500 M für 1 kg Hirschwildbret.An dieser Stelle muß ich auch die Frage beantworten: wie konnten Schäden am Wald durch diese Wildmengen verringert werden?

Ich ließ durch Zäune und durch chemische, den Verbiß abweisende Mittel die Anpflanzungen schützen. Die Ausfälle bei den jungen Waldbäumen versuchte ich mit großen Pflanzenzahlen bei der Pflanzung vorzubeugen. Die Baumartenwahl konnte sich nur auf die „Wirtschaftsbaumart" Buche beschränken. Der Anbau von anderen Baumarten erfolgte grundsätzlich im Zaun. Nebenbaumarten hatten keine Chance zu wachsen. Natürliche Waldsukzessionen waren die Ausnahme. Naturverjüngungen erfolgreich einzuleiten war nur mit dem Großschirmschlag auf großen Flächen möglich. Nur ein Altersklassenwald kann überhöhte Wildmengen ernähren.

Die Mittel für den Haushalt kamen aus dem Staatsbudget und dieses wird ja aus den Steuergeldern gebildet. 1984 erlangte diese Betriebsweise in den staatlichen Jagdgebieten und Wildforschungsgebieten durch die zweite Durchführungsbestimmung zum Jagdgesetz seine Manifestation. So wurde in dieser Bestimmung geregelt, daß auch unsere forstliche Bewirtschaftung durch direkte Weisungen des Ministers für Land-,Forst – und Nahrungsgüterwirtschaft zu erfolgen hat. Wir wurden unabhängige, in den Forstbetrieben selbständig planende und abrechnende Einheiten. Unser Wald erhielt bei seiner Bewirtschaftung eine Sonderbetriebsklasse. Dies bedeutete in der Praxis, daß wir nur noch von unserer eigenen Verwaltung (der Inspektion Staatsjagd beim Ministerium für L-,F-u,N.) kontrolliert werden konnten. Auch die Leiter und Jagdleiter dieser Gebiete wurden vom Minister berufen. Und da die Leiter gleichzeitig als Stellvertreter des Direktors des Staatlichen Forstwirtschaftsbetriebes eingesetzt waren, war unsere Eigenständigkeit sehr groß. Die „forstliche" Sonderbetriebsklasse ermöglichte z.B. die Umtriebszeiten der einzelnen Baumarten zu ändern, d.h. sie nach oben zu verschieben, um u.a. in den meist lichtdurchlässigeren Althölzern für mehr Bodenvegetation zu sorgen, damit dem Wild mehr Äsung zur Verfügung stand. Diese Selbständigkeit sollte aber auch verhindern, keinen Unbefugten die geschälten Stangenhölzer o.ä. vorführen zu müssen. Auch wurde erfolgreich verschleiert, wieviel Mittel für die „Wildbewirtschaftung" verbraucht wurden. In diesem Budgetposten verschwanden auch die persönlichen Ausgaben und Aufwendungen zur Jagdausübung der jeweiligen örtlichen Jagdherren.

Bei der Betrachtung des Klepelshagener Waldes kann man feststellen, daß der Alterklassenwald diese Wildmengen recht gut vertragen hat. Die Holzvorräte im Klepelshagener Forst sind hoch. So betrug in meiner Dienstzeit von 40 Jahren die Holzmenge immer von/bis 300 Vorratsfestmeter/Hektar. Es ist ein sehr schöner Wald mit vielen natürlichen Lebensräumen. Aber auch dies ist nicht zu übersehen, daß es eben nur ein Alterklassenwald ist, in dem große Waldlebensräume durch belebte Ersatzgesellschaften abgelöst sind und daß viel zu oft die natürliche Walddynamik und Biodiversität gestört ist.

Es ist immer interessant die Entstehung eines Waldes in die geschichtliche Zeit einzuordnen. Vieles ist dann besser erklärbar. Wir ernten in Klepelshagen das Buchen-Stammholz, daß in einer Zeit entstanden ist, für die in der Literatur ein rotwildarmer Zustand angegeben wird. So soll das Rotwild nach der Französischen Revolution in Deutschland nahezu ausgerottet gewesen sein. Für das 19.Jahrhundert werden nur Restbestände in der freien Wildbahn genannt. Noch 1935 wird ein Kolbenhirschbestand auf der Zieglerwiese von 17 Stück vom Oberförster Wilke als sehr zahlreich bezeichnet.

Im Revier sind in den letzten vierzig Jahren 280 Hektar Jungbestände aus Pflanzungen auf Kahlschlägen und aus Naturverjüngungen unter Großschirmschlägen entstanden. Die massiven Verjüngungen und Voranbauten, im wesentlichen mit Buche, von 180 ha gelangen eben deshalb, weil ich immer große Flächen zur Verjüngung vorbereiten ließ und dadurch das Wild keine Möglichkeit hatte, die Menge der jungen Bäume ernsthaft zu reduzieren. Die Pflanzungen auf den Kahlflächen waren durch Zäune geschützt. Dazu lebte das Rotwild über die Vegetationsperiode meistens auf den Feldern. Für die jungen Waldbäume besteht heute bei dem in den Wald gedrängten Rotwild kaum eine Chance, sie für eine spätere qualitativ günstige Holznutzung zur Verfügung zu haben, sie werden zu intensiv verbissen und geschält.

Im Fortschreiben meines Berichtes bin ich nach der neuerlichen Abschweifung in den ausgehenden siebziger Jahren angekommen. Jetzt lebten so viele ältere Hirsche, daß man sie sich nicht mehr einzeln einprägen konnte. Nur noch die etwa zehnjährigen Hirsche konnte man „kennen“. Um eine Vorstellung über die Menge des Wildes zu vermitteln, will ich an dieser Stelle eine Zusammenstellung der bisherigen Entwicklung und einen Vorgriff auf die folgenden Jahre einfügen: Bis Mitte der 70iger Jahre hatten wir einen stetigen Anstieg auf rund 8 Stück/100ha (500-600 Stück im WFG) mit nachfolgender Reduktion auf 5 Stück/100 ha (300-350 Stück) im Jahre 1979. Danach einen wieder allmählichen Anstieg bis 1985 auf wiederum 8 Stück/100 ha mit neuerlichem Reduktionsabschuß. Für 1988 haben wir dann eine Dichte von 6 Stück/100 ha (400-450 Stück) angenommen. (Da wir keine Möglichkeit gefunden haben, unsere Wildbestände exakt zu zählen, muß ich die Angaben über die Bestandeshöhe in von/bis Stück angeben.) Für „mein" Jagdgebiet Klepelshagen bedeutete dies 80-130 Winter- und Feisthirsche (wie heute auch wieder), je nach der Bestandesschwankung im Gesamtgebiet. Kahlwild hatte wir immer recht wenig.

Interessant ist die Betrachtung der oben genannten zwei Perioden von Reduktionsabschüssen. Sie unterschieden sich in ihrer Ausführung wesentlich. So führten unsere Abschußanteile in der Jugendklasse des männlichen Wildes bis 1979 zu erheblichen Auswirkungen. Es sind im Zeitraum 1976-1979 zwischen 92 und 85 % des jeweiligen gesetzten Jahrganges bis zum Alter 4 erlegt worden. Mit den Abgängen in den Altern 5-9 Jahre erreichten nur 5 % das Erntealter.

Größte Schwachstelle des Reduktionsabschusses war der hohe Kälberabschuß. Kälber lassen sich von den Jägern zu allen Tages- und Jahreszeiten schnell und sicher ansprechen. Die Erlegung eines Kalbes vor dem Tier entspricht auch dem tief verwurzelten Begriff der sogenannten Regeln der deutschen Weidgerechtigkeit.

So wurde aus den Analysen sichtbar, daß wir einen viel zu hohen Anteil an männlichen Kälbern erlegten. Da bei Beibehaltung einer Abschußgeschlechterverteilung von 1:1 der nutzbare Zuwachs natürlich bei verringerten Beständen sinkt. Wenn dann weiterhin ein starker Reduktionabschuß geführt wird, geht dies zu Kosten der Kälber und/oder anderer i.d.R. der jüngeren Jahrgänge, da ja die Klasse der mittelalten Hirsche von uns weitgehend geschont wurde. Wenn die Reduktion über einen längeren Zeitraum erfolgt oder die Absenkungsrate sehr hoch ist, bleibt vom Nachwuchs u.U. kaum etwas übrig (siehe oben). Da nun der „zufällig" überlebende Rest uns nur den Anteil an Erntehirschen liefern konnte, änderten wir dies schnellstens.

Wir legten ein Abschußgeschlechterverhältnis von 40:60 m:w fest, und ermöglichten damit eine vorsichtige Abschußdurchführung in der Jugendklasse bei gleichzeitiger Reduzierung des Rotwildgesamtbestandes. Wir behielten für unsere Trophäenwirtschaft die wichtigen mittelalten Hirsche, hatten alte Hirsche und ausreichenden Nachwuchs. (Es ist unerläßlich, sich diesen Tatbestand in Abwandlung für jede andere Bewirtschaftung auch, an einer Modellrechnung deutlich zu machen).

Diese Jagdmethode gestattete, Hirsche mit einem Erwartungswert unter 180 Internationale Punkte in den Altern 6 – 8 zu selektieren, da diese Hirsche ohnehin selten in höhere Medaillenklassen einwuchsen, aber schon ansehnliche Trophäen lieferten.

„220 Internationale Punkte“

Der Abschuß dieser „Bronzehirsche“ hatte den Hintergrund, mehr Trophäen zu liefern, denn mit jedem erlegten Hirsch konnte ein „zusätzlicher“ aus der Altersklasse der 2-4 jährigen im Bestand verbleiben.

Im Streben nach einer optimalen Rothirschbewirtschaftung stellte sich bei der Auswertung der mathematisch-statistischen Streckenanalyse heraus, daß die meisten jungen Hirsche in ihrer Trophäenleistung sehr eng zum Mittelwert ihres jeweiligen Alters liegen. So fanden wir heraus, daß zwischen dem Abschuß in den Jugendklassen und der Qualität des verbleibenden Bestandes kein wesentlicher Unterschied bestand. An eine selektive Wirkung durch einen Wahlabschuß in dieser Altersklasse glaubten wir nicht. Deshalb beschlossen wir, die allgemein üblichen 80 % der Abschußplanung bis zum Alter 4 nicht zu erlegen, sondern möglichst erst ab dem Mittelalter mit der Selektion zu beginnen. Abhängig vom erlegten Kälberanteil legten wir für die restliche Strecke folgende Abschußanteile fest: 20 % Spießer, 30% 2-4 jährige, 30 % 5-9 jährige und 20 % über zehnjährige Hirsche. In der Praxis hieß das, daß nur Spießer bis 11cm (unter Lauscher)

Länge erlegt werden konnten. Bei den zweijährigen nur der schwache Sechser und im Alter 3 der durchschnittliche Sechser, sowie der schwache ungerade Achter. Wenn alle Achter abschußfrei sind, greift man sehr stark in die Bestände ein. (Auch beim 2-jährigen Hirsch trugen schon 40 % ein Achtergeweih). Da der Selektionseffekt in der jüngsten Altersklasse trotz dieser statistischen Daten von uns eben als gering eingeschätzt wurde, haben wir lieber festgelegt, möglichst viele Stücke in die nächste Altersklasse wachsen zu lassen.

Als Grundlage für unsere Modellrechnungen verwendeten wir u.a. auch die altersabhängigen Wachstumstrends der Wertziffer nach IP berechnet bzw. nach der analog verlaufenden Trophäenmasse aus Daten unserer Abwurfstangensammlung.

So zeigten uns die daraus dargestellten Kurvenbündel einen linearen Anstieg bis zum Alter 6, erst dann öffneten sie sich langsam und gestatteten eine Trennung zwischen den Medaillen. (In den meisten Beständen sind bis dahin jedoch etwa 90 % eines Jahrganges durch den „Wahlabschuß" erlegt). Erst mit zunehmendem Alter zeigte sich die genetische Veranlagung des Hirsches und dies oft sehr eindeutig.

Ich fasse das eben gesagte nochmals zusammen: unsere Bewirtschaftung erhöhte die Erntetrophäenzahl, verbesserte die Erntetrophäenqualität dadurch, das mehr Hirsche auf dem Höhepunkt ihrer Geweihentwicklung erlegt wurden und bewirkte eine Reduktion der Bestände.

So ließ die Festlegung die Abschußanteile von 40:60 m:w bei dem Reduktionsabschuß ab 1985 für die Jahre nach 1990 kein Absinken der Anteile an alten Hirsche am Bestand erwarten.

Jagdgäste und Jagdherr

Diese Bewirtschaftung des Rotwildes führte zu vielen Hirschen mit hohen internationalen Punkten (IP) für ihre Trophäen, und erhöhte die Anzahl unserer Jagdgäste. Das brachte uns zusätzliche Arbeit und oft genug Ärger. Mit wenigen Ausnahmen glaubte jeder an seine „überragende Größe" und stahl uns die Zeit , die wir für den eigentlichen Abschuß dringend benötigten, denn an der Erlegung von Wild ohne Trophäe hatten diese „Jäger" kein Interesse. Es blieb auch nicht aus, daß bei diesem oder jenem Gast ein jagdlicher Erfolg nicht ermöglicht werden konnte. Oft genug kam es dann dazu, daß er kraft seiner gesellschaftlichen Machtstellung seinen Unmut an der örtlichen Jägerei ausließ.

Wir wünschten uns, daß wir einen Jagdherrn bekämen, der uns alle diese lästigen Kleinfürsten vom Leibe hielt. (Wir konnte ja diese Mengen von Hirsche nicht alleine erlegen, keiner von uns hatte solch eine große Wohnung, in der wir die Trophäen hätten aufhängen können.)

1982 bekam das Gebiet solch einen mächtigen Mann.— Erst verstarb das Politbüromitglied der SED und Sekretär für Landwirtschaft, Grüneberg. Dann wollte der Generalsekretär E. Honecker auch noch dessen Jagdgebiet, die Nossentiner Heide, zu seiner Schorfheide dazu haben und für den neuen Sekretär für Landwirtschaft mußte ein neues Jagdgebiet gesucht werden und die Wahl fiel auf Rothemühl. So wurde 1982 das schon an anderer Stelle beschriebene Sonderjagdgebiet eingerichtet und das Politbüromitglied der SED Werner Felfe wurde unser Chef. Mit ihm hatten wir Glück, er war ein feinfühliger Mensch und fachlich qualifizierter Jäger, der sich auch über einen kleinen Erfolg noch freuen konnte und eine Fehlpürsch hinnahm, ohne gleich übellaunig zu werden.

So war es denn von 1982 an ruhiger geworden, weil wir nur noch für einen Chef jagdlich zu sorgen hatten. Da auch dessen Zeitfond begrenzt war, es viele Hirsche gab, fiel auch noch für uns etwas ab. Aus dem vorhandenen Bestand ergab es sich, daß wir über viele Jahre im Jagdgebiet Klepelshagen zwei Hirsche der „ersten Klasse" zum Abschuß zur Verfügung hatten. Einer davon war für uns. Wir waren 13 Jäger, die gemeinsam die Jagd ausübten, und so legten wir fest, beginnend mit dem „Ältesten", jeder bekommt in der Folge einen Hirsch als Schmuck für seine gute Stube frei. Gesagt, getan.

Da ich in den Jahren die meisten Erfahrungen sammeln konnte, durfte ich den jeweiligen Weidgenossen führen und damit war für zumindest einen Feiertag zusätzlich im Jahr gesorgt.

Wie ich es schon sagte, ab 1980 waren sie da, die Jahre die wir herbeigesehnt haben, nun hatten wir Hirsche und was für welche. Anfang Februar gingen wir schon einmal nachsehen, wie weit sie nach dem Abwerfen wieder geschoben hatten. Dies war natürlich purer Unsinn, wir waren aber der Meinung: schaden kann es ja auch nicht. Unsere Ehefrauen schüttelten darüber so manches mal den Kopf und waren der Meinung, wenn wir in dieser Zeit etwas sinnvolles machen würden, könnte dies auch nicht schaden; so z.B. „niedere Hausarbeiten verrichten". Langsam wuchsen so jeden Tag die Stangen ca. 1 cm und der Höhepunkt war dann erst einmal zum 1. Juli erreicht, wenn die Geweihe so gut wie fertig waren. Bis dahin hatten wir auch die geplanten Rehböcke erlegt und nun herrschte Ruhe im Revier. Die Hirsche saßen in den riesigen Kornfeldern und überließen es uns, darüber zu orakeln, wer von ihnen die stärksten Stangen hatte.

Mit jedem Tag, der dem Beginn der Jagdzeit am 1.August näher rückte, steigerten sich bei uns die Aktivitäten. Längst hatten wir in Auswertung unserer Abwurfstangensammlung festgestellt, welche Hirsche ihr Reifealter bzw. welche Medaillenklasse sie bisher erreichten. So stand für uns als wichtigste Frage, ob das, was unter dem Bast hervorkam wirklich so stark war wie erhofft und ob sie um die „ersehnten" Punkte zugenommen hatten?

Erst wenn die Hirsche gefegt hatten, konnte man genauere Prognosen abgeben. Immer wieder erlebten wir, daß einzelne Hirsche nicht daran dachten, das zu machen, was sie denn nach unseren statistischen Unterlagen hätten machen sollen. So gab es Abweichungen nach oben und unten. Neben der durchschnittlichen jährlichen Zunahme von 3 Punkten bei den älteren Hirschen konnten es auch einmal über 10 Punkte sein. Dies ist ein großer Spielraum, und dadurch stieg die Spannung erheblich. Um so mehr freuten wir uns, wenn die Überraschung positiv ausfiel. So ist uns die Entscheidung oft nicht leicht gefallen, ob der Hirsch in diesem Jahr schon seinen Höhepunkt in der Geweihentwicklung erreicht hat.

(Lieber Leser, nur Mut und weiterlesen, von Ihnen wird hoffentlich nicht verlangt, solch einen Trohäenkult zu treiben.)

Oft wurde im nachhinein noch eine Tragödie daraus gemacht, wenn sich herausstellte, daß durch falsche Ansprache oder ungenaue Einordnung der Abwurfstangen ein sogenannter „Fehlabschuß" getätigt wurde. Dabei ist es ja so tragisch nicht, wenn einer erlegt wird, der vielleicht noch nicht seinen Kulminationspunkt erreicht hat, der bei 9 bis 14 Jahren liegen kann. Es schadet dem sozialen Gefüge des Bestandes wohl kaum, nur einige Trophäenpunkte werden vergeben, bzw. es gehen heute die dafür zu erlösenden DM-Beträge für die Abschußerlaubnis verloren. Viel wichtiger ist die Harmonie in der Population, die u. a. durch eine <u>ausreichende</u> Anzahl von älteren Hirschen erreicht wird. Die Anzahl der Hirsche in den Altersklassen läßt sich aus den theoretischen Alterspyramiden für jeden Bestand bestimmen, vorausgesetzt es ist bekannt, wieviel Rotwild überhaupt vorhanden ist.

Ich auf jeden Fall achtete sorgfältig darauf, daß dem Erleger nicht ein bitterer Tropfen in den Becher der Freude fiel, wenn der Hirsch „falsch" sein sollte. Leider ist es nach wie vor so, daß am erlegten Stück die Diskussionen oft erst beginnen. Selbstverständlich ist eine „Ordnung" beim

Abschußplan des Rotwildes unerläßlich und eine Kontrolle desselben zur Einhaltung der Anteile in den Altersklassen und Geschlechter notwendig, sonst kann bei den hohen möglichen Lebensaltern eine sehr schiefe Alterspyramide oder ein unnatürliches Geschlechterverhältnis entstehen, die das Wohlbefinden des Wildes stört.

Zur Kontrolle der Altersschätzung beim erlegten Wild ist die Bestimmung über den Abschliff der Zähne z.Z. noch die probateste Möglichkeit. Ich habe für die Beantwortung dieser Frage sehr viel Mühe aufwenden müssen, denn es hing an dem Abschliff der Zähne oft genug die Anerkennung meiner Arbeit ab. Dabei wußte ich aus den gesammelten Erfahrungen, daß Abweichungen bei der Altersansprache über den Zahnabschliff bis zu zwei Jahren möglich sind.

Selbst bei unseren Kenntnissen der Entwicklung des einzelnen Hirsches durch seine Abwurfserie konnten Fehler geschehen, es genügte schon, wenn das Anfangsalter der Abwurfstangen falsch angesetzt, oder unvollständige Reihen die Ansprache unsicher machten.

Es ist doch kein Problem, solche „Fehler“ beim Erstellen eines folgenden Abschußplanes zu berichtigen. Welche Jäger haben schon die Möglichkeit, sich die Merkmale eines Geweihs an Abwurfstangenreihen einzuprägen? (Bösartige Handlungen will ich hier nicht diskutieren.)

Einem Hirsch beim Fegen seines Bastgeweihs zusehen zu können, wenn alle die „Herrlichkeiten“ sichtbar werden, gelingt auch bei einem größeren Wildbestand selten. Nur einmal ist mir dies aus wirklich kürzester Entfernung gelungen. Ich saß auf einer nur zwei Meter hohen Ansitzleiter, als drei ältere Hirsche bis auf zehn Meter an meinen Sitz heranzogen und einer noch dichter herankam, sein Geweih in einen Weidenbusch zu meinen Füßen steckte und heftig mit den Stangen schüttelte. Als er dann das Haupt aus dem Busch zog, hatte sich der Bast überall gelöst, hing aufgeplatzt in Fetzen herunter und der Schweiß lief herab. Die anderen beiden Hirsche zogen heran, bewindeten ihren Kumpel, der wie ein begossener Pudel dastand und das Genick einzog, wurden unruhig und zogen etwas weiter. Es war auch Zeit, denn ich hatte mich nicht getraut zu atmen.

Die Feisthirschjagd

In diesen für die Jagd vom 1.August auf den Feisthirsch dann folgenden, so entscheidenden zehn Tagen bis zum 10. August, in denen man möglichst den vorgesehenen und lange vorher Bestätigten erlegen mußte, fanden wir recht wenig Schlaf.

Viele Geweihträger wurden als Feisthirsche unsere Beute. Die laute Brunft hat für mich immer erst die zweite Rolle gespielt. Woran dies gelegen hat, weiß ich auch nicht so genau, auf jeden Fall trug diese Landschaft und ihre Eigenart dazu bei. Für mich war es immer wieder ein erregendes Erlebnis wenn die Hirsche morgens auf den Feldern aus dem Frühdunst auf einer Geländefalte sichtbar wurden und sich von der Sonne ihre Decke trocknen ließen. Oder auch wenn sie abends im Gänsemarsch zu einer Äsungsfläche wechselten. Die Stimmung dieser Jahreszeit, von der ich mich habe einfangen lassen, der Frühherbst mit seinen Geräuschen und seinen Gerüchen sind für mich wichtige Gründe, gerne die Feisthirschjagd auszuüben. Überhaupt waren zu allen Jahreszeiten die jeweiligen Stimmungen in der Natur für mich unerläßlicher Teil der Jagd. Dazu gehörten noch „Jagdkumpane“ mit denen diese Erlebnisse geteilt werden konnten, dann wurden sie doppelt schön.

Das für mich die Jagd auf den Brunfthirsch (genau so wie Jagd auf den Rehbock zur Blattzeit, oder auf den Keiler zur Rauschzeit) nicht an ersten Stelle in meinem Erlebniswert kommt, hat zum einen mit meiner Einstellung zu tun, denn das nicht im Vollbesitz seiner Sinne mächtige Tier zu erlegen, wenn es dafür sorgen muß, seine Art zu erhalten, auch wenn es von den Beihirschen und dem Kahlwild beschützt wird, mußte von mir zwar erledigt werden, konnte aber nie meine Zweifel an seiner Notwendigkeit beseitigen. Zum anderen hatte ich zu diesen Zeiten viel zu oft mit„Jägern“ zu tun, die nur eine Trophäe haben wollten. Auch kann man wegen des intensiven, nicht appetitlichen Geschlechtsgeruches den Braten erst nach langer Lagerung in der Kühlzelle mit vielen Gewürzen essen. Das in der Paarungszeit die männlichen Tiere bis zu 30 % ihres Wildbretgewichtes verlieren können, kommt für mich noch als Gegenargument hinzu.

Allerdings wurde ich auch einmal eines Besseren belehrt, daß man tatsächlich die Leber eines Brunfthirsches essen kann. Ein Jagdgast hatte einen Hirsch erlegt und den holte mir ein Fahrzeug der Landwirtschaftlichen Produktionsgenossenschaft Neuensund vom Erlegungsort nach

Georgenthal. Der Fahrer brachte noch einen jungen Mann mit, der beim Aufladen helfen sollte. Dieser warf begehrliche Blicke auf Leber und Herz, die ich beim Versorgen des Wildbrets vorsorglich als Futter für meinen Hund beiseite gelegt hatte. Von mir nicht ernst gemeint, denn sie roch sehr nach brunftigem Hirsch, fragte ich ihn endlich, ob er sie denn haben möchte. Er wolle sich dies noch überlegen, meinte er. Als ich am Nachmittag nach Hause kam, sagte mir meine Frau, Herr „Adenauer" hätte sich die Leber geholt. Der junge Mann trug den schönen Spitznamen „Adenauer", weil er gewisse äußere Ähnlichkeiten wie der ehemalige Bundeskanzler der BRD hatte. Er war also nicht gerade das, was man als einen schönen Jüngling bezeichnet. Nun bekam ich über meinen Scherz doch erhebliche Bedenken. Am nächsten Morgen bin ich zum Besprechungsort der LPG gefahren, an dem die täglich anstehende Arbeit eingeteilt wurde. Kleinlaut habe ich mich der Gruppe genähert und erwartete nun eine Zurechtweisung. Ich fürchtete, das halbe Dorf hätte am Vorabend durch den starken Geruch beim Braten der Leber evakuiert werden müssen. Nichts dergleichen. Die Nachbarn wußten zu berichten, daß beim „Leberbesitzer" ein großes Essen stattgefunden hat. Er hatte sich noch eine Reihe seiner Freunde eingeladen und die hatten wahrhaftig die ganze Leber aufgegessen. Wie sie die Leber zubereitet hatten, haben ich nie erfahren. Ich war auch nicht sonderlich neugierig, denn ich hatte trotzdem nicht die Absicht, es auszuprobieren.

Diese Jagd auf den Feisthirsch ist etwas stilles, sehr stimmungsvolles. Mit großer Orts- und Fachkenntnis ausgeübt, verursacht sie geringere Störungen als andere Jagdarten, sie ist für den Wildbestand eine schonende Jagd.

Der schwerste Feisthirsch im Jagdgebiet wurde von mir erlegt. Er wog 198 kg ohne Haupt und trug bei einem Alter von acht Jahren nur acht Enden an seinen Stangen, hatte aber 31 cm Rosenumfang. Nach dem Schuß fiel er in einen trockenen Graben mit einer hohen Böschung. Versorgen konnte ich ihn dort unten, aber bewegen nicht. Mit fünf kräftigen Waldarbeitern holten wir ihn hervor.

So kam nach und nach eine größere Anzahl (ca. 2/3 der älteren Jahrgänge, oder 2-3 Stück/jährlich) von erlegten Feisthirschen in Klepelshagen zusammen und ich hatte oft den Eindruck, daß auch andere Jäger den Reiz dieser Jagd in sich aufnahmen.

Die Organisation der Feisthirschjagd forderte jedes Jahr neue Überlegungen. Es gab immer wieder neue Örtlichkeiten und zeitliche Verschiebungen. In dieser Jahreszeit bestimmt das Äsungsangebot die Aktivität der

Hirsche. Man muß herausfinden, wo sie ihre Äsung auf den landwirtschaftlichen Flächen suchen, denn nur hier finden sie in der Regel schnell reichliche Nahrung in den kurzen Nächten dieser Jahreszeit. Wenn man dann durch Erfahrung ihre Einstände kennt und weiß, wo die Wechsel sind, gilt es nur noch ein Plätzchen zu suchen, wo der Wind günstig und im Gelände gute Sicht vorhanden ist, dann gelingt es mit etwas Glück, die Hirsche anzusprechen. Ist dann noch der gesuchte Hirsch dabei, kann es zum jagdlichen Erfolg kommen. Vorausgesetzt, daß die Hirsche noch bei Tageslicht aus ihrem Bett aufstehen und sich bewegen, daß sie ihren Wechsel nicht verlegen, weil die Landwirte die „Hirschäsung" abernten, ein Pilzsammler, ein Liebespärchen oder sonstiger „Befugter" mit seiner störenden Anwesenheit die schöne Planwirtschaft über den Haufen wirft. Hier hilft dann nur, Bedingungen auszukundschaften und als Jäger „Unverdrossen" die Möglichkeiten zu nutzen. Diese ganzen „Wenn und Aber", die notwendige Revierkenntnis bis in den letzten Winkel, die Erfahrung über die Eigenarten des bodenständigen Rotwildes und dies bei jedem Wetter, das ist die Feisthirschjagd.

Auch bei der Erlegung des „Einshirsches" durch meinen Freund Herbert glaubten wir zunächst an eine perfekte Planung. Deshalb hatten wir den Hirsch aber lange noch nicht. Der unglaublich kleine Einstand (ein Buchenhorst etwa 0,25 ha groß), den er und noch einige Hirsche gewählt hatten, war so günstig, daß wir bei dem gerade herrschenden Ostwind überhaupt nichts unternehmen konnten. Erst der Gewittersturm aus Südwest, entschied über die Erlegung des sehr starken Hirsches. Etwas Aufregung gab es nachher auch noch beim Versorgen des Wildbrets: Meinem Freund Herbert fiel eine Grandel ins hohe Gras. Lange haben wir gesucht, bis wir sie gefunden hatten.

Bei diesem Hirsch war es der drehende Wind des Gewitters, ein nächstes Mal der starke Regen auch von einem Gewitter, der den Erfolg brachte. Die Landwirte konnten das nasse Kornfeld nicht mähen, so haben der Weidgenosse Emil und ich zwei Tage Zeit gewonnen. Auf dem Wechsel zu diesem Kornfeld zog das Hirschrudel so schnell, daß an ein sicheres Ansprechen nicht zu denken war. Wir mußten sie anpirschen. Dabei fanden wir einen verflogenen Kinderluftballon, den Opa Emil sofort als ein gutes Geschenk für seinen Enkel an seinen Rucksack band und das war ein seltsamer Anblick: Zwei schleichende Jäger und ein grellbunter Luftballon. Erst mein energischer Protest hat geholfen, und er hat dieses nicht zu einer Jagdausrüstung gehörende Ding an einen Strauch gebunden. Beim Einholen des erlegten Hirsches hat er den Luftballon nicht vergessen.

Der wissenschaftliche Betreuer des Wildforschungsgebietes, Dr.Lutz Briedermann, sollte auch einen Feisthirsch erlegen und wir beauftragten den erfahrenen Revierförster Heinz Schaupp, ihm als Jagdführer behilflich zu sein. Rotwild ist eine sehr vorsichtige Wildart, Störungen wird kompromißlos aus dem Wege gegangen. So können sie sehr gut äugen und selbst auf einem Hochsitz kann man sich durch heftige Bewegungen verraten. Dies hatte der Revierförster bedacht und entsprechend vorgesorgt. Vor dem Besteigen der Ansitzkanzel machte er – natürlich nur mit entsprechenden Gesten – auf einige Fichtenbrüche aufmerksam, die neben der Leiter lagen. Wie uns nachher der Weidgenosse Dr. Lutz Briedermann berichtete, hat er gedacht, donnerwetter sind die hier im Wildforschungsgebiet penibel und hat gründlich seine schmutzigen Gummistiefel darauf abgeputzt. Erst heftiger gestenreicher Einspruch des Jagdführers machte ihm klar, daß er die Zweige mit auf den Hochsitz nehmen sollte, um dahinter sein helles Bürogesicht zu verstecken. Jagderfolg haben sie trotzdem gehabt.

Der Hirsch, mit der stärksten je im Revier Klepelshagen erlegten Trophäe, von 224 IP, war auch ein Feisthirsch. Der 1. August 1988 war vergangen, der 2. und der 3. auch. Die Hirsche waren weg. Dabei hatte ich den „Gedrehten“ nicht aus den Augen gelassen. Er hatte mit zehn anderen Hirschen in der Umgebung des Reeksees seinen Einstand. Rings um die Schilffläche, die sie zeitweilig als Einstand bezogen, wuchs Weizen, von dem sie reichlich ästen. Wenn sie dann zwischendurch in die nahe Buchenverjüngung zum Wiederkäuen zogen, wo ich sie von einem günstigen Hochsitz beobachten konnte, mußte ich ihre Verdauungsgeräusche anhören, sie benahmen sich ausgesprochen unanständig.

Erst am 4. August waren sie morgens wieder in der Buchenjugend, jeder suchte sich den für ihn günstigsten Platz und ließ sich mit dem vollen Pansen zum Verdauen und Dösen nieder. Für mich gab es nun kein Rasten, sondern ich führte mit der Sekretärin des Büros von Werner Felfe im Gebäude des Zentralkomitees der SED in Berlin wichtige „Staatsgespräche“. – Unter dieser Bezeichnung wurden derartige Gepräche geführt, solche Gespräche wurden von der Telefonvermittlung sofort verbunden. In diesem Fall wurde mir jedoch gesagt, der Genosse Felfe hat keine Zeit, er hat eine Besprechung mit einer chinesischen Delegation. Nach einer Weile kam dann doch die Anfrage, ob der Hirsch noch da wäre. Woher sollte ich das wissen, ich saß doch am Telefon? Ich log natürlich, ja er ist noch da, aber sicher nicht mehr lange und ist es denn nicht möglich, die Delegation mit anderem zu beschäftigen, z.B. eine Besichtigung Berlins mit Begleitung? Es war möglich, die Chinesen anderweitig abzulegen, denn nach einigen Rückgesprächen um Detailinformationen kam dann die Mitteilung: „Der Genosse Felfe ist um 15,00 Uhr an der Straße von Strasburg nach Rothemühl, an der Abzweigung Klepelshagen; bringen sie seinen Jagdanzug mit.“ Habe ich auch gemacht, aber dabei ein grünes Oberhemd vergessen. Nachdem er hinter der offenen Autotür meines Geländewagens beim Kleiderwechsel ein paar Politbürounterhosen den vorbeifahrenden Bürgerinnen und Bürgern gezeigt hatte, saßen wir um 15,30 Uhr auf dem Hochsitz. Ich in kompletter Jagdkleidung, er in halber Ordnung, mit grüner Jacke und Hose, aber in weißem Oberhemd mit rotbuntem Schlips. Um 16,00 Uhr standen die Hirsche auf. Der erste Schuß ging oben darüber, der zweite ließ den Hirsch blitzartig verenden.

Für die achtziger Jahre kann ich feststellen, daß es Jahre der Ernte starker Trophäen waren. Es gab nicht mehr das Problem, ob ein Hirsch erlegt werden konnte, vielmehr welche von ihnen wir erlegen wollten. Auch hatte keiner unserer Jäger es nötig, auf den anderen neidisch zu sein, es reichte nach Abzug der „Gästehirsche“ trotzdem auch für uns. Die Abschußfreigaben der älteren Hirsche wurden in der Reihenfolge nach dem Alter der Weidgenossen vergeben. Beim Bestätigen der vorgesehenen Hirsche halfen alle Weidgenossen bei der notwendigen Zuarbeit, damit diese auch erlegt werden konnte. Wenn auch unsere gemeinsam bejagten Jagdgebiete groß genug waren und es selten notwendige Jagdbeschränkungen aus Rücksicht auf den aktuellen Hirschjäger gab, wünschte sich doch jeder die gleiche Hilfe, wenn er dann selbst an der Reihe war. So hat jeder Weidgenosse unseres Gebietes seine kapitale Trophäe an der Wand und kann an langen Abenden seine Erinnerungen pflegen.

Epilog

Wir schreiben das Jahr 1989. Die Jagd – und besonders die auf den Rothirsch – spielte in den Reden an den sog. Runden Tischen und anderswo um die Neuordnung der Gesellschaft eine große Rolle. Wir hatten uns vieler persönlicher Angriffe zu stellen.

Tief bewegt hat mich 1990/91 der Anblick der in den Garagen von Georgenthal gelagerten 236 Rothirschtrophäen des Bezirkes Neubrandenburg, die alle eine Medaille bekommen hatten. 1988 waren es lediglich 57 Medaillentrophäen. Viele Jäger bedienten sich in Torschlußpanik. Auch aus anderen Landesteilen reisten nicht wenige an und beteiligten sich als „hilfsbereite Jäger", an der, von einer Pressekampagne begleiteten, „Reduzierung der Wildbestände". Wie viele Trophäen mögen nicht vorgezeigt worden sein? Seltsam mutet es schon an, wenn die „Reduzierung" beim Hirsch begann, nicht beim Zuwachsträger Kahlwild, was unschwer aus den Abschußmeldungen ablesbar ist. Sichtbarer konnte kaum der vorherrschende Trophäenkult in Deutschland demonstriert werden. ("Viele Jäger sprechen die gleiche Sprache").

Diese sogenannte Wendezeit hat ein noch sehr zahlreicher Bestand des Rotwildes überlebt. Es besteht in dieser Population keine Gefahr, daß die Art z. Z. gefährdet ist. Wollen die Jäger ihrer übernommenen/übergebenen Aufgabe aber nachkommen, ist persönliche Verantwortung notwendig. Heute, nicht morgen wird um die weitere Existenz des Rotwildes entschieden. In einer klugen und engagierten Abwägung sind sowohl die Interessen des Menschen, als auch die Bedürfnisse des Wildes in Übereinstimmung zu bringen. Die Jäger müssen sich als die Partner und Vollzugshilfen aller Landnutzer verstehen. So werden weder die Landwirte, noch die Waldbauern jeder für sich allein einen Rotwildbestand erhalten können. Die Landwirte müssen von jedem Quadratmeter ihres Landes Höchsterträge erzielen, sollen ihre Betriebe wirtschaftlich überleben. Die Waldbauern werden das Rotwild bei den im Waldgesetz von Mecklenburg/Vorpommern festgelegten Grundsätzen und den von der Landesregierung verabschiedeten Zielen einer naturnahen Forstwirtschaft, auch nicht ausschließlich ernähren können. Man darf aber erwarten, wenn es nicht um die Interessen der Jäger für eine Trophäenproduktion geht, in der Gesellschaft die notwendige Unterstützung zu erhalten, wenn es um die Erhaltung von Lebensräumen und den darin lebenden Wildtieren geht.

Es wird nicht möglich sein, eine Forstwirtschaft hinter kilometerlangen Zäunen vorzunehmen und auf eine naturnahe Bewirtschaftung zu verzichten. Deshalb dürfen die Wildbestände ein waldverträgliches Maß nicht übersteigen. Es ist nicht möglich, dem Wild für seine Nahrungsaufnahme die Gestaltung des Waldes zu überlassen, der Mensch benötigt Holz als wichtigen Rohstoff.

Aber auch unerläßlich ist es, die Forderung zu stellen, daß die auf den landwirtschaftlichen Flächen entstehenden Ertragsausfälle durch die Nahrungsaufnahme des Rotwildes, den Landwirten aus den öffentlichen Kassen beglichen werden.

Die Gesellschaft muß ihr Kulturgut **ROTWILD** als ein solches behandeln und sich der Erhaltung dieser freilebenden Wildart annehmen.

Für die Weiterführung der Waldentwicklungskonzeption von Klepelshagen besteht Handlungsbedarf. Es geht um die Zukunft des in vielen Ansätzen vorhandenen naturnahen Waldes. Für Äsungsverbesserung auf der Feldflur des Gutes wurden große Anstrengungen gemacht und eine kleine Zone absoluter Jagdruhe geschaffen. Das führte bei den zur Zeit hier lebenden Tieren nicht zu der erhofften Verringerung der Nahrungsaufnahme im Wald. Das Rotwild sucht aus Tradition und weil es in den Waldbeständen am Tage die gewünschte Ruhe und Sicherheit findet, diesen auf. Die relativ kleinen Waldflächen können das Nahrungsbedürfnis für die vielen Tiere in den Tagesäsungsperioden nicht decken und es kommt eben zu irreparablen Schäden an der Vegetation. Die Bäumchen werden so stark geschädigt, daß sie für eine qualitative Holzprodution nicht mehr zur Verfügung stehen.

Nur die Integration des Rotwildes in unsere Landschaft- und Lebensräume durch eine gemeinsame Bearbeitung des Problems von allen Landnutzern und ihren Organisationen- und Interessenvertretern ist der Schlüssel für die Erhaltung des Rotwildes und aller anderen Wildarten. Besonders betonen möchte ich nochmals, nur wenn auch der Acker zum ungestörten Lebensraum für das Rotwild wird, die dort verursachten Ertragsausfälle nicht vom Jäger bezahlt werden müssen, sondern wenn die Gesellschaft dafür einsteht, hat des Rotwild eine Chance nicht auf die Rote Liste gesetzt zu werden. Aber auch nur dann haben die Jäger als die vollziehenden Partner in der Landnutzergemeinschaft eine Möglichkeit ihr Handwerk weiter auszuüben.

Ich möchte durch Nutzung die Natur erhaltend gestalten, so habe ich meinen Beruf als Förster und Jäger verstanden, daß ich dabei den Pfad der Tugend verlassen habe, liegt sicherlich daran, daß ich ein Mensch bin.

Zuversichtlich ist, daß bei vielen Menschen und erfreulich wie längst auch bei mir, die Erkenntnis gereift ist, daß die Gesellschaft starke ökologische Anwälte braucht, die nachdrücklich für den Natur- und Umweltschutz eintreten.

Der Trophäen-Fetischismus hat in die Sackgasse geführt. Ich wurde verleitet, nach großen Stückzahlen zu streben, erst die lassen ja eine hohe Trophäenausbeute zu. Damit haben wir Konflikte zu anderen Landnutzern geschaffen. Da die jagdlichen Interessen mit der politischen und wirtschaftlichen „Macht" durchgesetzt wurden, hat die Gesellschaft uns Jäger in zunehmenden Maße abgelehnt. Ich hoffe, daß ich mit diesen Aufzeichnungen einen Beitrag leiste, der zum Umdenken im Jagdwesen führt, mit der Hauptaufgabe, den Lebensraumschutz als Ziel zu erklären und ihn nachhaltig zu gewährleisten.

Die ausschließliche Trophäenjagd hat keinen Beitrag zur Erhaltung der Jagd geleistet, sondern uns oft in den Augen von Nichtjägern unverständlich dargestellt. Von ihnen konnte nicht nachvollzogen werden, daß willkürlich festgelegte Meßdaten am Hirschgeweih etwas aussagen können über einen materiellen Wert und man dazu den ideellen Wert so hoch ansetzen kann, daß Zwang ausgeübt wurde um eine Trophäe zu erbeuten. Die politische Macht (das System) der ehemaligen DDR ließ es zu, das einzelne Jäger das Privileg übermäßig für sich beanspruchten und starke Trophäen zum ausschließlichen Ziel erklärten. Um die dabei entstandenen erheblichen Schäden an den anderen Naturgliedern kümmerten sie sich nicht. Daß von diesen „Mächtigen" auch noch die Jagd, ohne die örtliche Jägerei mit einzubeziehen, ausgeübt wurde, hat bei den Gesprächen zur politischen und gesellschaftlichen Veränderung von 1989/90 einen erheblichen Platz eingenommen. So konnte es nicht ausbleiben, daß von vielen Menschen nach dem Sinn der Jagd gefragt wurde. Zumal auch die handwerkliche Arbeit von diesen „Jägern" den dafür bestellten Gehilfen (oft Förster) überlassen wurde. Auch hat es nicht gerade zur Akzeptanz der Jagd beigetragen, daß erhebliche Kosten aus dem Staatshaushalt für die Haltung von Wild zur Trophäenproduktion in die Kosten für die Forstwirtschaft geflossen sind. Zu allem Überfluß sind noch für die persönlichen jagdlichen Belange der „Jagdherren" Steuergelder ausgegeben worden, dies hat bei seinem Bekanntwerden viele Bürger unseres Landes sehr verärgert.

Die Hypothek dieser einseitig praktizierten Jagdmethode steht noch in unserem Grundbuch. Nur durch unseren sinnvollen Beitrag in Partnerschaft aller Landnutzer, können wir sie abtragen. Wollen wir dies nicht, kann die Gesellschaft sehr wohl auf uns Jäger verzichten. Die Jagdausübung muß durch eine gesellschaftliche Gegenleistung, den Erhalt der biologischen Nachhaltigkeit, abgerechnet werden, dann wird die öffentliche Meinung (Steuerzahler) bereit sein, Geld für die Erhaltung der jagbaren Tiere zur Verfügung zu stellen.

In diesem Bericht habe ich als eine Schlußfolgerung leider feststellen müssen, daß durch unser kurzsichtiges Denken bei der Wildtiernutzung zur einseitigen Trophäenproduktion, von uns viel zu oft das Handeln für die Aufrechterhaltung der natürlichen Prozesse in den Biotopen unterlassen wurde. Dies hat dazu geführt, daß andere „Verantwortliche", die eine jagdliche Tätigkeit für überflüssig halten, über eine Bestandsregulierung beim Rotwild und den anderen Wildarten nachgedacht haben. Das sie dabei zu solchen Schlußfolgerungen gekommen sind, durch eine gezielte Geburtenregelung die Regulierung der Wildbestände vornehmen zu wollen und die dazu notwendige „Pille" schon erfunden haben, hat mich sehr nachdenklich gemacht. Ich möchte alles unternehmen, daß es dazu nicht kommt.

Da ich sicherlich hundert Jahre alt werde in diesem gesunden Wald, kann ich bis dahin meine forstliche und jagdliche Tätigkeit weiter betreiben und sicherlich noch erleben, daß meine Wünsche Wirklichkeit werden. Nicht nur da ich dieses Buch noch einmal ergänzen, sondern auch in diesem herrlichen Revier Holz ernten und bei Hundegebell und Jagdhörnerklang weiterhin zur Jagd gehen kann.

Wenn mir dies nicht gelingt, ist es auch nicht so schlimm, ich wünsche dann nur, es finden sich viele, die den Staffelstab weiter tragen, daß noch nach Jahrhunderten festgestellt wird: Der wunderschöne Wald von Klepelshagen mit allen seinen Bewohnern lebt und der Mensch sorgt dafür, daß er seine vielfältigen Leistungen nachhaltig auf natürlicher Grundlage bringen kann.

Literaturverzeichnis

Ammon,W., Das Plenterprinzip in der Waldwirtschaft, Berlin/Stuttgart 1951.

Arbeitsgemeinschaft Naturgemäße Waldwirtschaft, Blankmeister-Ehrung 1998, Lohmen 1998.

Beiträge zur Jagd- und Wildforschung 1-15, Berlin.

Beninde, J., Die Fremdblutkreuzung beim deutschen Rotwild, Jena 1940.

Beninde, J., Zur Naturgeschichte des Rothirsches, Leipzig 1937.

Benzel, W., Im Paradies der Hirsche. Rotwilderfahrung des letzten Wildmeisters beim Fürsten Pless, Hamburg/Berlin 1967.

Bertsch, K., Geschichte des deutschen Waldes, Jena 1953.

Bode, W. und v. Hohnhorst, M., Waldwende. Vom Försterwald zum Naturwald, München 1995.

Bode, W. und Emmert, E., Jagdwende, München 1998.

Briedermann, L., Der Wildbestand – die große Unbekannte, Berlin 1982.

Briedermann, L., Schwarzwild, Berlin 1990.

Bundesministerium für Ernährung, Landwirtschaft und Forsten, Bundesjagdgesetz, Bonn 1990.

Gayer,K., Der gemischte Wald, seine Begründung und Pflege, insbesondere durch Horst- und Gruppenwirtschaft, Berlin 1886.

Gesetz über das Jagdwesen der DDR 1953.

Gesetz über das Jagdwesen der DDR 1984.

Gottschlich, H.J., Biotop und Wuchsform, Untersuchungen an der Rehwildpopulation des Forschungsgebietes Rothemühl, Beitrag Jagd und Wildforschung 1966.

Gräfner, G., Wildkrankheiten, Jena 1986.

Jagdgesetz des Landes Mecklenburg-Vorpommern 1992, Schwerin 1992.

Keudell, W. von, 34 Jahre Hohenlübbichower Waldwirtschaft, Neudamm.

Krutzsch, H., Waldaufbau, Berlin 1958.

Meynhardt, H., Schwarzwild Report, Leipzig 82.

Möller, A., Der Dauerwaldgedanke – Sein Sinn und seine Bedeutung, 1923.

Müller, H.J., Untersuchungen zur Bemessung der wirtschaftlich tragbaren Wilddichte, Diss. Eberswalde 1963.

Ortega y Gasset, J., Meditationen über die Jagd, Stuttgart 1953.

Peterson, R., Die Vögel Europas, Hamburg 1956.

Reininger, H., Zielstärken-Nutzung, Wien 1987.

Rothmaler, W., Exkursionsflora I, II, Berlin 1958.

Scamoni, A., Waldgesellschaften und Waldstandort, Berlin 1951/1960.

Spielmann, E., Populationsdynamische und morphometrische Analyse der Klepelshagener Rehwildstrecke 1964-1991, unveröffentlich, Klepelshagen 1998.

Staatliche Jagdgebiete und Wildforschungsgebiete. 2.DB zum Jagdgesetz der DDR 1984.

Stubbe, C., u. Passarge, H., Rehwild, Berlin 1980.

Stubbe, H., Buch der Hege I, II, Berlin 1982.

Thomasius, H., Wald Landeskultur Gesellschaft, Jena 78.

Wagenknecht, E., Scamoni, A., Richter, A., Lehmann,J. , Wege zu standortgerechter Forstwirtschaft, Radebeul 1956.

Wagenknecht, E., Die Altersbestimmung des erlegten Wildes, Berlin 1984.

Wagenknecht, E., Bewirtschaftung unserer Schalenwildbestände, Berlin 1978.

Wagenknecht, E., Rotwild, Berlin 1981.

Waldgesetz für das Land Mecklenburg-Vorpommern, Schwerin 1993.

Wendt, U., Kultur und Jagd, Berlin 1908.

Zum Autor

Heinz Lenkat: Geboren am 11. November 1936 in der Charite / Berlin-Tiergarten. Sohn des aus einer ostpreußischen Landwirts- und Pferdezüchterfamilie stammenden Fleischers Paul Lenkat. Aufgewachsen in Pyritz/Hinterpommern bei der Großmutter. 1945 Aussiedlung der Großeltern nach Warthe/Uckermark und der Eltern nach Berlin-Neukölln. Besuch der Grund-Schule in Berlin aber auch einer einklassigen Pantoffelschule in Warthe.

1952 Beginn der Lehre als Forstfacharbeiter im Staatlichen Forstwirtschaftsbetrieb Lychen/Uckermark, ehemals Deutsche Demokratische Republik, bei dem Oberförster Hans Jürgen David, Oberförsterei Brüsenwalde. Danach die Prüfung (1955-59) als Forstingenieur in der Forstfachschule Rabensteinfeld, Bezirk Schwerin/Mecklenburg bestanden.

1959 Revierförster im Revier Klepelshagen des Staatlichen Forstwirtschaftsbetriebes Torgelow. 1962 das erste lebende Rotwild im Revier gesehen. Jagdleiter, 16 Jahre ehrenamtlicher Vorsitzende der Jagdgesellschaft-Wildforschungsgebiet/ Staatsjagdgebiet Rothemühl. Sieben Jahre bis 1988 jagdlicher Begleiter des Mitglieds des Politbüros der SED, Werner Felfe. Im Wildforschungsgebiet Mitarbeiter bei den Forschungsaufgaben, neben anderem viele hundert Rothirschabwurfstangen sortiert und ausgewertet. Im Forstrevier Vertreter einer naturnahen Forstwirtschaft, nicht zu viel in die natürlichen Abläufe einmischen, nur überall präsent sein und behutsam unterstützen und vorsichtig ernten. Träger vieler Auszeichnung der DDR und der Titel Revier-, Ober- und Hauptförster.

Nach der Vereinigung beider deutscher Staaten 1995 aus dem forstlichen Landesdienst Mecklenburg-Vorpommern beim Verkauf des Reviers ausgeschieden und als mobiles Inventar an den neuen Besitzer übergeben.